本书获得华中农业大学农林经济管理一流学科建设项目经费资助

U0516161

基于梯度提升模型的
企业财务危机
动态预警研究

熊　毅◎著

Research on Dynamic Early-warning of Enterprise Financial
Distress Based on Gradient Boosting Machine

经济管理出版社
ECONOMY & MANAGEMENT PUBLISHING HOUSE

图书在版编目（CIP）数据

基于梯度提升模型的企业财务危机动态预警研究／
熊毅著. -- 北京 ： 经济管理出版社，2024. -- ISBN
978-7-5096-9986-7

Ⅰ．F275

中国国家版本馆CIP数据核字第2024SN2437号

责任编辑：吴　倩
责任印制：张莉琼
责任校对：蔡晓臻

出版发行：经济管理出版社
　　　　　（北京市海淀区北蜂窝 8 号中雅大厦 A 座 11 层　　100038）
网　　址：www.E-mp.com.cn
电　　话：(010) 51915602
印　　刷：北京晨旭印刷厂
经　　销：新华书店
开　　本：720mm×1000mm/16
印　　张：16.75
字　　数：246 千字
版　　次：2024 年 12 月第 1 版　2024 年 12 月第 1 次印刷
书　　号：ISBN 978-7-5096-9986-7
定　　价：78.00 元

前　言

随着我国经济进入新常态以及供给侧结构性改革的深入推进，我国企业在获得新的成长机会的同时，也面临着巨大的生存危机。一旦企业的生存危机演化为财务危机，轻则影响企业自身的健康发展，重则危害宏观经济的稳定运行。因此，企业财务危机预警问题历来受到理论界和实务界的高度重视。财务危机具有客观积累性和突变性特征，企业面临的内外部环境也在不断发生着变化。如何更好地理解企业财务危机的驱动因素和风险警兆，并更加有效地对复杂环境下企业财务危机的演化过程进行动态预警，已经成为迫切需要解决的重大问题。

现有财务预警模型多以单分类器为主，忽略了多分类器集成在财务危机预警中的优势。单分类器模型预测准确度在一定程度上取决于样本的自身特性，其在经济新常态的复杂环境下能否适用令人生疑。因此，企业财务危机动态预警的研究需要开拓新的思路和方法。梯度提升模型是不确定环境下一种强有力的预警方法，通过梯度提升模型，可以实现对多个单分类器的有效集成，从而达到扬长避短、信息互补的效果。鉴于此，本书将梯度提升模型引入企业财务危机预警领域，力求在保持较高预警精度的前提下，提升预警结果的透明性，为不确定的复杂环境下企业财务危机的动态预警提供新的工具和方法。

本书在分析企业财务危机的驱动因素和风险警兆的基础上，建立了包含78个指标的企业财务危机动态预警指标体系；引入梯度提升模型，构建企业财务危机动态预警系统。该系统集财务危机的判断、监测、预测和定位功能于一体，能够为企业预防财务危机、改善自身财务状况提供决策支持。在此基础上，本书提出了财务危机的全程应对策略，包括财务危机潜伏期的"事前"防控路径和财务危机爆发期的"事后"化解策略，并实证检验了财务危机化解策略的实施效果。具体而言，本书取得的主要成果包括：

（1）构建了包含多维度指标的企业财务危机动态预警指标体系。梯度提升模型属于集成学习算法，具有不受缺漏值和共线性影响的优点。因此，采用梯度提升模型构建的企业财务危机动态预警系统能够容纳多维度的大量指标。鉴于此，本书根据企业财务危机的驱动因素和风险警兆，构建了包含 78 个指标的企业财务危机预警指标体系。该指标体系中除包含传统的财务与非财务指标外，还包括了盈余管理指标、市场指标、公司治理指标和审计师行为指标。总之，本书在一定程度上拓展了财务危机预警指标的选取范围，最大限度地降低了遗漏变量问题对模型预警效果的负面影响。

（2）构建了基于梯度提升模型的企业财务危机动态预警系统，为企业财务危机的动态预警提供新的工具。采用梯度提升模型作为主要的建模技术，构建了包含企业财务危机阶段监测子系统、警情监测子系统、动态监测子系统和预警定位子系统四个子系统的企业财务危机动态预警系统。该系统集企业财务危机的判断、监测、预测和定位功能于一体，为企业利益相关者更好地理解企业财务危机从潜伏到爆发的全过程提供了新的工具。

（3）分析了企业财务危机的全程应对策略，为企业提供财务危机全程管控的行动指南。企业财务危机动态预警系统能将全部企业分为财务危机潜伏期和财务危机爆发期两大类。与之相对应，本书将企业财务危机的应对策略分为"事前"的防控路径和"事后"的化解策略两大部分。以相对重要性程度较大的指标作为防控财务危机的主要抓手，提出财务危机的事前防控路径；并进一步分析了企业财务危机的事后化解策略，最后实证检验了企业财务危机程度与化解策略选择的关系，从一个侧面验证了本书构建的企业财务危机动态预警系统的有效性。

　　总之，本书将梯度提升模型引入财务危机预警领域，该方法贯穿动态预警系统构建的全过程，研究结果表明，采用梯度提升模型作为主要建模技术构建企业财务危机动态预警系统，既能获得较高的预警准确性，又能在一定程度上提高预警结果的透明性。总体而言，该方法在财务危机预警领域具有广阔的应用前景。

目　　录

1 导论

1.1 研究背景

以"速度变化、结构优化、动力转换"为特征的经济新常态，是"当前和今后一个时期我国经济发展的大逻辑"。在新常态下，一方面我国经济发展整体向好，潜力大，韧性强；另一方面也面临经济增速放缓、结构性产能过剩、库存过量、风险过大等问题。2015 年中央经济工作会议提出，推进供给侧结构性改革，将"去产能、去库存、去杠杆、降成本、补短板"作为供给侧改革的五大任务。这对我国企业而言，机遇与挑战并存，风险与收益同在。在经济新常态下，不同企业间的竞争日趋激烈，企业间的两极分化趋势更加明显。2017 年 2 月 28 日，习近平总书记主持召开中央财经领导小组会议时指出：深入推进去产能，要抓住处置"僵尸企业"这个"牛鼻子"。而建立精准的企业财务危机动态预警系统，无疑是有效识别并合理处置僵尸企业的前提条件。从世界范围看，2008 年美国的次贷危机引发全球性的金融危机和随后的欧洲主权债务危机导致许多国家的大企业破产，给投资者带来了巨大损失。可以说，财务危机是无时无处不在的，而且企业财务危机的程度也时刻处在变化之中。因而，对企业财务危机进行动态预警，显得非常必要且十分迫切。

企业财务危机的爆发并不是偶然性的，而是一个循序渐进的过程。一般而言，面临外部不利冲击时，企业的财务状况会由健康走向困境，再由困境走向危机，最后甚至有可能走向破产。本书将企业财务危机分为两个阶段，即财务危机潜伏期和财务危机爆发期。在财务危机潜伏期，尽管财务危机尚未爆发，但一些财务和非财务指标往往会出现异常。因此，企业财务危机的爆发是可以预测的。国内外学者从不同的角度建立了多种财务危机预警模型，并取得了丰富的研究成果，Z-Score 模型、逻辑回归模型等统计方法以及人工神经网络（ANN）、遗传算法（GA）、支持向量机（SVM）等方法被广泛运用于财务预警领域，并取得了较好的预警效果，也为财务危机预警模型的进一步发展奠定了基础。

然而，现有的财务危机预警方法仍然存在一定的局限性。首先，所有统计方法都会受到共线性的影响。为了减小共线性的困扰，采用统计方法建立预警模型时，只能选择较少的财务预警指标，难以避免遗漏变量问题。因此，统计方法的预警准确率偏低。其次，尽管机器学习方法往往不会受到共线性的影响，且预警精度较高，但传统的机器学习方法（如人工神经网络和支持向量机）的预警过程基本属于"黑箱"，其预警结果难以解读，也难以为企业改善财务状况提供有效指导。总之，正如 Alaka 等（2018）所指出的："采用传统机器学习方法只能在预警准确性和透明性之间加以权衡，总体来看，预警准确率越高的模型，其透明性往往越差。"

为了进一步改善财务预警模型的预警效果，在保证较高预警准确性的同时，提高预警结果的透明性，本书引入了梯度提升模型（Gradient Boosting Machine，GBM）作为主要的预警方法，建立了企业财务危机动态预警系统。该方法属于机器学习方法中的集成学习算法，与传统的机器学习方法相比，它具有以下优点：首先，它可以适用于多维度指标的预警，而且能够处理变量之间的非线性关系，也能够取得较高的预警准确率。其次，它不会受到共线性、极端值、缺漏值和数据对数化处理的影响。正是由于具有这一特点，梯度提升模型可以处理数量极为庞大的预警指标。再次，梯度提升模型是一种集成学习算法，它将每一个财务危机预警指标视为一个弱分类器，并将多个弱分类器组合成一个强分类器，从而达到区分财务危机爆发期企业和财务危机潜伏期企业的目的。因此，梯度提升模型的预警效果随着预警指标的增加单调不减。换言之，采用梯度提升模型可以将大量指标纳入预警指标体系，从而既避免了遗漏变量问题，也不会受到无关变量的干扰。最后，梯度提升模型不仅会报告预警结果，也会报告预警指标的相对重要性程度（Relative Varible Importance，RVI）。RVI 越高，则该指标对企业财务危机程度的影响也越大。通过 RVI，能够为企业改善财务状况、防控财务危机提供抓手。因此，与其他预警方法相比，梯度提升模型在保证预警准确性的同时，提高了预警结果的透明性，从而在一定程度上缓解了传统机器学习方法预警过程中的"黑箱"问题。

但也应该注意到，梯度提升模型并非完美无缺，它依然具有一定的局限性。梯度提升模型的原理是将多个弱分类器组成一个强分类器，并利用训练出的强分类器对企业是否发生财务危机加以判断和预测。因此，采用该方法只能精确地将全部上市公司分为财务危机潜伏期（未发生财务危机）和财务危机爆发期（已发生财务危机）两大类，而无法对处于财务危机潜伏期的企业的财务状况加以进一步区分。鉴于此，本书采用梯度提升模型作为主要的建模技术，建立了企业财务危机动态预警系统。该系统分为四个子系统，即企业财务危机阶段监测子系统、企业财务危机警情监测子系统、企业财务危机动态监测子系统和企业财务危机预警定位子系统。在企业财务危机阶段监测子系统中，利用梯度提升模型训练出一个精准的分类器，将全部上市公司分为财务危机潜伏期和财务危机爆发期两大类，并采用该系统提供的预警指标的 RVI 得分对预警指标加以遴选。在企业财务危机警情监测子系统中，采用功效系数法将遴选后的指标转化为企业财务危机预警个体指数，将预警指标的 RVI 得分进行归一化处理，得到各个预警个体指数的权重，随后经过加权，得到企业财务危机预警综合指数。利用企业财务危机预警综合指数，可以对处于财务危机潜伏期企业的财务状况加以进一步区分，并为企业利益相关者的决策提供直接指导。企业财务危机动态监测子系统包含两个功能：第一，对未来会陷入财务危机的企业加以预测；第二，对剩下的企业预测其财务危机预警综合指数的变化趋势，从而帮助企业利益相关者对企业的未来前景和财务风险变动情况加以判断。最后，在企业财务危机预警定位子系统中，采用可视化矩阵的方法对企业财务危机按驱动因素进行了预警定位分析。总之，本书基于梯度提升模型构建的企业财务危机动态预警系统集财务危机的判断、监测、预测和定位四大功能于一体，具有较高的实用价值。

此外，本书还进一步探讨了企业财务危机潜伏期的"事前"防控路径和财务危机爆发期的"事后"化解策略。现有研究在探讨企业财务危机的应对策略时，较偏重于事前防控。诚然，财务危机的事前防控十分重要，但财务危机的爆发意味着企业的财务状况已经发生了极度恶化，此时企业继续采取"头痛医头，脚痛医脚"的防控手段已经无济于事。而现有研究较少系统探讨企业财务危机发生后的具体化解策略，也缺乏这些化解策略实施效果的经验证据。鉴于此，本书从梯度提升模型报告的预警指标相对重要性程度出发，探讨了基于预警指标的财务危机事前防控路径。在此基础上，进一步研究了基于重组的企业财务危机事后化解策略，并采用面板数据方法检验了财务危机化解策略的实施效果，以及企业财务危机程度与化解策略选择的关系。在财务危机化解策略选择的实证检验中，本书重点探讨了三个问题：企业面对财务危机的爆发，能够采用何种化解策略？这些化解策略对企业财务危机的化解机理是怎样的？企业采用这些化解策略的效果如何？综合来看，本书的研究能为企业财务危机的事前预测和防控，以及事后的化解提供一定的参考。

本书以国家社会科学基金重点项目"基于行业风险动态监测的信息技术业上市公司财务预警定位研究"（项目编号 15AGL008）为依托，对企业财务危机动态预警及应对的相关问题展开研究，具有一定的理论价值和实践意义。

1.2　研究目的与意义

1.2.1　研究目的

随着我国经济进入新常态，企业在获得新的发展机会的同时，也面临着日趋激烈的市场竞争和日益加剧的生存压力。企业发生财务危机已经屡见不鲜。因此，有必要从财务危机的驱动因素出发，探究财务危机的风险警兆，确定财务危机的预警指标，在此基础上建立精准的企业财务危机动态预警系统，为探索切实可行的财务危机防控路径和化解策略打下基础。总之，建立精准有效的企业财务危机动态预警系统，对企业所有的利益相关者都显得极其重要，也是当前学术界和实务界亟待解决的关键性问题。本书深入剖析企业财务危机的驱动因素和风险警兆，在此基础上建立企业财务危机动态预警指标体系；引入梯度提升模型，构建企业财务危机动态预警系统；此外，本书从预警指标和预警结果出发，探讨了企业财务危机的事前防控路径和事后化解策略。并进一步探讨了企业财务危机程度与化解策略选择的关系。具体而言，本书拟达到以下研究目的：

（1）将梯度提升模型（Gradient Boosting Machine，GBM）引入财务危机预警领域。该方法属于机器学习中的集成学习算法，能够克服采用传统预警方法所导致的共线性、缺漏值等问题。该方法能够容纳大量指标，从而大大提高预警准确度。

（2）利用财务危机预警指标的重要性排序编制财务危机预警综合指数，并对该指数的变化趋势加以预测。梯度提升模型的一大特点，是它以预测能力为基准，提供了所有财务预警指标的 RVI 得分排序。RVI 的最小值是 0，最大值是 100，RVI 越大，表明一旦这一指标从模型中去掉，模型的整体预测能力下降越快。RVI 既可以作为遴选指标的重要参考，也可以用以确定指标权重。本书以预警指标的 RVI 为依据，对全部的财务危机预警指标加以遴选，并编制财务危机预警综合指数，同时，采用分解法对该指数的变化趋势加以预测。

（3）鉴于现有研究较少涉及企业财务危机的系统应对策略，本书拟对企业如何系统应对财务危机作出探索。在财务危机发生前，企业可以从关键预警指标和预警定位结果出发，找出自身的薄弱环节，并有针对性地加以改善。但财务危机发生后，为化解危机，企业通常可以采用四种策略，即管理重组、经营重组、资产重组和债务重组。同时，本书也通过实证分析的方法检验了四类重组对于化解财务危机的作用大小。

1.2.2 研究意义

本书将梯度提升模型引入财务危机预警领域，建立了企业财务危机动态预警系统，该系统能对企业财务危机程度加以判断、监测、预测和定位。同时，进一步探讨了财务危机事前和事后的全程应对策略。综合来看，本书具有积极的理论意义和现实意义。

1.2.2.1 理论意义

（1）拓展了梯度提升模型的应用领域。机器学习和人工智能是近年来兴起的前沿科学，特别适合对由具有一定智能性的微观个体组成的复杂系统进行研究，近年来受到生物学、经济学、军事学、社会学的高度重视。而梯度提升模型则是机器学习领域的最新进展之一，其从发明至今不过短短十几年的时间。从该方法问世之日起就被广泛运用于各种领域，但尚未被运用到企业财务危机预警领域。本书将梯度提升模型引入财务危机预警领域，拓展了该方法的使用范围，也为企业财务危机预警的进一步发展提供了一定的借鉴。

（2）深化了企业财务危机预警的理论探索。在当今激烈变化的市场环境中，企业财务危机的形成越来越复杂多样，具有高度的不确定性、不可预测性和非线性特征，因此，采用少量的财务预警指标根本无法反映企业财务危机的全貌。由于梯度提升模型能够轻松处理共线性和缺漏值问题，本书得以将大量的财务指标和非财务指标纳入财务危机预警指标体系。同时，借助梯度提升模型提供的 RVI 得分，研究发现，一些被传统预警指标所忽略的指标，如盈余管理指标、现金流指标、市场指标等，对企业财务危机预警具有高度的敏感性，因此，本书在一定程度上拓展了企业财务危机预警指标的选取范围。同时，本书进一步探讨了财务危机事前和事后的全程应对策略，为企业财务危机的早期预警和有效应对提供了一定的理论依据。

1.2.2.2 现实意义

（1）有利于提高企业在动态竞争中对环境的敏感度和反应能力。企业所处的微观环境和宏观环境日趋复杂多变，企业对其未来的准确预测，特别是长期预测变得越来越困难。鉴于此，本书利用梯度提升模型建立了企业财务危机动态预警系统，通过该系统，可以对企业的财务危机程度进行判断、监测、预测和定位。该系统的建立能够为企业管理者提供及时有效的决策支持，有助于提高企业对内外部环境变化的适应能力。

（2）为企业利益相关者的合理决策提供依据。企业在周而复始的财务循环中，无时无刻不在与股东、供应商、客户、债权人和政府等利益相关者发生各种财务关系。从广义上来讲，这些利益相关者都是构成企业财务系统的主体。几乎所有的利益相关者都关心企业的财务健康状况和企业发生财务危机的可能性，而本书建立的企业财务危机动态预警系统具有较好的预警效果，所编制的财务危机预警综合指数可以对企业的财务状况进行实时监测，从而为企业利益相关者，如股东、债权人等的合理决策提供依据。

（3）为企业合理选择财务危机应对策略提供借鉴。本书将企业财务危机的应对策略分为事前的防控路径和事后的化解策略，并采用面板数据模型对化解策略的效果进行了实证检验，能够为企业根据自身状况对财务危机进行全程管理提供参考。

1.3 国内外研究现状

1.3.1 企业财务危机预警指标的研究综述

在财务危机预警的研究中，预警指标的选取以及预警模型的构建一直是热门的研究问题。公司财务危机的爆发不是一蹴而就的，在财务状况开始恶化的初期，一定会有某种特征表现出来。财务指标的恶化一直被认为是企业发生财务危机的重要表征。Liang 等（2016）强调了财务比率的选择在企业财务危机预警中的重要作用，它强烈影响着最终模型的预警效果；Desai 等（2016）也认为风险监测是风险预警的重要一环，而风险监测离不开监测指标。因此，制定科学合理的财务危机预警指标体系，是预测公司财务状况、确定财务风险水平、妥善制定应对策略的重要前提。国内外关于财务危机预警指标选取的文献可谓汗牛充栋，其大致可以分为两个阶段：基于财务报表选择财务预警指标的阶段以及财务指标与非财务指标相结合的阶段。

1.3.1.1 基于财务报表的预警指标选取阶段

基于报表的财务危机预警指标大致可以分为传统财务指标、现金流量指标和其他指标等大类。传统财务指标主要包括偿债能力指标、盈利能力指标、营运能力指标、发展能力指标等部分。Altman（1968）采用资产负债率、流动比率、净资产收益率和资产周转率等作为主要的预警指标，采用多元判别分析法建立财务危机预警模型，并取得了较好的预警效果。由于传统财务指标计算简单，又能有效地运用于财务危机预警模型中，后续研究大多将传统财务指标作为预警指标体系的重要组成部分。尽管传统财务指标被广泛运用于各类财务危机预警模型，但对于如何对传统财务指标加以遴选的问题，现有研究尚未取得一致意见。Kumar 和 Krishnan（2008）在传统财务指标中加入了现金流量指标，发现预警模型的预警准确性得到了提升。他们认为，根据财务管理学的基本原理，企业的价值应等于未来现金流量的净现值。如果没有足够的现金流维持企业的日常经营，并偿还到期债务，而企业又面临一定的融资约束时，企业就极有可能陷入财务危机。企业的现金流状况，特别是经营活动产生的现金流量，能够很好地反映企业发生财务危机的可能性。在 Kumar 和 Krishnan（2008）研究的基础上，Hui 等（2016）以现金流量指标为主、传统财务指标为辅建立了财务危机预警模型。他们将破产企业和未破产企业的数据进行配对，单变量检验和多元回归的结果都表明，在破产前5 年内，破产企业和未破产企业的现金流指标和支付的所得税存在显著差异。Du Jardin（2017）比较了几种财务危机预警模型的预警效果，发现在模型中加入现金流量指标，有利于提高模型的预警效果和预测能力。

国内学者也采用多种指标建立了财务危机预警模型。李红琨等（2011）将现金流量指标加入传统的 Z 计分模型，发现现金流量指标改善了 Z 计分模型的预警效果。张鸣和程涛（2005）建立了包含 5 类 11 个指标的上市公司财务风险综合评价指标体系，并构建了上市公司财务危机预警系统。

1.3.1.2 财务指标与非财务指标相结合阶段

随着上市公司财务危机预警研究的日益深入，大量学者意识到财务指标在财务危机预警中的滞后性、片面性和局限性。随着平衡计分卡的兴起，学者们注意到非财务指标在企业财务危机预警中的重要作用。因此，大量学者在构建财务预警指标体系时，在财务指标的基础上加入了一部分非财务指标。常见的非财务预警指标包括：

（1）公司治理指标。财务危机的发生是企业经营失败的直接反映，而公司治理的失效则是企业发生经营失败的直接原因。国内外学者从内部控制、董事会结构、公司股权结构等方面探讨了公司治理对财务危机的影响，并取得了丰富成果。Li 和 Li（2018）发现，董事会和总经理的持股比例能显著影响公司发生财务危机的概率。Mohanram 等（2018）探讨了金融企业财务危机的驱动因素，指出无效的公司治理能够显著增加金融企业发生财务危机的可能性。他们的研究探讨了金融企业董事会组成与内部控制有效性的关系，研究表明，董事会持股比例能够显著影响企业内部控制的有效性，进而影响公司管理层的经营行为和公司的风险控制水平。Joe 和 Oh（2018）采用韩国数据的研究表明，公司的股权集中度与公司价值正相关，而与公司发生财务危机的可能性负相关。Musto 等（2018）研究了美国次贷危机对企业财务危机的影响程度，发现金融危机可能会放大企业公司治理上的微小疏漏，从而引发严重的财务危机。国内学者也探讨了公司治理对企业财务危机程度的影响机理。姜付秀等（2009）的研究表明，弱化的公司治理是上市公司陷入财务危机的重要原因，财务危机的爆发是公司治理失效的表现形式。饶静和万良勇（2017）研究了公司的主要治理机制对公司绩效的影响，研究表明，董事会持股比例、独立董事占比、董事会规模等指标对公司未来是否会发生财务危机具有良好的预测作用。

（2）宏观经济指标。企业发生财务危机的可能性不仅受到企业自身因素的影响，也受到了宏观经济因素的影响。宏观经济状况能够与微观企业行为产生互动已经成为学术界的普遍共识。现有文献已经探讨了经济增速、利率、汇率、货币供应量等宏观因素对企业财务危机程度的影响。Mitman（2016）考察了宏观经济指标对企业财务危机程度的影响。他首先剔除了宏观经济指标中的趋势性，并进行了季节调整，在此基础上采用 PVAR 模型考察了宏观经济指标如何影响企业财务危机程度。研究表明，国内生产总值、货币供应量等宏观指标对企业财务危机具有一定的预测作用，宏观经济指标可以作为企业财务危机预警的先导指标。Kim 等（2016）认为，需要将宏观经济指标与微观财务指标相结合，才能提高财务危机预警模型的预测能力。他们将基于微观指标的多元判别分析法与基于宏观指标的多扇形模型相结合，对企业财务危机程度加以预测。虽然 Kim 等（2016）的研究在方法上存在一定的局限性，但他们的研究为财务指标与非财务指标相结合的预警指标选取模式提供了一个分析框架。Hernandez 和 Wilson（2013）采用系统动力学方法对宏观经济因素对企业财务危机程度的影响进行了动态仿真。研究表明，利率波动和货币供应量能够显著影响企业发生财务危机的可能性，且宏观经济因素对企业财务危机的影响呈现非线性特征。Nallareddy 和 Ogneva（2017）采用国内生产总值增长率、货币供应量、存款准备金率等 12 个宏观经济指标进行因子分析，在此基础上选出代表宏观经济状况的公共因子，并用这些公共因子的滞后项对企业发生财务危机的可能性加以预测。研究发现，国内生产总值增长率和银行贷款总额与企业发生财务危机的可能性负相关。Lee 和 Choi（2013）检验了将宏观经济变量加入传统预警模型是否能提高其预警准确率。他们首先收集了大量的财务指标，并在财务指标中加入了国内生产总值增长率、货币供应量和标准普尔指数等宏观经济变量。研究表明，在传统预警模型中加入宏观经济指标有利于提高模型的预警准确率。Koyuncugil 和 Ozgulbas（2012）使用误差纠正模型（Error-correction Model），检验了宏观经济因素对公司失败概率的长期影响。研究表明，从长期来看，利率和货币供应量是影响企业失败概率的重要因素，也是降低公司财务危机爆发可能性的重要政策工具。目前，国内学者对宏观经济因素与企业财务危机关系的研究还不多。姜国华和饶品贵（2011）指出，宏观经济政策能够影响微观企业行为。章铁生等（2012）以沪深股市全部 A 股上市公司为研究样本，检验了经济困境、财务危机与公司业绩之间的关系。研究发现，当出现行业景气下滑时，资本结构较为激进（高财务杠杆）的公司将丧失更大的市场份额和利润，这意味着在考虑了行业景气的影响后，企业财务危机的爆发对企业未来业绩将产生负面影响。

（3）其他指标。除了公司治理因素与宏观经济因素，国内外学者也探讨了行业环境、人力资本因素、产品市场竞争等对企业财务危机的影响。Bates（2012）发现，股票市场的波动对企业财务危机程度具有显著影响。蔡利等（2015）发现，审计师会对企业真实盈余管理行为引起的财务风险的上升作出反应。总体而言，上述研究极大地拓展了财务危机预警指标的选取范围，但依然存在一定的局限性。具体表现为现有财务危机预警研究中，较少纳入盈余管理指标、市场指标和审计师行为指标，而上述三类指标都对企业财务危机的发生具有明显的预测作用。预警指标选取的局限可能是由传统预警模型受到共线性的影响所导致的。为了降低共线性的干扰，传统的预警模型只能容纳有限的预警指标。为了克服传统财务危机预警研究中预警指标选择受到共线性影响的局限，必须寻找不受共线性影响的新的预警方法，从而进一步扩大预警指标的选取范围，并最大限度提升模型的预警准确性。

1.3.2　企业财务危机预警模型的研究综述

关于企业财务危机预警模型的研究可谓汗牛充栋。总体而言，现有研究所采用的财务危机预警模型可以分为两大类，即统计方法和机器学习方法。本书将按照时间顺序分别对常用的统计方法和机器学习方法加以梳理。

1.3.2.1　统计方法

统计方法很早就被运用于企业财务危机预警领域。Altman（1968）采用多元判别分析法构建了著名的 Z 计分模型，开创了财务危机预警研究的先河。但多元判别分析具有严苛的假设条件①，在现实条件下几乎不可能满足。因此，该模型很快被新的方法所取代。Ohlson（1980）首次将 Logit 模型运用于财务危机预警的研究中，并创造性地在预警模型中加入公司规模指标。研究表明，预警模型的预警准确率高达 96% 以上。同年，他又将 Probit 模型引入财务危机预警的研究中，采用 1970~1976 年 105 家破产公司以及 2058 家非破

---

① 多元判别分析的假设条件有三：第一，变量数据正态分布；第二，各组协方差相同；第三，已知每组均值向量、协方差矩阵、先验概率和误判代价。

产公司组成的配对样本，并采用极大似然法分析了预警模型犯两类错误的概率与预警临界值之间的关系。以 Ohlson（1980）的研究为基础，Zavgren（1985）采用主成分分析法对预警指标进行降维，在此基础上构建了 Logit 模型，取得了良好的预警效果。大量研究表明，在其他条件相同的前提下，Logit 模型的预警效果略好于 Probit 模型，且通过建立 Logit 模型，可以得到所有预警指标对财务危机的影响程度，能够为企业改善财务状况、化解财务危机提供依据。因此，Logit 模型成为在财务危机预警领域运用最为广泛的统计方法。我国学者也利用 Logit 模型进行财务危机预警，并取得了良好的预警效果。此外，部分学者还将其他一些统计方法用于企业财务危机预警领域，如线性判别分析法（Linear Discripite Analysis）、递归分类模型（Recursive Partitioning Algorithm）、线型概率模型（Linear Probality Model）等，但这些方法并非研究主流。

总体来看，Logit 模型是企业财务危机预警领域运用最为广泛的统计方法，尽管该模型具有诸多优点，但仍无法克服统计方法固有的局限性，即会受到缺漏值和共线性的影响。若预警指标之间出现高度共线性，则该模型会完全失效。因此，为了避免共线性的影响，采用 Logit 模型之前，需要对所采用的预警指标进行仔细遴选，这无疑会导致遗漏变量问题；此外，所有的统计方法都对缺漏值无能为力，因此，在估计这些模型之前，需要删除所有存在缺漏值的样本。如此一来，就不可避免地会损失大量样本，从而导致预警模型的适用性降低。基于上述考虑，在近期的财务危机预警研究中，学者们越来越多地转向了机器学习方法。

1.3.2.2 机器学习方法

当前，计算机技术的发展可谓日新月异。随着计算机数据处理能力的不断提高，以机器学习为代表的人工智能方法被广泛运用于企业财务危机预警领域。模型的预警准确性也得到了极大提升。1990 年，Odour 和 Sharda 首次将 BP 神经网络应用于企业财务危机预警中。他们将神经网络模型与传统的 Z

计分模型加以比较，发现神经网络模型的预警准确性大大高于 Z 计分模型。随后，神经网络模型被广泛运用于企业财务危机预警领域。Hernandez 等（2013）建立了神经网络模型预测公司破产的可能性。实证检验表明，模型的预警准确性高达 97%。他们指出，与传统财务危机预警方法相比，人工神经网络方法具有明显优势。Christoffersen 等（2012）基于机器学习中的归纳法则，采用人工神经网络方法建立模型以预测标准普尔指数的变化趋势，并得到了 92% 的预测准确率。此外，其他的机器学习方法也被逐步引入财务危机预警领域。Gordini（2014）将遗传算法（Genetic Algorithm，GA）引入企业财务预警模型中。该方法的优势在于能够处理变量之间的非线性关系。Kim 和 Kang（2012）分析了遗传算法相对于其他方法的优势所在。

总体而言，机器学习方法的精确度大大超越了传统多元统计方法，但这类方法也不是完美无缺的。其主要缺点有二：第一，预警过程接近"黑箱"，预警结果难以解读，也难以为企业应对财务危机、改善财务状况提供参考；第二，机器学习方法容易产生过度拟合问题，即在训练样本中预警效果良好，但在测试样本中预警效果较差。其原因在于机器学习方法往往无法处理好规律性与随机性的关系，而将随机误差进行了过度拟合。因此，现有的财务危机预警模型还需要进一步改进和发展。

1.3.3　梯度提升模型的研究综述

近年来，集成学习方法已经成为机器学习领域的热门研究问题。由于集成学习方法能准确高效地解决实际问题，其已经成为机器学习领域的研究前沿。最初，集成学习方法的提出旨在提高智能决策系统的准确性，但该方法现在已经被广泛运用于自然科学和社会科学的各个领域。事实上，集成学习的思想具有悠久的历史。在民主社会开始形成的初期，公民已经通过投票的方式选举官员；医生在重大手术前需要进行会诊，以确定最佳手术方案。因此，在面临复杂决策时，往往需要对多种意见加以权衡，集成学习的思想就来源于生活中的这些实际例子。Choi 等（2018）从数学角度解释了集成方法成功的 3 个前提：即统计、计算和代表性。Kim 和 Kang（2010）采用人工神经网络方法建立了多个预警模型，并以这些模型为基分类器，建立了集成学习模型。进一步检验表明，该模型与简单的人工神经网络模型相比，具有更小的方差和更好的泛化能力。Schapire 和 Freund（2012）采用 Boosting 方法将弱分类器组合成一个强分类器，Boosting 方法的提出标志着集成学习已经成为机器学习中的重要研究领域。此后，集成学习方法得到了迅猛发展。Freund 和 Schapire（1995）提出了著名的 Adaboost 算法，该算法简单高效，占用的计算资源也较少，被广泛运用于各个领域。Breiman（1996）提出了另一种对基分类器的集成方法，即 Bagging 算法。Breiman（2001）又提出了随机森林算法，该方法也在集成学习领域具有里程碑式的意义。目前，集成学习方法已经逐步演化成三大分支，即 Bagging、Boosting 和 Stacking 方法。其中，Bagging 和 Boosting 方法适用于同质弱分类器，而 Stacking 方法适用于异质分类器。相比于其他两种方法，Boosting 方法具有准确性较高、耗费计算资源较少的优点，而梯度提升模型（Gradient Boosting Machine，GBM）就是一种优秀的 Boosting 算法。从其诞生之日起，就受到了学者们的青睐，并被广泛运用于各个领域。

梯度提升模型可视作 Adaboost 算法的改进。Adaboost 算法中的损失函数难以优化，针对这一问题，梯度提升模型提出了一种损失函数逼近法。其主要原理是，在当前模型梯度下降最快的方向构建下一个模型，并逐步迭代，从而使损失函数最快达到收敛。Chen 和 Guestrin（2016）在前人研究的基础上，提出了 XGBoost（Extreme Gradient Boosting）模型，他们同时采用 Phython 软件编写了 XGBoost 程序包。通过该程序包，可以方便地实现梯度提升模型建模。因此，未来该方法必将有更加广阔的运用前景。

目前，梯度提升模型在图像分类、病例分析等方面得到了广泛的应用。我国学者万伦军（2014）将其运用于高光谱遥感图像分类研究。张俊威

（2016）开发了基于梯度提升模型的上位效应检测算法。但该方法尚未被运用于财务危机预警领域。本书将梯度提升模型引入企业财务危机预警领域，进一步拓展了该方法的运用范围。

1.3.4 企业财务危机化解策略的研究综述

祝继高等（2015）将公司财务困境的应对措施总结为四个维度，即治理重组、运营重组、资产重组和债务重组。Sudarsanam 和 Lai（2001）将公司财务危机的应对策略总结为管理重组、经营重组、资产重组和债务重组。这两种分类方法的含义比较类似，下面对四种重组方式逐一加以分析。

1.3.4.1 管理重组

管理重组即管理层发生变更。Anderson 等（2018）基于组织转变理论的研究表明，面临财务危机的公司通常会进行多方变革，而最常见的变革即为更换管理层。Gao 等（2016）的研究表明，公司发生财务危机后，原来的董事会和管理层会发生一系列的人事变动。更多具有专业知识的人士会以独立董事的身份进入董事会。他们的研究发现，约50%的困境公司经历了董事会和管理层变更。刘青松和肖星（2015）的研究发现，业绩较差的公司更有可能发生董事和高管的变更。

1.3.4.2 经营重组

经营重组的主要目的是降低成本和费用支出，改善企业的财务柔性，从而使公司在短期内获得较为充裕的现金流，为进一步改善企业经营业绩创造空间。Liu 等（2019）认为，健康公司和困境公司都会采用各种措施控制成本，但这些措施对后者更加有效。戴德明和邓璠（2007）发现，中国上市公司会采用经营重组方式来改善业绩，且经营重组措施会对企业未来业绩产生积极影响。

1.3.4.3 资产重组

资产重组包括资产置换、收购兼并、股权转让、资产剥离等。尹筑嘉等

（2013）发现，资产重组能够改善公司未来经营绩效。何旭强和周业安（2006）分析了 6 个申请破产的企业，研究发现，资产重组是破产企业重整的常用手段。Nickerson 和 Griffin（2017）发现贷款违约企业往往选择采用资产重组的方式来应对财务危机。

1.3.4.4　债务重组

债务重组也是企业应对财务危机的重要手段。Koh 等（2015）发现，资产负债率较大、无形资产占比高的企业更有机会进行债务重组。资本市场也能够有效识别成功进行债务重组的公司，债务重组的成功往往会引起正向的市场反应。谢德仁和张高菊（2007）的研究表明，债务重组在我国困境公司中较为普遍，是我国上市公司重要的重组手段之一。

1.3.5　研究述评

总体而言，国内外对企业财务危机预警的研究已经比较深入，但还存在以下不足：

第一，在预警指标的选取上，现有研究已经涵盖了很多指标，从传统的会计指标，逐步发展到市场指标、公司治理指标、行业指标、宏观指标等。但由于受到共线性和其他因素的影响，现有财务危机预警方法只能处理极为有限的变量，这可能导致遗漏重要的预警变量。鉴于此，本书将梯度提升模型引入企业财务危机预警领域，构建了包含大量指标的财务危机预警指标体系，在一定程度上减小了遗漏变量问题带来的影响。同时，借助梯度提升模型提供的预警指标 RVI 得分，可以对财务危机预警指标加以遴选，为以后的相关研究提供借鉴。

第二，在预警模型方面，传统统计方法和机器学习方法都有明显的局限性，前者容易受到共线性的影响。且预警准确性较差；后者尽管预警准确性较高，但其预警过程接近"黑箱"，预警结果也难以解读，无法为企业改善财务状况、化解财务危机提供依据。因此，企业财务危机的预警模型还需要进一步发展。与传统预警模型相比，梯度提升模型的预警准确度较高，且能提供预警指标的 RVI，在一定程度上克服了传统机器学习方法预警过程的"黑箱"问题。同时，该方法不会受到共线性和缺漏值的影响，又属于集成学习算法，随着预警指标数量的增加，预警效果单调不减。鉴于此，采用该方法构建财务危机预警模型时，其预警指标体系中可以容纳大量指标，从而在一定程度上减小了遗漏变量问题的影响。

第三，目前关于财务危机预警指数编制的研究还较少。有限的几篇研究所选取的指标类型较为单一，且赋权方法具有一定的主观性。同时，现有研究较少将宏观经济因素、行业环境因素和企业内部因素对财务危机的影响加以区分，也较少对财务危机预警指数的未来走势加以预测。因此，关于财务危机预警指数编制的研究仍有改善的空间。鉴于此，本书在构建企业财务危机警情监测系统的过程中编制了企业财务危机预警综合指数，并将该指数按照财务危机的驱动因素分解为宏观经济风险预警指数、行业环境风险预警指数和企业经营风险预警指数。最后在财务危机预警定位系统中利用可视化矩阵方法对上述三个指数之间的关系进行了分析，对相关研究进行了一定程度的拓展。

第四，学者们已经对财务危机的防控路径开展了大量研究。然而，现有研究大多偏重于财务危机潜伏期的事前防控，而对财务危机爆发期的化解策略探讨不够。尤其是相关的实证研究还显得较为稀缺，鉴于此，本书将企业财务危机程度分为财务危机潜伏期和财务危机爆发期两个阶段，并针对前者探讨了财务危机的事前防控路径，针对后者探讨了财务危机的事后化解策略，并对化解策略的实施效果加以检验，在一定程度上丰富了现有文献，并能为企业防范和化解财务危机提供参考。

1.4 研究内容与方法

1.4.1 研究目标

本书的研究目标是建立企业财务危机动态预警系统，在此基础上探讨企业财务危机的全程应对策略。具体而言，企业财务危机动态预警系统包括四个子系统，即企业财务危机阶段监测子系统、警情监测子系统、动态监测子系统和预警定位子系统。

1.4.1.1 利用梯度提升模型建立企业财务危机阶段监测系统

选取 6 大类财务指标和 3 大类非财务指标，建立企业财务危机预警指标体系。采用梯度提升模型作为主要的建模技术，利用 ST 公司和配对公司第 t-1 年、t-2 年和 t-3 年的数据构建企业财务危机阶段监测系统，通过该系统，可将全部上市公司分为财务危机潜伏期和财务危机爆发期两大类，并求出每一个财务危机预警指标的 RVI 值，为以后的相关研究提供参考。

1.4.1.2 基于梯度提升模型建立企业财务危机警情监测系统

该系统利用企业财务危机阶段监测系统中得到的预警指标 RVI 值对财务危机预警指标加以遴选，将遴选后的预警指标进行同向化和标准化处理，得到企业财务危机预警个体指数，随后将全部预警指标的 RVI 归一化，得到所有个体指数的权重，并最终得到企业财务危机预警综合指数，从而实现对全部企业发生财务危机的可能性进行实时监测。利用该系统，可以对处于财务危机潜伏期企业的财务状况进行进一步细分，使预警结果更加精细化。

1.4.1.3 基于梯度提升模型建立企业财务危机动态监测系统

该系统主要有两个功能：一是预测未来有哪些企业会陷入财务危机（处

于财务危机爆发期）。二是预测剩下企业的财务危机预警综合指数的变化趋势。为了实现第一个功能，将2022年的样本代入采用基于梯度提升模型训练出的精准分类器即可。① 为了实现第二个功能，将财务危机警情监测系统中得到的财务危机预警综合指数按照企业财务危机的驱动因素分解为宏观经济风险预警指数、行业环境风险预警指数和企业经营风险预警指数，随后利用分解后的三个指数对企业财务危机预警综合指数的变化趋势加以预测。

1.4.1.4　基于梯度提升模型建立企业财务危机预警定位系统

借鉴财务战略矩阵的思想，利用企业财务危机动态监测子系统中得到的宏观经济风险预警指数、行业环境风险预警指数和企业经营风险预警指数构建企业财务危机预警定位矩阵，从而按照其驱动因素对企业财务危机进行预警定位分析。

1.4.1.5　提出企业财务危机的全程应对策略

梯度提升模型构建的企业财务危机阶段监测系统能将全部企业分为财务危机潜伏期和财务危机爆发期两大类。与之相对应，本书将企业财务危机的应对策略分为两部分，即事前的防控路径和事后的化解策略。从财务预警指标和预警结果出发，以RVI较大的指标作为防范企业财务危机的主要抓手，提出财务危机的事前防控路径；鉴于财务危机爆发后，简单采用"头痛医头，脚痛医脚"的方式已经无济于事，本书进一步提出基于重组的企业财务危机化解策略，最后对企业财务危机化解策略的选择问题进行了实证分析，以期为财务困境企业改善财务状况，化解财务危机提供参考。实证研究表明，当企业处于财务危机潜伏期且财务状况开始恶化，或者当企业处于财务危机爆发期时，企业采用四种重组的可能性明显上升。实证研究的结果从一个侧面说明了本书构建的财务危机预警系统的有效性。

---

① 企业财务危机预警系统包括 t-1、t-2 和 t-3 模型，而本书的研究样本区间为 2012~2022 年。将当年的数据分别代入 t-1、t-2 和 t-3 模型，即可分别预测出未来 1~3 年内有哪些企业会爆发财务危机。

1.4.2 研究内容

本书结合真实商业周期理论、行业轮动理论以及财务危机爆发的路径理论，将梯度提升模型引入财务危机预警领域，并采用综合指数法、矩阵定位法和面板数据方法，沿着"理论分析—指标选择—系统构建—实证研究—防控路径和化解策略选择"的研究思路，探讨基于梯度提升模型的企业财务危机动态预警模式，研究框架如图1-1所示。本书研究内容主要包括五个部分：

（1）搭建企业财务危机动态预警的理论基石，包括第1~2章。目前，企业的利益相关者对准确性较高的财务危机预警模型具有较高的需求，立足于这一现实背景，在总结国内外研究现状的基础上建立起企业财务危机动态预警的理论基石。首先对企业财务危机进行了界定，确定了本书的研究范围。运用真实商业周期理论、行业轮动理论以及财务危机发生路径理论建立起企业财务危机动态预警的理论基础。

（2）分析了企业财务危机的驱动因素和风险警兆，在此基础上构建了企业财务危机动态预警指标体系，这部分内容包括第3章。首先从宏观层面、行业层面和企业层面分别分析了企业财务危机的驱动因素，随后分析了企业财务危机的风险警兆，将财务危机的驱动因素和风险警兆相结合，构建了包含6大类财务指标和3大类非财务指标的企业财务危机动态预警指标体系。

（3）构建了基于梯度提升模型的企业财务危机动态预警系统，包括第4章。首先分析了梯度提升模型的主要特征、训练过程和预警结果，以及该方法在企业财务危机预警领域的适用性。随后采用梯度提升模型作为主要的建模技术，构建了企业财务危机动态预警系统。该系统包括四个子系统，即企业财务危机阶段监测子系统、警情监测子系统、动态监测子系统和预警定位子系统。企业财务危机动态预警系统集财务危机的判断、监测、预测和定位功能于一体。第4章分别阐述了四大子系统的主要功能和运作流程，为实证研究打下了基础。

（4）企业财务危机动态预警系统构建的实证研究，包括第 5 章。本书收集了 2012~2022 年全部 A 股非金融类上市公司的数据，并为每一个 ST 公司选择了一个配对公司，采用 ST 公司以及配对公司在其首次被 ST 之前 1 年（t-1 年）、2 年（t-2 年）和 3 年（t-3 年）的数据作为训练样本，采用其他公司数据作为测试样本，分别构建了企业财务危机动态预警系统的四大子系统。利用企业财务危机阶段监测子系统将全部上市公司分为财务危机潜伏期和财务危机爆发期两大类。利用财务危机警情监测子系统编制财务危机预警综合指数，将处于财务危机潜伏期的企业按照其发生财务危机的可能性进行进一步细分。利用企业财务危机动态监测子系统对企业财务危机预警综合指数按照财务危机的驱动因素进行分解，以度量宏观经济因素、行业环境因素和企业自身因素对财务危机的影响。在此基础上对未来可能爆发财务危机的企业以及其他企业财务危机预警综合指数的变化趋势加以预测。利用企业财务危机预警定位子系统采用可视化矩阵的方法对企业爆发财务危机的原因进行预警定位分析。实证研究表明，本书构建的企业财务危机动态预警系统集判断、监测、预测和定位等功能于一体，具有较高的实用价值。

（5）企业财务危机的化解策略选择，包括第 6 章。企业财务危机阶段监测系统能将全部企业分为财务危机潜伏期和财务危机爆发期两大类。与之相对应，本书将企业财务危机的应对策略分为事前的防控路径和事后的化解策略两大部分。从财务预警指标和预警结果出发，以 RVI 较大的指标作为防范企业财务危机的主要抓手，提出财务危机的事前防控路径；并进一步分析了企业财务危机的事后化解策略。最后采用面板数据方法探索了企业财务危机程度与化解策略选择的关系，以期对财务危机的事前防控和事后化解提供参考。

本书的技术路线如图 1-1 所示。

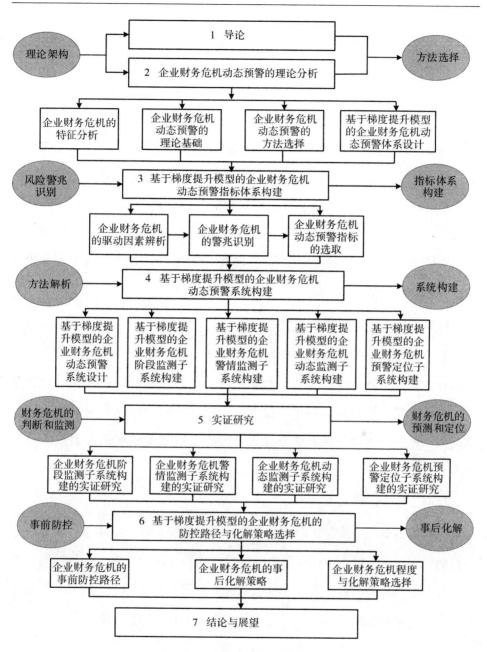

图1-1 本书的技术路线

1.4.3 研究方法

本书的主要研究方法有以下几种：

1.4.3.1 梯度提升模型

本书将梯度提升模型作为最主要的财务危机动态预警方法，该方法贯穿企业财务危机动态预警系统的始终。该方法具有以下优点：第一，该方法摒弃了对残差项的所有假定；第二，该方法能有效处理共线性和缺漏值问题；第三，该方法可以更有效地处理无关变量；第四，该方法的预警准确性较高，又能提供预警指标的相对重要性程度得分，能够为企业改善财务状况、化解财务危机提供参考。

1.4.3.2 预警综合指数方法

采用梯度提升模型提供的预警指标 RVI 得分对预警指标加以遴选，将该得分归一化得到企业财务危机预警个体指数的权重，经过加权得到企业财务危机预警综合指数。利用该指数，可以对未陷入财务危机企业的财务状况加以区分。因此，企业财务危机预警综合指数是梯度提升模型的重要补充。

1.4.3.3 矩阵定位方法

为了分别刻画宏观经济因素、行业环境因素和企业内部因素对企业财务危机的影响，本书将企业财务危机预警综合指数分解为宏观经济风险预警指数、行业环境风险预警指数和企业经营风险预警指数。同时，借助可视化矩阵的思想，对企业财务风险进行了矩阵定位分析，以验证预警指数的适用性和可行性。

1.4.3.4 面板数据方法

本书采用面板数据方法，研究了企业财务危机程度与化解策略的关系。

主要探索了三个问题：第一，企业面对财务危机，会采用何种化解策略？第二，宏观经济状况和行业环境是否会对企业的化解策略选择产生影响？第三，企业财务危机化解策略的效果如何？本书能为财务危机企业的化解策略选择提供参考和依据。

2 企业财务危机动态预警的理论分析

本章的主要目的在于对企业财务危机动态预警进行理论分析。首先对企业财务危机进行界定，并分析了企业财务危机的特征；其次构建了企业财务危机动态预警的理论基础，包括经济周期波动理论、行业轮动理论和企业财务危机发生路径理论；最后分析了常用的财务危机预警建模技术的优缺点，并指出了梯度提升模型相较于其他方法的优势。本章的逻辑框架如图2-1所示。

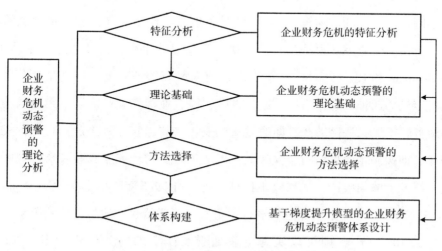

图2-1 第2章逻辑框架

2.1 企业财务危机的特征分析

2.1.1 企业财务危机的界定

企业财务危机预警主要是指通过对企业目前的财务状况加以评价，预测其未来财务状况偏离预警临界值的程度，并在企业陷入财务困境之前及时发出预警信号，从而使企业投资者等利益相关者能够参考预警信号做出理性决策。国内外研究中关于财务危机的定义并未取得一致意见。通常认为，企业爆发财务危机是指企业无力偿付到期债务，或者无力支付优先股息的状态。一旦企业面临财务危机，则很有可能透支银行信用额度，陷入融资困境，甚至进入破产清算程序。该定义强调了公司偿债能力恶化和可用资金的减少是其陷入财务危机的重要表征。Altman 等（2017）认为，企业本质上可以视作一个储存现金流的"水库"，在企业日常经营活动中，往往会发生现金的流入和流出。企业陷入财务危机的直接表现就是这个重要的"水库"干涸了。Sudarsanam 和 Lai（2001）在系统回顾前人研究的基础上，将企业爆发财务危机定义为四种状态：第一，经营失败，即企业即使破产清算也无法偿还全部债务；第二，法律破产，即通过法院发出公告，宣布其破产；第三，实质破产，即按照企业目前的经营状况，无法按时支付优先股股利或偿还到期债务；第四，账面破产，又称资不抵债，即企业的净资产小于 0。Gennaioli 和 Rossi（2013）对企业财务危机进行了定义，认为若企业股价已经跌破某个下限（如 10 美分），则可以认为企业处于实质上的财务危机状态。Chi 等（2013）采用我国台湾地区的数据建立了财务危机预警模型，他们根据我国台湾地区特殊的制度背景，将企业财务危机定义为：若企业无法按时偿还到期债务，则企业就陷入了财务危机。在我国台湾地区，一旦企业发生破产、债务违约等代表企业偿付债务能力透支的负面事件，则台湾地区的证券交易所就会给该公司股票贴上"全额交割股"标签，此后，该公司要么进入破产清算程序，要么通过债务重组和资产重组等方式化解财务危机。

由于我国特殊的制度环境，国内学者对财务危机的定义基本达成了一致意见。大量学者（张鸣和程涛，2005；吴芃等，2010；孙晓琳，2013；Geng等，2015）都借助中国资本市场中特殊的特别处理、退市风险警示以及退市制度，将上市公司被特别处理（Special Treatment，ST）、退市风险警示（＊ST）或者特别转让（Partieular Trasfer，PT）作为上市公司陷入财务危机的标志。

2.1.1.1　特别处理（ST）制度

从1998年起，我国开始实行特别处理制度。证监会下发的《关于上市公司状况异常期间的股票特别处理方式的通知》中规定：上市公司在被ST之前应发布其被ST的公告；ST公司股票的单日涨跌幅限制为5%；ST公司股票的名称需要发生变更，在原来名字前面加上ST标记；若上市公司状况异常，则该公司就会被ST，而所谓公司状况异常，可分为财务状况异常和非财务状况异常两种情形。前者包括：①连续两个会计年度的净利润小于0；②最近一年的净资产小于注册资本，或者净资产扣除有关部门不予承认的部分后，低于注册资本；③审计师出具无法表示意见或否定意见的审计报告；④最近一年的年报发生财务重述。

其他状况异常包括：①由于自然灾害等原因导致公司经营受到重大影响，且短期内无法恢复；②公司存在诉讼案件，且按照判决书，其赔偿金额超过公司股东权益的50%；③银行账号被冻结；④董事会认为有必要对公司股票实行特别处理的；⑤法院正在受理公司破产案件；⑥董事会无法召开会议；⑦公司主要债权人破产，导致公司陷入重大财务风险；⑧证监会或交易所认定的其他情况。

2.1.1.2 退市风险警示（*ST）制度

根据证监会的规定，当公司出现以下情况时，将对其股票实行退市风险警示：①连续两个会计年度净利润小于0；②因重大错报对以前年度财务报告进行追溯调整；③对重大错报未能及时更正；④未及时披露公司年报或半年报；⑤恢复交易后的第一年内。

2.1.1.3 特别转让（PT）制度

根据我国《公司法》《证券法》等有关规定，当上市公司连续三年净利润小于0时，暂停其股票上市。2001年，证监会下发了《亏损上市公司暂停上市和终止上市实施办法》，正式启动退市机制。同年，证监会又发布了《亏损上市公司暂停上市和终止上市实施办法（修订）》，取消了PT制度。上市公司出现亏损具有一定的偶然性，但若上市公司连续出现亏损，则会面临ST甚至退市，可以认为，此时公司面临财务危机。鉴于此，本书采用公司被特别处理（ST）、退市风险警示（*ST）或者特别转让（PT）作为企业陷入财务危机的标志，并以此为基础进行企业财务危机的动态预警。

2.1.2 企业财务危机的特征

2.1.2.1 累积性

企业财务危机的发生不是一蹴而就的，而是一个不断积累的过程。企业不会因为在经营活动中的微小失误就发生财务危机。换言之，财务危机的爆发是企业经营活动中各种失误的叠加所导致的。例如，企业的资产负债率过高，导致现金流十分紧张，此时一旦发生资金回收困难，企业就会陷入财务危机的泥潭中。或者由于产品质量不达标、产品定价过高等因素造成产品积压，并导致经营活动现金流出量大于流入量，最终引发财务危机。总之，财务危机爆发前，存在一个从量变到质变的积累过程。

2.1.2.2 突变性

财务状况良好的企业演变为危机企业除需要量变（累积性）外，还需要质变（突变性）。累积性与突变性的辩证统一可以通过势函数中"洼"的概念来解释，如图2-2所示。当小球位于底部时，其状态是稳定的，但当小球位于顶端时，其状态是不稳定的。从稳定到不稳定的过程中，会在某个时点发生质变，这就是财务危机的突变性特征。

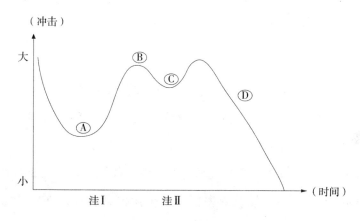

图2-2　企业系统稳定与发生突变

可以将 A 小球视作一个未发生财务危机的企业。洼 I 比较深，意味着企业规模较大或实力突出，承受财务风险的能力较强。企业抵抗财务风险冲击的能力主要是由其资产结构和资本结构所决定。企业在确定其资本结构时需要考虑双重目标，一方面，企业需要将资本成本维持在较低水平；另一方面，企业也需要充分考虑负债，尤其是短期负债带来的财务风险。当企业的资产负债率过高，偿债能力较差时，一旦市场竞争环境发生变化，导致企业的营业收入下降，则企业很可能面临债务违约和财务危机。当然即使企业的偿债能力较好，其承受风险的能力终究是有限的，当外部冲击带来的负面影响超过了企业的最大承受能力，则企业的财务状况会突然恶化，导致财务危机的发生。例如，在 2008 年美国次贷危机蔓延之时，世界最大投资银行之一的雷曼兄弟突然宣布倒闭，就是财务危机突变性的典型案例。

企业的决策失误经过量的积累，企业内部抵御风险的"免疫系统"遭到破坏，即洼变浅了，此时外部环境的细微变化就有可能引发财务危机。如未决诉讼、资金占用、新的竞争者进入、营业周期缩短、产品市场竞争日益激烈、高管发生变更等。此时公司的外部利益相关者，如股东和债权人会作出反应，导致企业股价下降，资本成本提高，最终陷入财务危机的泥潭中。图2-2 中的小球 D 就反映了这种状态，如果企业无法找到有效手段应对财务危机，则有可能面临破产的厄运。

2.1.2.3 多样性

从风险预警的角度看，财务危机的警兆表现为：营业收入下降、产品积压、持续亏损、资金短缺、偿债能力和盈利能力下降等。从企业管理者的视角看，财务危机是由许多因素共同造成的，财务危机的发生可能预示着公司面临销售危机、生产危机、管理危机等。企业可能缺乏良好的成本管理体系，从而造成成本管理失控、经营效率低下；企业也可能缺乏良好的定价策略，导致产品价格虚高、市场占有率下降。另外，随着经济全球化进程的加快，企业面临的外部竞争压力也日益增大，如果企业无法保持自身的核心竞争力，就有可能面临财务危机。总之，财务危机的驱动因素具有一定的多样性，宏观、中观和微观层面的因素都有可能引起财务危机的发生。

2.1.2.4 可逆性

企业财务危机具有一定的可逆性。换言之，企业的财务危机是可以化解的。企业财务危机的发展大体上可以分为四个阶段，即潜伏期、财务困境期、财务危机期和破产期，如图 2-3 所示。在每一个阶段，企业都可以通过多种手段改善经营绩效，使企业转危为安。在阶段一，企业通常面临管理决策的失当，或者企业采用了激进的投资策略，导致企业的资金发生短缺。此时只需避免激进的投资，增加现金持有，就可以使企业转危为安；在阶段二，企业已经面临一定的财务困境，此时需要注意开源节流；在阶段三，企业可以采用债务重组或者资产重组的手段避免财务状况的进一步恶化；在阶段四，企业已经启动了破产程序。但此时，有相当一部分公司也可以借助有效重组重获新生。总之，理论上在企业财务危机发展的任何阶段，财务危机都是可逆的。因此有必要探讨财务危机的应对策略和化解机制。

（企业财务状况）

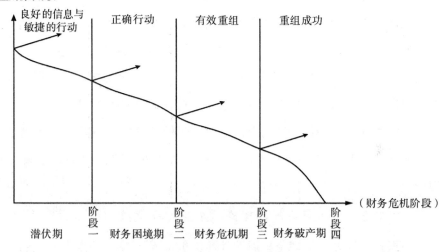

图 2-3　企业财务危机的发展过程

2.2　企业财务危机动态预警的理论基础

企业财务危机动态预警的理论基础主要包括三个方面的理论，即真实商业周期理论、行业轮动理论和企业财务危机的发生路径理论。

2.2.1　真实商业周期理论

2.2.1.1　真实商业周期理论的特征分析

经济周期（Business Cycle）通常也被称为商业周期或景气循环，它是指宏观经济运行中出现的经济过热与经济萧条交替出现，不断循环往复的现象。美国于 1929 年爆发的经济危机演变成了人类历史上影响最广泛、持续时间最久的全球性经济和政治危机。此后，凯恩斯发表了《就业利息和货币通论》，该书的面世标志着经济理论翻开了新的一页。凯恩斯认为，政府这只"看得见的手"可以对宏观经济的周期波动加以调节，从而尽量降低发生经济危机的可能性。哈伯勒在其代表作《繁荣与萧条》中指出：宏观经济必然会经历周期波动，经济持续增长是不现实的。在西方主流的经济理论中，主要存在四类经济周期理论，包括朱格拉周期、基钦周期、康德拉季耶夫周期和库兹涅茨周期。这些周期长短不一，商业周期持续时间的长短往往由经济活动的性质决定。在这四种经济周期中，基钦周期相对较短，一般为 2~4 年；而康德拉季耶夫周期则长达 40~60 年，这四种周期共同构成了真实商业周期理论。

2.2.1.2 真实商业周期理论与企业财务危机预警的关系

根据真实商业周期理论，周期性经济波动是不以人的意志所控的客观经济现象，经济周期性变化会增大企业经营的不确定性。而经营环境的不确定性必然导致各类经济实体出现周期性的风险。有关企业应对外部环境变化的文献指出，为应对宏观经济的周期性变化，管理层会增加现金持有水平。为预防宏观经济周期性波动引起的突发事件对企业的不利影响，企业管理者会根据宏观经济的周期性波动做出经营决策，合理平衡当期投资与未来支出的关系，从而引起企业财务状况的周期性变化。因此，对周期性财务危机风险进行动态预警具有较强的理论和现实意义。本书认为，真实商业周期理论是财务危机预警理论形成与发展的前提条件，也是财务危机预警理论构建的基础。财务危机产生的原因众多，但总体可以分为三大类：一是宏观环境的变迁；二是行业环境改变；三是企业自身经营不善。其中，宏观环境的变迁可以用真实商业周期理论来解释，其具体关系机理如图 2-4 所示。

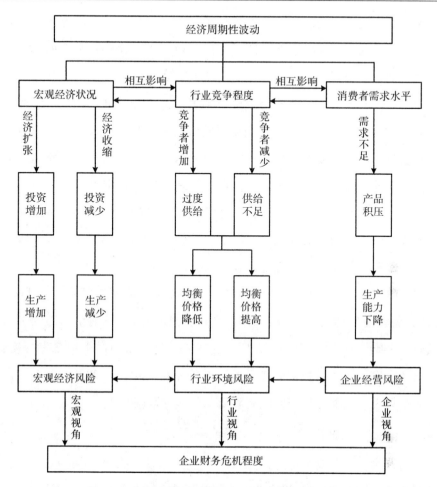

图 2-4　经济周期波动对企业财务危机的影响机理

2.2.2　行业轮动理论

2.2.2.1　行业轮动理论的特征分析

行业是指一组经营类似业务的上市公司的集合。行业由众多企业所组成，而宏观经济由诸多行业所组成。宏观经济的周期性波动会在行业层面呈现相应的规律。换言之，宏观经济波动会通过产业关联、供求关系等机制在行业层面不断传导。由于同行业企业面临的宏观经济环境和行业环境较为相似，其未来前景、偿债能力、盈利能力的相关度很高。从股票市场看，同一行业或者同一板块的多只股票会在一段时间内呈现齐涨齐跌的现象，而不同行业股票之间则随着宏观经济的波动呈现交替上涨或下跌的现象，这就是股票市场中的行业轮动现象。行业轮动现象受到了理论界和实务界的高度关注。美林公司（2004）统计了美国经济周期不同阶段全部行业的股票涨跌情况，发现随着宏观经济的周期性变化，不同行业的市场收益率依次出现跑赢大盘的表现，基于此，该公司得出了证券投资领域著名的"投资时钟"模型。麦肯锡（2009）的研究表明，非必需品和信息技术产品的消费增加可能意味着经济已经开始回暖。国内方面，国泰君安（2017）指出，在通缩阶段，投资医药和日常消费品行业可以获取超额收益。

许多学者从不同角度提出了行业轮动的驱动因素。任泽平和陈昌盛（2012）将行业轮动的驱动因素归纳为短期市场因素、长期市场因素和非市场因素三大类。其中，短期市场因素主要指行业产品的供求关系发生变化；长期市场因素主要指由技术进步等原因导致的行业生命周期和行业集中度变化；非市场因素主要包括宏观经济政策变化和气候因素等。

2.2.2.2 行业轮动现象与财务危机预警的关系

本书认为，企业财务危机的形成与行业轮动现象有着密切的联系。行业轮动现象反映了在宏观经济周期性波动的背景下行业景气的变化情况，而行业景气的变动又会在同行业企业中形成共振与扩散，引起企业财务风险的周期性变化。首先，行业景气变动会影响到产业政策的变化，而产业政策的改变又会直接影响企业的财务风险水平。其次，行业轮动现象会影响行业内部的竞争程度，而根据波特（1998）的竞争优势理论，行业竞争程度会影响企业的竞争优势，进而影响企业的盈利能力和财务风险。再次，行业轮动现象还会影响到上下游行业的风险水平，从而影响供应商和客户的议价能力，进而影响企业的议价能力和盈利能力，最终影响企业的财务风险。最后，行业轮动现象会影响社会资本的流向，使资本大量流向高附加值行业，从而引起技术的进步，而技术的进步会影响企业的产供销等各个环节，也会直接影响企业的竞争力。总之，行业轮动现象引起的企业财务风险增加是财务危机发生的外在条件。

2.2.3　企业财务危机的发生路径理论

目前，国内外关于财务危机发生过程的研究还稍显不足。大多数学者在分析财务危机产生的原因和发生的过程时，往往忽略了企业财务危机的客观积累性和突变性特征，而仅基于一个横截面进行分析，此类研究往往难以得出全面的结论。面对同样程度的外部冲击，不同企业发生财务危机的可能性存在很大差异。同样，当同一个企业面临不同的环境，其发生财务危机的可能性也不尽相同。分析财务危机发生的原因，不能将各种财务危机的驱动因素割裂开来，而应进行一种综合性的考量。基于过程的财务危机驱动因素分析克服了以前研究中的不足。该方法的主要思路是，通过对发生财务危机的企业进行全程分析，总结出几种财务危机的产生路径，从而能更好地帮助企业管理层和利益相关者认识财务危机产生的原因和演化的机理，并为其他企业采取有效措施预防财务危机的发生提供参考。

2.2.3.1　企业财务危机的发生路径

Argenti 是对企业财务危机过程展开研究的先驱，他系统论述了企业发生财务危机的三种路径，以及在这三种失败路径背后财务与非财务驱动因素对企业财务危机程度的影响。

Argenti（1976）将第一种企业财务危机失败路径称为新设企业财务失败路径。这类企业大多处在初创期，它们还没有在市场上完全站稳脚跟就走向了失败。这类企业失败的原因通常是企业产品缺乏竞争力，或者企业的投资策略过于激进。第二种企业财务危机失败路径是成长期企业的失败路径。由于这类企业处于成长期，其往往会经历急速的成长，表现为企业规模的迅速扩张，然而，它们常常会因为资金链断裂等原因而经历更加剧烈的衰退。Argenti 将这类企业的失败归因于管理模式上的缺陷。成长期企业的管理者往往雄心勃勃，过度自信，为了让企业能在短时间内迅速扩大规模并抢占市场，这类企业的投资战略往往十分激进。一旦遇到资金链紧张的情况，管理者往往会显得对困难准备不足，或者因为管理和运营结构不合理而无法有效抵御风险。第三种企业财务危机失败路径是成熟期企业的失败路径。这类企业处于成熟期，已经获得了较长时间的成功，但这些企业的产品也有可能逐步失去竞争优势，或者市场上突然出现性能更好的替代品。而当外部环境发生重大变化时，失败企业往往由于其管理上的缺陷而无法对外部冲击做出及时有效的改变。因此，企业会逐步失去竞争优势，直至被完全淘汰，从而走向失败。

2.2.3.2 企业财务危机发生的原因

企业外部环境与内部环境的互动一直以来都是研究的热点问题。企业外部环境与内部环境的匹配程度在很大程度上决定了企业能否长期生存和持续发展。Gao 等（2018）对企业内外部环境的相互作用及其对企业财务危机的影响展开了研究，并将财务危机产生的原因分成四类，即市场恶化导致危机、不适应市场导致危机、市场份额竞争导致危机，以及失去控制导致危机，这四种财务危机发生路径的关系如图 2-5 所示。

由于市场恶化而发生财务危机的企业所处行业整体销售额往往处在不断下降的过程中。这类危机企业一般都产生于传统制造业、手工业等夕阳产业。这些行业中的危机企业往往多于其他行业。由于不适应市场而发生危机的企业所处行业的市场份额往往在不断扩大，但企业本身的销售额呈现下降趋势。当一个行业处在上升期时，行业中的竞争程度往往会加剧，此时，无法适应外部环境变化的企业就有可能被市场淘汰。换言之，这类企业出现财务危机是优胜劣汰的市场机制发挥调节作用的结果。由于市场份额竞争而导致危机的企业所处行业的市场份额正在下降，而企业本身的市场份额却在上升。在这种局面下，企业往往会陷入对市场份额的过度追求，因此，企业会采用较

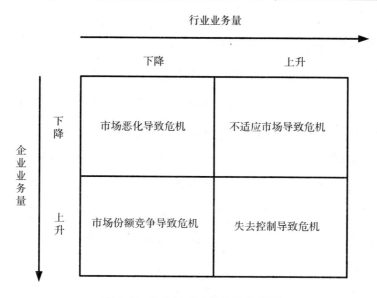

图2-5 企业财务危机发生的原因

为激进的信用政策，导致企业营业收入增长的同时，现金流并没有取得同等的增长，由于企业生产规模较大，而经营活动现金的流入量较为有限，此时企业往往会陷入资金周转的困境，从而导致财务危机的发生。失去控制的企业其所处行业与企业自身的营业收入都处于增长状态，此时的外部环境有利于企业的生存和发展，企业发生财务危机的可能性不大。但若企业因为失去对成本和规模的控制，或者扩张过度导致固定成本高企，企业同样可能发生资金短缺，从而引发财务危机。

2.2.3.3 对企业财务危机预警的启示

企业财务危机的发生路径理论对企业财务危机预警具有以下启示：第一，企业财务危机的发生过程是长期积累性与短期突变性的统一。企业财务危机的发生可以被唯物辩证法中的量变质变规律所解释。随着企业内外部环境中的不利因素慢慢累积，企业的财务状况开始恶化，此时是量变的过程；当企业的财务状况恶化到了一定程度，则会发生财务危机，财务危机的发生是质变的过程。质变是量变的结果，但量变不因质变而停止。因此，优秀的企业财务危机阶段监测系统不仅需要预测企业何时会发生质变（财务危机爆发期），也要能够预测处于量变阶段（财务危机潜伏期）企业的财务状况变化趋势。第二，企业财务危机的发生是企业内外部环境共同作用的结果，随着时间的推移，企业的内外部环境和其自身的财务状况都有可能发生变化，优秀的财务危机预警模型应该能够反映这种变化。换言之，为了取得良好的预警效果，必须建立企业财务危机动态预警模型。第三，根据 Argenti（1976）的观点，企业的管理水平、公司治理有效性、行业竞争程度等非财务因素往往是导致企业发生财务危机的根本原因，而财务指标恶化仅是企业发生财务危机的表现形式。因此，在企业财务危机预警指标体系中，应同时纳入财务和非财务指标。

2.3 企业财务危机动态预警的方法选择

企业一旦发生财务危机，将给所有的利益相关者带来巨大损失。因此，发展科学合理的财务危机预警模型一直是一个热门的研究问题。然而，专门研究企业财务危机预警建模技术的文献还较少，大多数研究在选取预警技术时，也并未对现有预警技术进行全面的比较分析。Amiram 等（2018）在一篇文献综述文章中尖锐地指出，"现有研究在选择财务危机预警方法时，起决定性作用的并不是该方法的合理性，而是该方法的流行程度，或者作者的专业背景"。鉴于此，本书将对现有主流的财务危机预警建模技术进行全面梳理，对其优缺点进行比较，在此基础上得出选取梯度提升机（Gradient Boosting Machine）作为本书主要预警建模技术的依据。

2.3.1 传统财务危机预警方法的比较

根据 Alaka 等（2018）的研究，传统财务危机预警建模技术主要可分为两大类，即基于统计分析方法的建模技术和基于机器学习的预警建模技术。前者主要包括多元判别分析法（Multiple Discriminant Analysis）、逻辑回归（Logit Regression）和 Probit 回归（Probit Regression）等。而后者主要以机器学习和人工智能技术为依托，代表性方法主要包括人工神经网络（Neural Network）、遗传算法（Genetic Algorithm）、决策树（Decision Tree）、案例推理法（Case-based Reasoning）和支持向量机（Support Vector Machine）等，而以随机森林和梯度提升模型为代表的集成学习方法则代表了财务危机预警技术的发展方向。总之，主流财务危机预警建模技术的分类如图 2-6 所示。

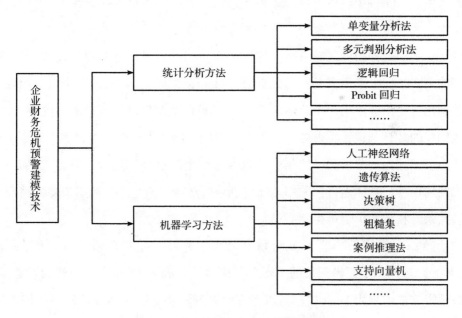

图 2-6 主流的财务危机预警建模技术

2.3.1.1 统计分析方法

（1）单变量分析法。是指通过单个变量的差异判断企业是否发生财务危机的方法。该方法将训练样本分为爆发财务危机和未爆发财务危机两组，并选出在两组中存在显著差异的变量，利用这些变量选择预警临界值，从而对测试样本中的企业是否发生财务危机加以判断。Fitzpatric（1932）通过单变量分析法，发现 Roe（股东权益报酬率）是最为有效的财务危机预警指标。此后，Altman（1968）采用单变量分析法作为指标遴选的依据，选取了五个指标作为财务危机预警指标体系。

（2）多元判别分析法。单变量分析法的统计原理较为简单，因此，它在早期的财务危机预警研究中被广泛采用。然而，单变量分析法的误判率很高，作为一种统计方法，它是很不成熟的。为进一步提升财务危机预警模型的预警效果，Altman（1968）首次将多元判别分析法引入财务危机预警领域。他认为，企业是一个复杂系统，每个财务指标都只能反映企业财务状况的一部分，且不同财务指标之间具有一定的联系。因此，财务危机预警模型需要能容纳更多指标。采用多元判别分析法，Altman（1968）选取了五个财务指标，并利用这些指标求出一个总体判断分来预测企业发生财务危机的可能性。由此构建的 Z 计分模型在财务危机预警模型的发展历程中具有里程碑式的意义。然而，多元判别分析法虽然相较于单变量分析法已有所进步，但其依然有较大的局限性。具体而言，采用多元判别分析法需要满足几个适用条件，然而，这些条件在现实中很难得到满足。

（3）逻辑回归。鉴于多元判别分析法存在一定局限性，Min 和 Jeong（2009）选用基于逻辑函数的逻辑回归模型（Logit 模型）作为主要的财务危机预警方法。采用 Logit 模型可以很方便地刻画自变量（财务危机驱动因素）与因变量（是否发生财务危机）之间的关系，也可以很方便地求得自变量的边际效应，因此，Logit 模型在企业财务危机预警领域得到了广泛运用。同时，它的因变量不仅可以是二分类的哑变量（0-1 变量），也可以是多分类的顺序变量。因此，它的预警结果可以十分精细。与多元判别分析法相比，Logit 模型的适用条件在现实条件下更容易得到满足，其预警结果也较为准确，因此，其在财务危机预警领域得到了广泛运用，也是近年来仍然有所发展的热门领域。Cohen 等（2012）基于改进的 Logit 模型构建了企业财务危机预警系统，并取得了良好的预警效果。

（4）其他统计建模方法。除上面列示的方法外，还有许多其他的统计方法被运用于企业财务危机预警领域。如 Probit 模型、线性判别分析法、递归分析模型、线性概率模型等。但这些方法大都存在一些不足，例如，Probit 模型，该模型与 Logit 模型相似，但该模型计算量大于 Logit 模型，且预警准确性往往低于 Logit 模型，因此，Probit 模型的适用范围小于 Logit 模型，其他模型在以往研究中的运用也较为有限，鉴于此，本书对这些建模技术不做详细分析。

2.3.1.2 机器学习方法

随着经济全球化的不断深化，企业面临的市场竞争日趋激烈。面对这种局面，财务危机预警模型需要能够处理大量指标，也要能处理变量之间的非线性关系。计算机技术的飞速发展使得满足上述要求成为可能。在这种背景下，基于机器学习和人工智能的现代财务危机预警建模技术迅速兴起，并取代了传统的基于统计分析方法的财务预警建模技术，成为现代财务危机预警研究的主流方法。人工智能和机器学习算法克服了传统统计方法的诸多限制，还具有能实时更新数据和预警结果的优点。机器学习方法能有效满足新形势下企业利益相关者对财务危机预警模型的需求。

（1）人工神经网络。该方法兴起于 20 世纪 80 年代，1990 年，Odom 和 Sharda 将该方法引入了企业财务危机预警领域。Odom 和 Sharda（1990）采用 Altman（1968）在 Z 计分模型中选用的五个财务指标作为基础预警指标，用三层 BP 神经网络算法作为主要建模技术，构建了企业财务危机动态预警模型，并运用 Altman（1968）采用的多元判别分析法与他们的模型进行对比，结果显示，人工神经网络方法在同等条件下能够取得更好的预警结果。Odom 和 Sharda（1990）的研究一经问世，人工神经网络方法就得到了学术界的普遍关注和广泛采用，学者们的研究大多证实，人工神经网络方法比传统财务危机预警方法更加优越。

（2）遗传算法。Gordini（2014）将遗传算法引入企业财务危机预警领域，研究显示，遗传算法的预警准确性弱于 Logit 模型，但在不同样本中的稳定性更强。Zelenkov 等（2017）首先采用专家打分法对企业财务风险程度进行定性分析，随后采用遗传算法提取专家打分的预警规则，并取得了较好的预警效果。与其他基于机器学习和人工智能技术的预警方法相比，遗传算法的实现过程较为简单，因此，该方法被广泛运用于财务危机预警研究中。然而，与其他机器学习方法相比，该方法也具有预警准确性较低的缺点，尽管如此，目前，很多学者仍然致力于对遗传算法加以改进，并取得了丰硕成果。

（3）决策树。Chen（2011）在研究中国上市公司的财务危机预警问题时，采用了决策树模型作为主要的预警方法。Kim 和 Upneja（2014）在后续研究中证明了在企业财务危机预警领域，决策树模型的预警效果优于多元判别分析法，但该方法的预警准确性与集成决策树方法相比往往稍显逊色。Kim 和 Kim（2011）在其基于台湾数据的实证研究中发现，若样本区间较短，则决策树的预警效果优于 Logit 模型，但若样本区间较长，则决策树的预警效果反而不如 Logit 模型，因此，该方法具有一定的局限性。

（4）粗糙集。Pawlak（1982）首先提出粗糙集理论。由于该方法能有效刻画不确定性，并能有效处理信息不完备的问题，从其问世之日起，该方法就受到了广泛的关注。Dimitras 等（1999）将粗糙集方法引入财务危机预警的研究领域，研究证实，通过该方法构建的模型对发生财务危机的企业具有良好的判别能力。Bose（2006）以信息技术企业为研究对象，采用粗糙集方法构建了财务危机预警模型，该研究再次证实，粗糙集方法的预警准确性较高。然而，该方法对数据噪声十分敏感，对数据质量要求较高，在实际研究中，该方法往往被用来与其他方法相集成。

（5）案例推理法。Li 和 Sun（2009）将案例推理法运用于企业财务危机预警研究。他们将案例推理法与多元判别分析法及 Logit 模型相比较，发现案例推理法与 Logit 模型的预警准确性并不存在明显差异，但案例推理法对数据噪声不敏感，当数据质量较差时，案例推理法的预警结果并未受到明显影响。此后，Bae（2012）、Sartori 等（2016）从不同角度发展了案例推理法，其预警效果也得到了一定程度的改善。

（6）支持向量机。Corinna 和 Vladimir（1995）率先提出了支持向量机方法，而 Hua 等（2007）将该方法引入财务危机预警领域。在采用澳大利亚中小企业为样本的实证研究中，Hua 等（2007）发现相对于 Logit 回归模型而言，支持向量机模型能够取得更好的预警效果。Yang 等（2011）采用中国数据的研究也表明，支持向量机相较于 Logit 和人工神经网络模型而言，具有更好的小样本性质，其预警结果也更加准确。Danenas 和 Garsva（2015）采用美国数据的研究表明，支持向量机模型还具有较为优异的泛化能力。

（7）其他机器学习建模技术。企业财务危机预警问题本质上是一个分类问题。该任务的主要目标是利用实际数据建立一个具有较强泛化能力的精准分类器。利用该分类器可以将全部上市公司按照其发生财务危机的可能性分成不同类别，也可以对某一公司在未来若干年内是否会发生财务危机加以预测。因此，人们关注的一个根本问题是如何提高财务危机预警系统的泛化能力。相较于其他机器学习建模技术，集成学习方法在泛化能力上具有明显优势，因此，对集成学习的深入研究已成为机器学习和人工智能领域的一个热点问题。

集成学习的主要思想是"三个臭皮匠，顶个诸葛亮"。区别于以往的基于单分类器的建模技术，集成学习方法首先通过简单的算法训练出一批较为粗糙的基分类器，然后再将这些基分类器加以组合，最终达到构建一个集成的强分类器的目的。目前，集成学习方法已经被广泛运用于诸多领域，而本书拟采用的梯度提升模型本质上就是一种十分主流的集成学习算法，其在一定程度上代表了财务危机预警建模技术的发展方向。

2.3.1.3 传统财务危机预警方法的对比分析

下面对主要的财务危机预警建模技术进行对比分析。本书将根据以下标准对传统的财务危机预警模型展开评价。第一，预警准确性，即模型的预警精度；第二，结果的透明性，即模型的预警结果是否容易解读；第三，模型的适用条件；第四，是否会受到共线性影响。具体的对比分析结果如表2-1所示。

表 2-1　不同财务危机预警建模技术的对比分析

模型名称	预警准确性	透明性	适用条件	共线性	优缺点分析
单变量分析法	很低	高	无适用条件	无	简单易行，但预警精度极低
多元判别分析法	很低	高	1. 变量数据正态分布； 2. 各组协方差相同； 3. 已知每组均值向量、协方差矩阵、先验概率和误判代价	有	简单易行，但预警精度低，前提条件几乎不可能满足
逻辑回归模型（Logit模型）	较高	高	模型的残差服从逻辑分布	有	结果易于解读，预警精度较高，但易受共线性的影响，模型中无法容纳大量预警指标，容易导致遗漏重要变量，有时会出现变量符号与预期不一致的情况
Probit模型	较高	高	模型的残差服从正态分布	有	大量研究认为，该方法与逻辑回归模型特点类似，但预警精度不如逻辑回归模型

模型名称	预警精度	透明性	适用条件	共线性	优缺点分析
人工神经网络	高	低	无适用条件	无	没有严格的假设条件，预警精度很高，不受共线性影响，但预警过程基本类似"黑箱"。预警结果难以解读，且容易出现过度拟合问题
遗传算法	较高	较高	无适用条件	无	没有严格的假设条件，预警精度低于人工神经网络，但预警结果的透明性好于人工神经网络，能够得到预警临界值。一大缺点是，面对同样的训练样本，可能会做出不同结果，因此，其普适性较差
决策树	较高	一般	无适用条件	无	预警效果与 Logit 模型难分伯仲，低于人工神经网络方法，预警结果的透明性高于人工神经网络，但低于 Logit 模型。受到共线性影响较小
粗糙集	较高	较高	无适用条件	无	该方法的预警效果不如人工神经网络，但预警结果容易解读，也不会受到共线性影响，往往可以作为人工神经网络的补充
案例推理法	一般	高	无适用条件	无	优点是预警结果容易解读，能为企业财务状况的改善提供参考，缺点是预警精度较低，且容易产生过度拟合问题
支持向量机	高	低	无适用条件	无	预警效果略好于人工神经网络，且具有更加出色的小样本性质，但预警结果也不易解读，无法为企业进一步改善财务状况提供参考，且容易产生过度拟合

模型名称	预警精度	透明性	适用条件	共线性	优缺点分析
梯度提升模型	高	高	无适用条件	无	预警精度高，具有良好的泛化能力；预警结果易解读，且作为集成学习方法，能处理大量指标，在一定程度上降低了遗漏变量问题的影响

从表 2-1 中可以看出，所有统计方法都会受到共线性的影响。为了减小共线性，采用统计方法时只能选择很少的财务预警指标，这很有可能导致遗漏重要变量的问题，机器学习方法则极大地改善了这一局面，但人工神经网络和支持向量机尽管具有预警精度高的优点，其预警过程基本属于"黑箱"，预警结果的透明性低，难以为企业改善财务状况提供有效指导。总之，正如 Alaka 等（2018）所指出的："采用机器学习方法只能在预警准确性和透明性之间加以权衡，总体来看，预警准确率越高的模型，其透明性往往越差。"

目前主流的财务危机预警技术都无法处理数据样本的缺漏值和极端值问题。为了处理缺漏值，学者们往往选择删除预警指标存在缺漏值的样本，这一处理大大降低了样本量，此外，由于某一指标存在缺漏值可能并不是随机的，简单地去掉存在缺漏值的样本可能导致预警结果成为一种条件期望，例如，面临财务危机的企业可能存在较多的缺漏值，因此，如果简单删除预警指标存在缺漏值的样本，则有可能大大降低模型的泛化能力。

梯度提升模型作为一种新兴的机器学习技术，尚未被引入企业财务危机预警领域，然而，梯度提升模型与传统财务危机预警建模技术相比，具有以下优点：第一，区别于上述单一预警模型建模技术，梯度提升模型属于一种集成学习方法，它具有更好的泛化能力，能够在一定程度上提升预警准确性；第二，它能够自动处理缺漏值和极端值；第三，与传统的基于统计分析方法的建模技术相比，梯度提升模型不会受到共线性和数据对数化处理的影响，因此，它能够处理大量指标，从而最大限度地避免了传统财务危机预警建模技术普遍面临的遗漏变量问题；第四，与现代的基于机器学习和人工智能的财务危机预警建模技术相比，梯度提升模型摆脱了单一预警模型的局限，能够进一步提升预警结果的准确性。同时，梯度提升模型也在一定程度上克服了传统人工智能方法预警过程的"黑箱"问题。它通过提供预警指标的相对重要性排序，增加了预警结果的透明性。鉴于此，本书将梯度提升模型引入财务危机预警领域，依托梯度提升模型建立了企业财务危机动态预警模型，为企业利益相关者的决策提供依据。

2.3.2 梯度提升模型在企业财务危机预警领域的适用性分析

2.3.2.1 梯度提升模型的基本思想

本书拟采用 Schapire 和 Freund（2012）提出的梯度提升模型（Gradient Boosting Machine）作为建立企业财务危机动态预警系统的主要方法。梯度提升模型本质上是一种机器学习方法，而机器学习是研究计算机人工智能（Artificial Intelligence）的核心领域之一。梯度提升模型的任务是利用已有的训练数据构建出一个学习模型。训练数据由输入和输出两部分组成，输入通常以特征向量（Feature Vector）来表示，输出可以是一个包含有限元素的集合。梯度提升模型为监督学习算法中的一种，其要求训练数据集中数据的输出值已知。具体到企业财务危机预警，就是要求训练数据集中的公司是否陷入财务危机为已知。因此，本书基于我国特殊的制度背景，采用上市公司被特别处理（ST）、退市风险警示（*ST）或者特别转让（PT）作为企业陷入财务危机的标志，并为每一个 ST、*ST 和 PT 公司找到了一个配对样本。全部被ST 的企业及其配对企业的样本共同构成了本书的训练样本。

同时，梯度提升模型也属于一种集成学习（Ensemble Learning）方法。传统的机器学习方法一般只会构建一个学习模型，而集成学习的基本思想是构建多个学习模型，并把这些学习模型组合起来成为一个联合的学习模型，所以有时也被称作联合学习（Committee-based Learning），如图 2-7 所示。集成学习的基本思想是，如果已经发现了许多分类能力不强的基分类器，那么能否将它们"提升"（Boost）为一个强分类器？一般而言，发现分类能力不强的基分类器相当容易，那么，如何对弱分类器的分类效果加以提升，就成为构建集成学习算法时必须考虑的问题。关于提升方法的研究有很多，而梯度提升模型就是一种具有代表性的提升方法。

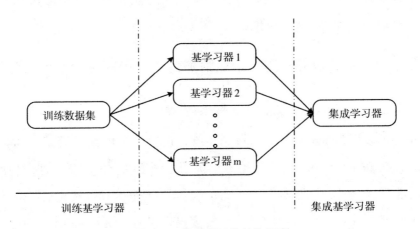

图 2-7　集成学习的结构示意

给定训练样本集，利用较为简单的分类算法构造精准度较低的弱分类器要比构造精准度较高的强分类器容易很多。梯度提升模型的建模过程可以分为两步：第一步是构造多个弱分类器，第二步是通过反复训练和组合，将这些弱分类器加以组合，从而得到一个强分类器。这里有两个问题需要解决：第一，在每一轮训练中如何改变训练样本的权重或者概率分布；第二，如何将大量的弱分类器组合成一个强分类器。梯度提升模型对第一个问题提供的解决办法是，提高前一轮训练过程中被弱分类器错误分类的样本权重，同时降低上一轮训练中被正确分类样本的权重，于是，前一轮训练中的错误在后一轮训练中被重点关注和修正，分类精准度就会不断提升。对于第二个问题，即如何将弱分类器组合成一个强分类器，梯度提升模型采用加权的方法予以解决。具体地，在模型训练过程中加大误判率低的弱分类器的权重，减小误判率高的弱分类器的权重，使前者在最后的组合分类器中起到较小的作用，后者在组合分类器中起到较大的作用，从而提高最终得到的强分类器的预警准确性。

相较于传统的财务危机预警建模技术，梯度提升模型具有更加优秀的泛化性能。通常而言，在解决实际问题的过程中，训练出一批分类精准度较低的弱分类器较为简单，而训练出一个分类精准度较高的强分类器较为困难。梯度提升模型将财务危机预警以及其他的分类问题分为两个步骤，首先训练一批弱分类器，然后将这些弱分类器"提升"为一个强分类器，其泛化性能优于一步到位的预警方法。因此，该方法被广泛运用于人脸识别、目标追踪、天气预报等领域，具有十分广阔的运用前景。目前，梯度提升模型尚未被引入财务危机预警领域，但笔者认为，该方法十分适合被用来构建财务危机动态预警系统。鉴于此，本书试图将梯度提升模型引入财务危机预警领域，从而为企业更好地应对财务危机提供借鉴，也为后续研究提供参考。

2.3.2.2 梯度提升模型的训练原理

梯度提升模型基本原理是，将一系列的弱分类器（Weak Classifiers）组合成一个强分类器（Strong Classifiers）。具体到财务危机预警而言，全部上市公司可以被分为两类：会发生财务危机的公司和不会发生财务危机的公司。而所有的财务指标和非财务指标都可以用来对上市公司进行分类。显然，采用单个指标进行分类的效果会很差（发生第一类错误或第二类错误的概率很高）。但是只要采用单个指标进行分类的效果略好于随机选择（错误率小于0.5），则这个指标就可以被当成一个弱分类器。经过一系列迭代后，许多弱分类器最终会收敛为一个强分类器。每一个弱分类器都会在一定程度上增强强分类器的预警效果。在最终获得的强分类器中，每个弱分类器都被赋予了一定的权重，而权重的大小取决于弱分类器的质量，或者说，采用单个指标的预警效果。预警效果好（错误率低）的指标被赋予较大的权重，而预警效果差（错误率高）的指标被赋予较小的权重。在模型训练过程中，所有指标（弱分类器）被依次加入，不断迭代。后次迭代时，改变训练数据的概率分布，提高前次迭代中判断错误样本的权重，降低前次迭代中判断正确样本的权重，以重点关注前次迭代中判断错误的样本，并争取将前次的错误予以纠正。这样，经过若干次迭代就形成了一个强分类器。梯度提升模型的训练过程如图 2-8 所示。

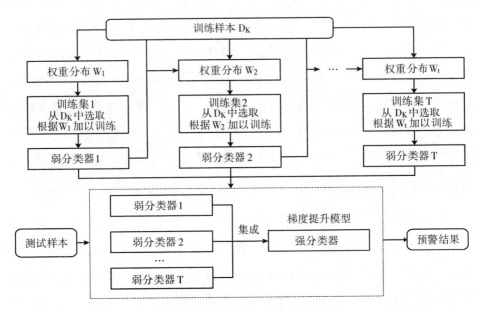

图 2-8 梯度提升模型的训练过程

举例来说，假设加入模型的第一个指标（弱分类器）是资产负债率，预警的目的是将全部上市公司分成陷入财务危机和没有陷入财务危机两类。首先，确定资产负债率的预警临界值。确定预警临界值的原则是，采用单个指标对全部公司进行分类的错误率最低。资产负债率取值越大，则企业发生财务危机的概率就越高。我们可以确定一个临界值，实际资产负债率大于等于这个临界值的全部样本都被判定为有警（可能发生财务危机），实际资产负债率小于这个临界值的全部样本都被判定为无警（暂时不会发生财务危机）。在训练样本中，可以得到采用任意临界值进行判断所产生的误判率，则实际选取的预警临界值要使上述误判率达到最小。其次，确定资产负债率这个弱分类器的权重。若采用资产负债率这个单一指标分类的效果较好（误判率低），则给予其较高的权重；反之（误判率高）则给予其较低的权重。再次，改变训练样本的权重，提高采用判断错误样本的权重，降低判断正确样本的权重。随后，加入新的弱分类器（如总资产报酬率），确定其预警临界值，使得组合分类器的误判率达到最低。最后，不断加入新的弱分类器，并重复上述过程，使得最终得到的组合分类器（包含全部预警指标）的误判率最低。在继续迭代无法明显提升模型的预警准确率时，整个模型达到收敛。Schapire 和 Freund（2012）在集成学习领域做出了杰出贡献，他们提出了一个卓越的集成学习算法 AdaBoost，AdaBoost 的训练过程可以用数学公式表示如下：

①输入训练数据集 $D_1 = (w_{1,1}, w_{1,2}, \cdots, w_{1,N})$；其中，$N$ 为样本量。

②初始化训练数据的权重分布：$D_1 = (w_{11}, w_{12}, \cdots, w_{1N})$；其中，任意样本点的权重 $w_{1i} = \dfrac{1}{N}$。

③假设共有 m 个财务危机预警指标（若分类器），对 $M = 1, 2, \cdots, m$：

第一，使用具有权值分布 D_m 的训练数据集学习，得到基本分类器：

$$G_m(x): x \rightarrow \{-1, 1\} \tag{2-1}$$

第二，计算 $G_m(x)$ 在训练数据集上的分类误差率：

$$e_m = P(G_m(x_i) \neq y_i) \tag{2-2}$$

第三，计算 $G_m(x)$ 的系数：

$$a_m = \frac{1}{2}\log\frac{1-e_m}{e_m} \tag{2-3}$$

第四，更新训练数据集的权值分布：

$$D_{m+1} = (w_{m+1,\ 1},\ w_{m+1,\ 2},\ \cdots,\ w_{m+1,\ N}) \tag{2-4}$$

其中，$w_{m+1,\ i} = \dfrac{w_{m,\ i}}{Z_m}\exp(-a_m y_i G_m(x_i))$，这里，$Z_m$ 是规范化因子，

且有：

$$Z_m = \sum_{i=1}^{N} w_{m,\ i}\exp(-a_m y_i G_m(x_i)) \tag{2-5}$$

经过这一步得到的 D_{m+1} 为数据集的权重被更新后得到的概率分布。

④构成弱分类器的一个线性组合：

$$f(x) = \sum_{m=1}^{M} a_m G_m(x) \tag{2-6}$$

采用上述算法，最终得到的弱分类器的线性组合 $f(x)$ 即为 AdaBoost 训练出的一个强分类器，利用这个强分类器对上市公司是否会发生财务危机进行判断，能大大提高预警效果。

梯度提升模型以 AdaBoost 为基础发展而来，其与 AdaBoost 的基本原理完全相同，但在技术细节上，梯度提升模型对 AdaBoost 算法进行了改进，也代表了集成学习领域的前沿发展方向。具体而言，AdaBoost 仅采用指数形式的损失函数，而在梯度提升模型中，研究者可以根据研究问题的不同对损失函数类型做出选择。在企业财务危机预警这种二分类问题中，通常将损失函数的类型设置为二项分布。由于梯度提升模型能够处理多种类型的损失函数，其预警准确性往往高于 AdaBoost。梯度提升模型的训练过程可以用数学公式表示如下：

①初始化 $F_0(x) = 0$。

②对 $m = 1, 2, \cdots, M$：

第一，计算：

$$(\beta_m,\ \alpha_m) = \operatorname{argmin} \sum_{i=1}^{N} L(y_i,\ F_{m-1}(x_i) + \beta h(x_i;\ a)) \tag{2-7}$$

第二，设：

$$F_m(x) = F_{m-1}(x) + \beta_m h(x; a_m) \qquad (2-8)$$

式（2-7）中，L 为损失函数，模型训练的目的是使损失函数最小化。y_i 为结果变量，在企业财务危机预警问题中，即为训练样本是否被 ST。x_i 是一个向量，表示全部财务危机预警指标。a 为财务危机预警指标（自变量）的系数，β_m 为弱分类器的权重，若增加某个弱分类器后，模型的整体预警效果大幅提升，则该分类器的 β_m 值较大。每一轮训练中，一个弱分类器被加到损失函数的残差之上，经过若干次迭代，若损失函数的残差不再明显减小，则训练过程终止。最终经过 m 轮训练得到的 $F_m(x)$ 即为一个强分类器，它是若干个弱分类器的线性组合。利用这个强分类器对上市公司是否会发生财务危机进行判断，能大大提高预警效果。以上全部训练过程都由计算机实现。

2.3.2.3 梯度提升模型的特征及在财务危机预警中的适用性分析

梯度提升模型具有许多其他方法所不具备的优点，该方法也十分适合被运用于财务危机预警中。第一，它可以适用于多维度指标的预警，而且能够处理变量之间的非线性关系。在传统的回归模型中，通常假设自变量与因变量的关系是线性的。即使是后来的 Logit 模型或 Probit 模型，也假定模型的残差项服从某种分布（Logit 模型假定残差项服从逻辑分布，而 Probit 模型假定残差项服从正态分布），而这些假定往往是不合理的。梯度提升模型作为一种基于大样本的机器学习算法，摒弃了对残差项的所有假定，这一特点与现实世界中财务危机预警问题的真实情况较为契合。

第二，财务危机预警经常面临样本数据存在极端值、缺漏值或预警指标之间存在多重共线性的困境。而梯度提升模型能够很好地减小上述问题的影响。首先，它不会受到极端值的干扰，因此，无需对原始数据进行缩尾或截尾处理。而在传统的财务预警方法中，对数据进行缩尾或截尾处理几乎是必须的操作步骤。梯度提升模型的这一特点在一定程度上提高了数据的真实性和可靠性。其次，梯度提升模型对数据的对数化不敏感，对任何指标取对数都不会改变最后的预警结果，而只会改变指标的 RVI。再次，梯度提升模型作为一种集成学习算法,不会受到缺漏值的影响。在模型拟合的过程中,缺漏值将被数据集中与缺漏变量高度相关的其他变量所取代。这样就最大限度地保留了有效信息,增大了样本量。最后,梯度提升不受多重共线性的影响,这是梯度提升模型区别于其他预警方法的最大特点。传统的预警方法往往会受到共线性的很大影响。因此,采用这类方法只能得到相对"精简"的模型,换言之,预警指标不能过多。事实上,在回归模型中之所以设置调整 R^2(Ajusted-R^2)这样的参数,就是想得到相对精简的模型。然而,梯度提升模型完全不受共线性的影响,甚至它可以利用共线性来提高预警精度(如利用共线性来弥补缺漏值)。正是因为梯度提升模型具有这一特点,它可以处理大量指标。

企业是否发生财务危机的影响因素很多。因此,为了获得较好的预警效果,需要用到大量指标,且大量指标存在缺漏值,也面临多重共线性的问题,传统的预警方法面对缺漏值只能采用删除样本的方法,这一方面大大降低了样本量,另一方面由于某一指标存在缺漏值可能并不是随机的,简单地去掉存在缺漏值的样本可能导致预警结果成为一种条件期望。因此,简单去掉存在缺漏值的样本极有可能导致过度拟合(Overfitting)问题,使模型在训练样本中的拟合效果较好,而在测试样本中的预测效果较差。面对共线性问题,传统的预警方法往往也显得无能为力,只能选取较少的预警指标,以减小共线性的影响。而减少预警指标则很有可能遗漏重要的变量,并导致模型预警效果的降低。因此,能够很好地处理极端值、缺漏值或者预警指标之间存在多重共线性,是梯度提升算法适用于企业财务危机预警问题的重要原因。

第三,梯度提升模型可以更有效地处理无关变量。在传统的预警方法中,无关变量可能会对预警结果造成很大影响。例如,在所有的回归模型中,当无关变量与残差项不相关时,预警结果不受影响,但若无关变量与残差项相关,则会导致内生性问题,降低模型的预警准确性。而梯度提升模型是一种集成学习算法，其原理是将多个弱分类器组合成一个强分类器，无关变量在模型中不会起到任何作用，但也不会影响模型的整体预警效果。

第四，从计算资源的消耗上来看，梯度提升模型也具有一定的优势。其他的机器学习算法，如人工神经网络方法、支持向量机、案例推理技术、遗传算法等，都需要直接训练出一个强分类器，而梯度提升模型只需要训练出多个较弱的分类器，并将这些较弱的分类器组合成一个强分类器。它所需的计算资源较小，也可以获得更好的预警效果。此外，根据著名的"奥卡姆剃刀"原理（Occam's Razor），基分类器的预警能力越强，则越有可能发生过度拟合，导致模型的泛化能力下降。但在财务危机预警问题中，可以直接采用财务和非财务指标作为基分类器，而单个指标的预警能力仅略好于随机选择（Slightly Better Than Random Guessing），因此，采用财务和非财务指标作为基分类器能在一定程度上降低过度拟合的影响。

第五，在预警结果的解读上，梯度提升模型也具有一定的优势。传统的机器学习算法也能获得较好的预警效果，但其预警过程类似"黑箱"，这给模型使用者解读预警结果带来了很大难度。而梯度提升模型可以报告指标的 RVI，RVI 较高的指标，就会对企业财务危机程度产生重要影响。总之，梯度提升模型能在保证预警精准度的同时，提高预警结果的透明性。因此，梯度提升模型的预警结果能够为企业经理层改善企业的财务绩效提供参考。

然而，应该注意到，梯度提升模型也不是完美无缺的。其主要缺点有二：第一，面对不平衡的样本，容易训练出较为"保守"的模型。就财务危机预警而言，在中国的上市公司中，被 ST 的公司数量较少，大量企业都未被 ST（在本书第 5 章的研究中，通过收集数据发现，ST 企业仅占全部样本的 3% 左右）。可以说，ST 企业与非 ST 企业在全部样本中的比例是严重失衡的。此时，若直接利用梯度提升模型并采用全部样本训练模型，则即有可能得到一个十分"保守"的预警系统，该系统倾向于将所有公司都判定为非 ST（注意：即使模型将全部样本都判定为非 ST，其预警准确率也高达 97% 左右，但这显然是毫无意义的）。为了解决样本不平衡对模型预警效果的影响，本书采用配对样本的方法进行样本的平衡化处理，即将全部 ST 与非 ST 公司进行 1∶1 配对，从而降低模型犯第一类错误的概率，使预警结果更有意义。

第二，梯度提升模型能够训练出一个十分精准的分类器，利用该分类器可以对任意企业是否陷入财务危机加以判断，且能获得较高的预警精度。然而，该方法无法对处于财务危机潜伏期（未爆发财务危机）的大量企业进行进一步区分。为了克服这一缺点，本书利用梯度提升模型得到的预警指标 RVI 对全部预警指标加以遴选，利用功效系数法将企业财务危机预警指标转化为企业财务危机预警个体指数；并将每个预警指标的相对重要性得分进行归一化处理，以此作为预警个体指数的权重，最终得到企业财务危机预警综合指数的得分。利用财务危机预警综合指数，可以对处于财务危机潜伏期企业的财务状况加以进一步区分。总之，企业财务危机预警综合指数的编制是对梯度提升模型预警结果的重要补充。

综上所述，梯度提升模型的原理是将大量的弱分类器组合成一个强分类器，而企业财务危机预警问题也可以看做是一个分类问题。由于梯度提升模型具有上述优点，又考虑到企业财务危机预警问题的特点，可以得出这样的结论，即梯度提升模型非常适合处理财务危机预警的问题。鉴于此，本书选取梯度提升模型作为主要工具，构建企业财务危机动态预警系统。但由于梯度提升模型的训练需要明显的是非标志，仅依靠企业财务危机阶段监测系统只能将全部企业分为财务危机潜伏期（未发生财务危机）和财务危机爆发期（已发生财务危机）两类。因此，本书通过梯度提升模型提供的预警指标 RVI 值对预警指标加以遴选，在此基础上构建了企业财务危机预警指数模型，从而使预警结果更加精细化。

2.4 基于梯度提升模型的企业财务危机动态预警体系设计

本书按照"基于梯度提升模型的企业财务危机动态预警指标体系构建→基于梯度提升模型的企业财务危机动态预警系统构建→基于梯度提升模型的企业财务危机的防控路径与化解策略选择"的研究思路展开研究。基于梯度提升模型的企业财务危机动态预警体系的框架及各部分之间的逻辑联系如图2-9所示。主要用到的研究方法包括梯度提升模型、Logit模型、预警指数监测模型、矩阵定位模型和面板数据模型等。其中,梯度提升模型是所有方法中的核心,在构建企业财务危机动态预警体系的过程中,梯度提升模型贯穿始终。

第一,在预警指标体系的过程中,本书充分利用梯度提升模型能够处理共线性和缺漏值的优点,构建了包含6大类财务指标和3大类非财务指标的预警指标体系。本书构建的预警指标体系中,既包括大量的传统财务指标,也包括以前文献较少涉及的盈余管理指标、市场指标和审计师行为指标等,从而最大限度地解决了传统财务危机预警研究可能存在的遗漏变量问题,并能够为后续研究提供一定借鉴。

第二,企业财务危机动态预警系统的构建则完全依赖于梯度提升模型。具体而言,企业财务危机阶段监测子系统就是通过梯度提升模型加以训练的;梯度提升模型报告的预警指标RVI得分则是预警指标遴选和编制企业财务危机预警个体指数和综合指数的基础。而编制上述两个指数是企业财务危机警情监测子系统的重要功能;同时,梯度提升模型本身具有预测功能,这一功能构成了企业财务危机动态监测子系统的重要组成部分。企业财务危机动态

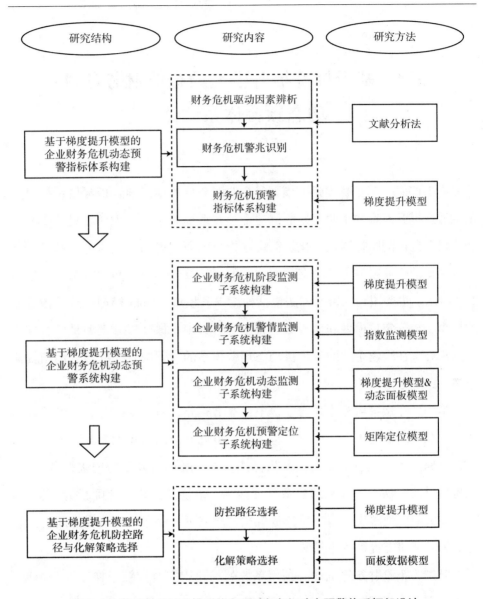

图 2-9 基于梯度提升模型的企业财务危机动态预警体系框架设计

监测系统能将财务危机预警综合指数分解为宏观经济风险预警指数、行业环境风险预警指数和企业经营风险预警指数三个部分，而这三个指数的获得是构建企业财务危机预警定位子系统的基础。总之，梯度提升模型为本书构建企业财务危机动态预警系统提供了主要的方法支撑。

第三，本书提出应对财务危机的主要方法是事前防控与事后化解并重。而企业财务危机的事前防控策略选择主要依赖于梯度提升模型报告的预警指标 RVI 得分，才能做到对症下药和有的放矢。因此，梯度提升模型的预警结果为财务危机的事前防控提供了行动指南。

第四，企业财务危机爆发后，由于企业的财务状况出现极度恶化，仅采用"头痛医头，脚痛医脚"（从预警指标出发）的防控策略已经无济于事。然而，企业财务危机本身具有可逆性，鉴于此，本书进一步提出基于重组的企业财务危机的"事后"化解策略，指出企业可以采用管理重组、经营重组、资产重组和债务重组的方式化解财务危机，并实证检验了四种化解策略的实施效果。实证检验的结果不仅可以为处于财务危机爆发期的企业有效化解财务危机提供参考，也在一定程度上证明了本书基于梯度提升模型构建的财务危机动态预警系统的有效性。

本章小结

本章首先对企业财务危机进行界定，并分析了企业财务危机的特征；其次构建了企业财务危机动态预警的理论基础，包括真实商业周期理论、行业轮动理论和企业财务危机发生路径理论；最后阐述了企业财务危机动态预警的主流建模技术，同时分析了这些建模技术的优缺点，指出梯度提升模型的特点及其相对于其他建模技术的优势。在本章结尾给出了企业财务危机动态预警体系的主要框架，为后文研究打下基础。

3 基于梯度提升模型的企业财务危机动态预警指标体系构建

上一章对企业财务危机进行了概念界定，并建立了财务危机动态预警的理论基础。本章首先对企业财务危机的风险驱动因素加以辨析，其次将企业财务危机的风险警兆分为财务指标的警兆和非财务指标的警兆两大类，在此基础上构建企业财务危机预警指标体系。

企业财务危机的驱动因素即为导致企业发生财务危机的原因，财务危机的警兆即为企业陷入财务危机的征兆。根据吴星泽（2011）的观点，财务指标是财务危机发生的征兆而非原因，且具有一定的滞后性。因此，财务指标只对企业是否发生财务危机具有判别作用而没有预测作用，而只有非财务指标能够反映财务危机发生的原因。事实上，企业财务危机的警兆与其驱动因素相类似，都对企业财务危机具有一定的判别和预测作用。因此，为了获得较好的预警效果，我们无需将企业财务危机的驱动因素和警兆割裂开来，而应将二者结合起来考虑，从而形成企业财务危机预警指标体系。特别地，本书选用梯度提升模型作为主要的预警建模技术，而该方法属于集成学习算法，能够处理大量预警指标。且随着预警指标个数的增加，梯度提升模型的预警效果单调不减。鉴于此，本书以财务危机的驱动因素和风险警兆为依据，建立包含财务和非财务指标的多维度指标体系。以此为基础建立的企业财务危机动态预警系统就犹如企业的"神经系统"一样，能够实现以下目的：第一，适时地"感触"企业的"健康"状况；第二，精确地"定位"企业的

"病处"；第三，正确地"预示"企业的发展趋势。本章的逻辑框架如图 3-1
所示。

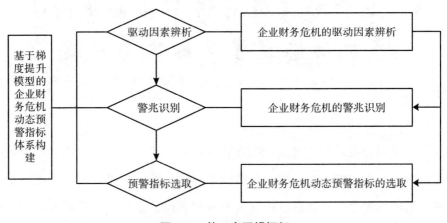

图 3-1　第 3 章逻辑框架

3.1　企业财务危机的驱动因素辨析

关于企业财务危机的驱动因素，国内外学者已经进行了大量研究。大体
上看，企业财务危机的驱动因素可以粗略分为两大类，即企业外部的驱动因
素和企业内部的驱动因素。前者主要反映宏观经济和行业环境的变化对企业
财务危机程度的影响，而后者主要反映公司的经营决策、内部控制和公司治
理等因素对企业财务危机程度的影响。Mitman（2016）将企业财务危机的驱
动因素归纳为五点，即宏观环境（包括政治、经济、社会和技术）、行业环
境（包括供应商、客户、竞争对手和行业轮动）、企业家（包括企业家的动
机、技能和个性）、公司政策（包括公司的战略与投资、商业模式、日常运

营和公司治理）以及公司特征（包括公司规模和成熟度）。显然，前两个因素属于企业外部的驱动因素，而后三个因素属于企业内部的驱动因素。下面对企业内外部因素对财务危机的影响机理加以详细分析。

3.1.1 企业外部的驱动因素

企业财务危机的外部驱动因素主要分为两个层次：即宏观环境驱动因素和行业环境驱动因素。

3.1.1.1 宏观经济环境与企业财务危机

上市公司的融资、运营、投资、分配都是在整个大的经济环境中进行的，宏观因素的变化应该反映到微观主体的经营状况上面，这是已经被很多国外研究所证实的。宏观经济环境对于公司财务危机程度的影响主要来自两个方面：一方面是整体经济状况的直接影响；另一方面是宏观经济政策的间接影响。

（1）宏观经济状况与公司财务危机。很多学者研究过宏观经济状况与财务危机的关系，他们普遍认为，宏观经济状况能够深刻地影响企业财务危机的程度。陈志斌和刘静（2010）认为，宏观经济状况至少可以从三个方面影响企业发生财务危机的可能性。首先，宏观经济状况的变化会深刻影响企业运营。一方面，宏观经济状况会直接影响消费者的需求水平，进而影响企业的产品销售，最终影响企业的盈利能力；另一方面，宏观经济形势的变化会影响整体的就业水平和居民收入，进而引起产品价格的变化。宏观经济形势较好时，就业和收入水平上升，产品价格随之上涨，企业发生财务危机的可能性也会相应降低。而宏观经济不景气时，企业发生经营困境和财务危机的可能性也会相应增大。

其次，宏观经济状况的变化会影响企业的融资行为，进而影响企业发生财务危机的可能性。一方面，若宏观经济形势较好，则企业的资金需求量会增加。此时，若企业盈利能力较强，则企业内部资金充足，其对外部融资的依赖性会降低。企业可以根据自身需求在各种融资方式之间加以权衡，不容易陷入财务危机。另一方面，宏观经济状况会影响企业的资本成本。经济繁荣时，政府会提高利率水平，导致企业的资本成本上升，但当经济萧条时，政府也会降低利率，导致企业的资本成本下降。因此，宏观经济状况可以通过影响内部融资和外部资本成本两种渠道来影响企业的融资行为，进而影响企业发生财务危机的可能性。

最后，宏观经济状况会影响企业投资。当经济形势向好时，企业的投资需求增加，企业投资的平均回报率也会增加，投资风险（项目失败的可能性）也会相应降低，导致企业发生财务危机的可能性下降。反之，当宏观经济形势不佳时，企业投资需求减少，投资回报率降低，投资风险上升，发生财务危机的可能性也会随之上升。

（2）宏观经济政策与企业财务危机。在我国特殊的制度背景下，政府在企业的日常经营和资源配置中扮演了重要角色。然而，政府对企业经营的干预往往是一把"双刃剑"。一方面，政府有可能对企业伸出"扶持之手"，即通过政府补贴和税收优惠等多种形式帮助企业提升经营绩效；另一方面，企业也有可能为企业赋予多重目标，从而损害公司价值。无论是"扶持之手"还是"掠夺之手"，都需要通过宏观经济政策加以实现。当宏观经济政策扮演了"扶持之手"时，企业发生财务危机的可能性就会降低。反之，当宏观经济政策扮演了"掠夺之手"时，企业发生财务危机的可能性就会相应提高。

宏观经济政策是指政府为了保证宏观经济的稳定运行而制定的，能够影响所有企业经营活动的政策。宏观经济政策主要包括财政政策和货币政策两大类。宏观经济政策的颁布和执行能够影响所有企业，也能影响全社会的总产出。社会总产出的变化会直接影响产品供给，也会影响居民收入和需求水平，进而影响微观企业的经营决策、商业模式、资本结构和公司治理水平，最终影响企业发生财务危机的可能性。

因此，宏观经济政策可以以影响经济产出和微观企业行为为媒介，最终影响企业财务危机水平，图3-2显示了宏观经济因素对企业财务危机的影响机理。

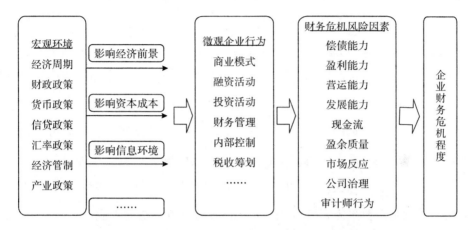

图3-2 宏观经济因素对企业财务危机的影响机理

3.1.1.2 行业环境与企业财务危机

本书认为，行业环境至少可以从两个方面影响企业发生财务危机的可能性，即行业生命周期和行业竞争程度。

（1）行业生命周期与企业财务危机。行业生命周期会对企业发生财务危机的可能性产生深远影响。首先，行业生命周期会影响企业的盈利能力和现金流水平，进而影响企业的财务风险；其次，行业生命周期也可能影响产业政策，而产业政策的变动直接影响企业发生财务危机的可能性；最后，行业生命周期可能会影响企业的投融资行为。企业是否在该行业增加投资往往取决于该行业的前景。而行业前景与行业生命周期息息相关。若企业投资决策不当，则很有可能面临资金周转困难，从而引起财务危机爆发。Loderer等（2017）认为，企业应该投资于"当前业务"或者"成长机会"。前者是指能够为企业带来持续稳定现金流的项目，后者是指具有良好发展潜力的项目。

而一项业务属于"当前业务"还是"成长机会"，完全取决于该业务所处的行业生命周期阶段。"当前业务"往往处在行业生命周期的成熟期，而"成长机会"往往处于行业生命周期的成熟期。若企业投资的项目处在行业生命周期的初创期或者衰退期，则该项目面临很大风险，需要持续不断地投入大量资金。一旦企业资金链发生断裂，则很可能引发财务危机。

（2）行业竞争程度与企业财务危机。行业竞争程度也可以从两个方面影响企业发生财务危机的可能性。首先，行业竞争程度能够影响企业的资本结构，进而影响企业的财务风险。对于资本结构与市场结构的关系，Annabi 等（2012）通过建立博弈模型得出结论：企业的负债程度与企业产品市场的竞争强度呈正相关关系。而负债率越高的企业发生财务危机的可能性越大。此外，行业竞争强度越大，企业赚取超额利润的空间就越小。激烈的行业内竞争会导致大量企业陷入财务困境，并最终导致财务危机的发生。

行业竞争强度还会影响企业的投资行为，进而影响企业的财务风险。第一，行业竞争程度较高可能引发投资不足。企业高管与外部投资者之间存在信息不对称、逆向选择和道德风险问题。因此，当面临资金缺口时，企业选择外部融资的成本较高而内部融资的成本较低。若行业竞争程度较高，则公司的外部融资成本也较高，高额的资本成本会使公司因为资金短缺而放弃一部分有长期投资价值的项目，从而引发投资不足。第二，行业竞争程度较高可能引发过度投资。当面临激烈的同行业竞争时，为了避免被市场淘汰，企业也有可能大量融资，并投资于不具备高附加值的项目，从而引发过度投资。投资不足和过度投资都会损害企业价值，并导致企业财务风险上升。此外，行业竞争程度较高还有可能引发投资项目的平均回报率下降，从而增大了投资失败的可能性。一旦企业投资失败，股东有可能抛售公司股票，债权人也有可能要求更高的利率，供应商可能对企业采取收紧的信用政策，导致企业的资金周转陷入困境，进而引发财务危机。总之，在其他条件相同的情况下，行业竞争程度越高，企业发生财务危机的可能性也越大。

总而言之，由于行业环境既能影响企业的资本结构和融资约束，也能影响企业的盈利能力，故行业环境能对企业财务危机程度产生深远影响。

3.1.2 企业内部的驱动因素

企业财务危机自然也受到公司内部环境的影响，本书主要从公司治理角度探讨企业内部环境与财务危机的关系。从相关文献来看，企业的董事会特征和股权结构等公司治理因素都会对企业发生财务危机的可能性和程度产生深远影响。

3.1.2.1 董事会特征与企业财务危机

本书主要从独立董事及董事会规模两个方面考察董事会特征对企业财务危机程度的影响。关于独立董事在公司治理中的作用，现有文献还存在一定的分歧。部分学者认为独立董事能提升公司治理水平和企业价值，另一部分学者认为独立董事只能扮演"花瓶"角色。企业聘请独立董事，是希望他们能以局外人身份在一定程度上缓解代理问题。然而，独立董事与企业之间缺乏必要的利益联系，导致独立董事缺乏有效发挥治理作用的动机。现有研究分别从薪酬机制、市场机制、法律机制和声誉机制四个方面研究了独立董事的激励机制。然而，黄海杰等（2016）指出，在我国特殊的制度背景下，独立董事的薪酬相对固定，独立董事市场并不健全，且投资者保护力度又比较薄弱。因此，黄海杰等（2016）认为，声誉机制是我国资本市场中唯一有效的独立董事激励机制。鉴于此，在我国资本市场中，难免出现对独立董事激励不足的现象。而一旦独立董事的治理作用失效，代理问题就会变得较为严重，中小股东的利益得不到保护，企业也有可能陷入财务舞弊或者财务危机的困境。国内外学者对董事会规模与企业财务危机关系的研究也未取得一致意见。一方面，较大的董事会规模可能意味着较高的公司治理水平，而有效的公司治理能够在一定程度上避免或者推迟财务危机的发生；另一方面，规模较大的董事会容易滋生官僚主义和"搭便车"行为，有可能因为董事之间意见不统一而降低企业的决策效率，从而增加财务危机发生的可能性。

3.1.2.2 股权结构与企业财务危机

国有企业一直在我国经济发展过程中扮演着重要角色。鉴于此，大量研究探讨了产权性质对企业绩效和财务风险的影响。大多数研究发现，与非国有企业相比，国有企业的资源配置效率更低，业绩相对较差，但国有企业的财务风险水平往往低于民营企业。这就是国有企业的风险—回报悖论。我们认为，导致国有企业中出现风险—回报悖论的原因如下：一方面，相较于民营企业，国有企业能够获得更多的政府补贴、税收优惠和政策支持，当国有企业面临财务危机时，地方政府往往会基于种种考虑，加大对困境国企的扶持力度，国有企业在各级政府的支持之下，通常能顺利扭亏为盈或者实现重组，从而摆脱财务危机。另一方面，国有企业中存在所谓的"预算软约束"现象，国有企业面临财务危机时，获得外部融资的难度远远小于民营企业。此外，企业的股权集中度也会影响其爆发财务危机的可能性。当企业的股权集中度过高时，容易发生大股东"掏空"现象，从而导致中小股东的利益受损，进而引发财务危机。

3.2 企业财务危机的警兆识别

企业财务危机的警兆即为财务危机发生的征兆，是提炼财务危机预警指标的重要依据。本书将财务危机警兆按照其所对应的预警指标类型分为两大类，即财务指标的警兆和非财务指标的警兆。下面对企业财务危机的两类警兆分别加以识别。

3.2.1 财务指标的警兆识别

一旦企业发生财务危机，则其偿债能力、盈利能力、营运能力和发展能力都会出现异常，现金流风险也会上升。此时，高管有可能为了掩饰企业财务状况已经恶化的事实，大量采用盈余管理的手段操纵盈余，因此，企业的盈余管理程度也会随之上涨。下面将分别对财务指标的风险警兆加以识别。

3.2.1.1 偿债能力的警兆识别

偿债能力是企业持续发展能力的重要表现。企业要保证经营目标的实现，最基本的条件就是保证经营各个环节的畅通进行，而各个环节畅通的关键在于资金循环的畅通。当企业面临财务危机时，往往会面临偿债能力恶化的窘境。此时，企业为了保证日常经营所需的营运资金，会采用激进的融资策略。甚至不惜短贷长投。短贷长投虽然有利于降低企业的资本成本，但由此带来的不合理的资本结构也会使财务危机发生的概率大大上升。此外，偿债能力恶化的公司还有可能发生债务违约。债务违约的发生会加大企业面临的诉讼风险和监管风险，加大企业的融资成本，并导致企业发生财务危机。因此，偿债能力恶化是企业发生财务危机的重要表现形式。

3.2.1.2 盈利能力的警兆识别

企业的盈利能力一直受到管理者、股东、债权人等企业利益相关者的高度关注。经营状况正常的企业应该能获得稳定的营业收入，营业收入的稳定性、成长性和波动性高低能直接影响企业价值。Schröder 和 Yim（2018）在评价公司主营业务收入的重要性时称，主营业收入的增减变动是投资者制定投资决策时的重要判断指标，当投资者评价公司的历史业绩及展望其收益前景时，营业收入的变化趋势和成长性总会左右他们的思维。企业面临财务危机的重要表现形式之一就是营业收入和盈利能力的下滑，此时，企业为了避免被 ST，往往会通过变卖资产或原材料等手段增加其他业务收入，或通过减少酌量性费用来提升净利润，或通过分类转移等方式操纵核心利润。但无论如何操纵，都改变不了其营业收入下滑的事实。因此，企业的营业收入下降所带来的盈利能力恶化是其发生财务危机的重要表现。

3.2.1.3 营运能力的警兆识别

企业的营运能力可以通过两种渠道影响企业发生财务危机的可能性。一方面，营运能力能够影响企业资产的周转速度，进而影响企业的财务风险水平。企业的经营实质是投入资金购买原材料，利用原材料生产产品，利用产品创造收入的过程。上述过程不断循环往复，企业在这个过程中创造利润，并实现价值增值。营运能力越强的企业，上述过程的循环速度就越快，其发生财务危机的可能性也就越低。另一方面，营运能力较强的企业，能够占用上游企业的部分资金来支持自身发展，其应付项目在流动负债中所占的比例应该较大，应收项目在流动资产中所占比重应该较小。较多的资金占用使企业对外部融资的依赖程度降低，其融资成本也会相应减少，从而导致净利润上升，财务风险水平随之下降。而面临财务困境的企业往往产品销路不畅，为了扩大营业收入，企业不得不执行更加宽松的信用政策，导致应收账款增加。资金被供应商和客户占用就会导致企业资金的周转速度明显变慢，最终导致企业无法进行扩大再生产。此外，由于产品滞销，库存上升而货币资金减少，企业为了满足日常经营活动的资金，不得不进行短期融资，因此，其短期偿债能力都会面临严重威胁，也会付出更多的资本成本，同时，存货还有发生减值的风险。因此，资产周转速度明显放慢是企业面临财务危机的主要体现。

3.2.1.4 发展能力的警兆识别

随着我国经济进入新常态，保持平稳而持续的增长已经成为大量企业的首要目标。然而，企业的高速增长有时是一把"双刃剑"，它既能帮助企业迅速扩大市场份额，也可能导致企业因为资金紧张而陷入财务危机。希金斯

（1977）提出了著名的可持续增长理论。根据改进的杜邦分析的计算公式，可持续增长率等于销售利润率、总资产周转率、权益乘数和留存收益率的乘积。这四个财务指标分别反映了企业盈利能力、营运能力、偿债能力和内部融资的大小。可持续增长率表示企业在不改变盈利能力、营运能力、资产结构和股利政策的前提下，能够达到的最大收益率。企业的实际增长速度与可持续增长率的偏离程度，能够从一个侧面反映企业财务风险的大小。Ai 和 Kiku（2013）研究发现，发展速度过快可能会导致企业发生财务危机。Anderson等（2018）也指出，速度合理的增长才是健康可持续的，实际增长速度与可持续增长率偏离过大（无论增长过快还是过慢）都是企业发生财务危机的重要诱因。在我国，因为增长过快而导致破产的例子不胜枚举。例如，乐视网从"创业板第一股"到 A 股"亏损王"，不过经历了短短几年时间，其背后原因引人深思。崔学刚等（2007）基于我国资本市场的大样本书也发现，企业实际增长率与可持续增长率的偏离程度与财务危机发生概率之间呈正相关关系。总而言之，企业增长速度过快或过慢是其发生财务危机的重要警兆。

3.2.1.5 现金流风险的警兆识别

企业的现金净流量是一段时间内现金流入与现金流出的差值。由于企业融资的来源错配或期限错配造成企业资金周转紧张，从而给企业带来的风险可以被称作现金流风险。资金的来源结构错配指的是企业未能根据自身情况选择合理的融资方式，导致资本成本过高或债务违约风险过大；资金的期限结构错配指的是企业的债务到期时间与投资项目的资金回收期不匹配，从而导致企业长期处于资金紧张的状态，并引发财务危机。财务管理中的经典理论认为，企业价值取决于自由现金流水平。自由现金流是指在不影响企业持续发展的前提下，企业能够提供给资金提供者的最大现金流。当企业因为资金的来源结构或者期限结构错配而导致自由现金流下降时，企业发生财务危机的可能性就会上升。

当企业资金链较为紧张时，大股东可以对上市公司采取两种截然不同的态度，即支持或掏空。前者是指大股东为了避免企业陷入财务危机而对企业注入优质资源的行为，后者是指财务危机发生时，大股东为了自身利益而侵害中小股东利益，利用手中的权力不断转移企业资产的行为。综合来看，大股东的支持行为会使企业的财务困境得到缓解，而掏空行为则会使企业财务危机程度进一步加剧。总之，企业的资金周转缓慢、资金链紧绷或者支付能力下降、负债增加都是企业发生财务危机的重要警兆。

3.2.1.6 盈余管理的警兆识别

盈余管理主要有两种方式，即应计盈余管理和真实盈余管理。盈余管理行为的动因有很多，其中与企业财务危机息息相关的主要有两条，即债务契约和分红计划。现有研究发现，若企业发生债务违约，不管是企业本身还是高管个人，都要承担高额的违约成本。为了避免债务违约，企业高管往往会采用应计和真实盈余管理方式操纵盈余。这就是盈余管理动因的债务契约假说。同时，企业高管的薪酬往往会包含期权计划，为了达到期权计划中规定的行权条件，高管往往也会借助盈余管理操纵盈余，这就是盈余管理动机的分红计划假说。面临财务危机的公司，其债务违约的风险较高，同时，在企业面临财务危机的前提下，经理人往往也无法达到分红计划中规定的行权条件。因此，面临财务危机的企业往往具有强烈的盈余管理动机。

然而，从长远来看，盈余管理行为往往会伤害企业价值。一方面，盈余管理行为降低了企业的盈余质量，增大了企业的交易成本和资本成本；另一方面，应计盈余管理行为可能违反会计准则，监管处罚成本较高。而真实活动盈余管理通过打折销售、加速生产和降低酌量性费用等手段提高销售收入和利润。真实活动盈余管理使经营活动偏离正常商业规范，会对未来业绩产生不利影响。因此，若陷入财务危机的公司大量采用盈余管理手段操纵盈余，往往会使其财务状况进一步恶化。因此，企业盈余管理程度明显增加也是其陷入财务危机的重要表现。

3.2.2 非财务指标的警兆识别

企业在非财务特征方面也会呈现出一定的风险警兆。首先，宏观经济和行业环境的变化会全方位影响企业的经营、筹资和投资等各个环节。因此，一旦外部环境发生不利变化，可以视作企业发生财务危机的风险警兆。其次，股票市场会对全部信息产生反应。若企业发生财务危机，则企业的部分利益相关者，如审计师、分析师等，可能会提前发现这一情况，并向市场传递出负面信号，导致企业股价下降。再次，企业的高管或者股权结构也有可能发生变更。上述现象一旦发生，同样可以视作企业发生财务危机的风险警兆。最后，审计师在执行审计程序之前，会对企业的财务状况进行全面评估，从而确定审计风险水平和重要性程度。因此，若企业发生财务危机，则审计师应该会作出相应的反应。鉴于此，若审计师的行为出现异常，也可以作为企业发生财务危机的风险警兆。

3.2.2.1 宏观经济的警兆识别

前文已述及，宏观经济状况和宏观经济政策的改变都会加大企业发生财务危机的可能性。马永强和孟子平（2009）将宏观经济环境恶化对企业财务危机的影响机理概括为业绩下降（产品市场恶化）和现金流短缺（融资市场恶化）两个方面。根据他们获得的数据，美国金融危机发生后的2009年，中国全部上市公司披露的净利润总额较上年减少了16.88%，大部分上市公司都出现了利润拐点。他们指出，企业受到宏观经济下行影响的程度取决于企业自身的特征，包括资产结构、资本结构、成本结构、高管背景和政治关联等。因此，宏观经济发生下行以及宏观经济政策的不利变化是企业财务危机的重要警兆。

3.2.2.2 行业环境的警兆识别

企业财务危机发生路径理论提出的四种财务危机发生路径（市场恶化而

发生财务危机、不适应市场发生危机、市场份额竞争导致危机和失去控制导致危机）本质上都反映了行业环境因素对企业财务危机的影响。当企业的内部环境或者竞争能力与行业环境不匹配时，企业发生财务危机的可能性就会大大增加。波特（1998）提出的钻石模型也指出，企业的竞争力取决于进入障碍、替代品威胁、供应商议价能力、客户议价能力和行业竞争程度等因素。波特根据钻石模型提出了竞争优势理论和价值链理论。事实上，波特的理论刻画的是企业所处行业和上下游行业对企业竞争力的影响，企业竞争力越强，其发生财务危机的可能性就越低。因此，企业所处的行业环境发生不利变化也是企业财务危机的重要警兆。

3.2.2.3 市场风险的警兆识别

陷入财务危机的公司往往会向资本市场传递负面信号。例如，这些公司往往会发布负面的业绩预告，或者发生财务报告重述，其高管和审计师也经常发生变更。这些负面信号通常会导致负面的市场反应。魏志华等（2009）发现，财务重述公告具有微弱的负面市场反应。他们的证据表明在重述公告发布之日（-5，+5）的窗口期内，上市公司股票的平均累计超额收益率为-0.9%。进一步研究发现，不同重述类型引发的市场反应存在差异。李晓玲和牛杰（2011）发现，在不同窗口期内，上市公司股票的平均累计超额收益率为-1.6%到-3.1%不等。总体而言，由于不同学者在测算累计超额收益率时采用了不同的估计窗口和事件窗口，累计超额收益率的具体数值存在一定差异。但学者们大多认为，在中国资本市场中，财务重述会引起负面的市场反应。孟焰等（2008）的研究表明，中国资本市场会对公司被 ST 做出负面的市场反应，而对 ST 公司的摘帽做出正面的市场反应。综上所述，在我国的资本市场中，投资者会对企业发布的"坏消息"做出负面的市场反应，而陷入财务危机的公司，其"坏消息"必然较多，这些"坏消息"向市场传递了负面的信号，从而导致其股价下降。因此，股价大幅下跌也是企业陷入财务危机的重要表现。

3.2.2.4 公司治理的警兆识别

上文已经指出，企业的董事会规模、独立董事人数和股权集中度等都会对企业财务危机程度产生深远影响。因此，公司治理失效是企业发生财务危机的重要驱动因素，也可视作财务危机的重要警兆。目前，我国上市公司的治理水平还有待提高，具体表现为：第一，我国上市公司的股权集中度较高，大股东掏空现象时有发生。第二，上市公司中国有企业占有很大比重，而国有企业容易发生大股东缺位的问题。良好的公司治理水平能有效降低代理成本，提升公司价值。因此，公司治理失效会为财务危机的发生创造有利的内部条件。鉴于此，本书认为公司治理失效可以视作企业发生财务危机的重要征兆。

3.2.2.5 审计师行为的警兆识别

根据审计理论，当企业陷入财务危机时，审计师面临的审计风险会随之上升。此时，审计师可以采取四种手段应对增加的审计风险：一是风险转移，即提高客户的审计收费，从而将一部分审计风险转移给客户；二是风险承担，即在审计过程中投入更多的时间和精力；三是风险分散，即出具非标意见的审计报告，以降低自身所面临的诉讼风险和声誉风险；四是风险回避，即放弃具有较高风险的客户。因此，当企业的审计收费上涨、审计延迟加长、被审计师出具非标意见或者发生审计师变更时，企业有可能发生财务危机。

3.3 企业财务危机动态预警指标的选取

3.3.1 企业财务危机动态预警指标体系的框架设计

自 Altman（1968）划时代的研究以来，财务危机预警的研究已经经历了整整 50 年的时间。早期的研究多采用统计方法，代表性的方法包括多元判别分析（MDA）、Logit 模型、Probit 模型等。这类方法的一个重要缺陷在于只能处理极为有限的指标。以 Logit 和 Probit 模型为例，预警指标过多，则会产生严重的共线性问题和过度识别问题。因此，早期研究中的指标数量极为有限。本书引入了梯度提升模型来对企业的财务危机进行动态预警。区别于传统的统计方法，梯度提升模型无需依赖统计推断的相关规则，而是根据指标的预警能力对预警指标进行遴选和排序。该方法的一大优点在于，它能够处理大量指标，且不受共线性、缺漏值和极端值的影响；此外，由于梯度提升模型属于集成学习算法，它的一个重要特点是，随着预警指标的增加，模型的预警效果单调不减。因此，采用梯度提升模型进行财务危机动态预警，无需对预警指标加以遴选，这是梯度提升模型的一大优势。鉴于此，本书拟对前人的相关研究进行梳理，并在此基础上构建包含大量指标的多维度财务预警指标体系。

在预警指标的选取方面，传统的财务指标一直被广泛运用于各种财务预警模型。早期研究将财务指标分为偿债能力指标、盈利能力指标、营运能力指标和发展能力指标。随着研究的不断深入，大量学者发现，在模型中加入现金流量指标能够极大地提升财务预警模型的预警准确性。Lee 等（2017）发现，随着企业的财务状况不断恶化，现金流量指标与股票价格的相关性不断上升，而盈余指标与股票价格的相关性没有明显变化。这一结果表明随着企业财务状况的恶化，投资者会越来越关注现金流量指标。因此，现金流指标应该对企业财务危机具有一定的预测作用。此外，盈余管理一直是财务会计研究的热门领域。站在管理者的角度，若企业发生了财务危机，管理者可以采用盈余管理手段操纵盈余以掩盖企业财务状况恶化的事实。Beneish 等（2012）发现，面临财务危机的公司会采用盈余管理和内部交易的方式以避免债务违约。因此，本书在传统财务指标的基础上，增加了现金流量指标和盈余管理指标，以期在一定程度上缓解传统财务指标的滞后性问题，达到提高模型预警准确率的目的。

随着新的预警方法不断涌现，越来越多的非财务指标被纳入财务危机预警模型中。在预警模型中加入丰富多彩的非财务指标，是近年来财务危机预警研究的一大发展趋势。Karpoff 等（2008）认为，平衡计分卡（Balanced Score Card）的发明对财务危机预警的研究具有重要影响。从此之后，学者们开始意识到，财务指标是企业经营成果的反映，具有一定的滞后性，而在传统财务指标的基础上加入一定的非财务指标，往往能取得更好的预警效果。

部分研究根据企业财务危机的驱动因素，将宏观经济指标和行业环境指标纳入财务危机预警指标体系，但本书构建的企业财务危机动态预警指标中，并未包含宏观经济指标和行业环境指标。其原因如下：第一，若宏观经济指标发生变化，则其对所有企业都会产生影响；若行业环境发生变化，则其对同行业所有企业都会产生影响，因此，宏观经济指标和行业环境指标对企业财务危机的敏感性低于反映企业特征的指标。第二，我国资本市场中 ST 和非 ST 企业的数量严重失衡，为了避免训练出过于"保守"的模型，也为了避免过度拟合问题，本书采用 ST 公司与非 ST 公司 1∶1 配对的方法对企业财务危机动态预警系统加以训练。但如此一来，宏观经济指标和行业环境指标在 ST 公司与配对样本中完全一致，达不到对 ST 和非 ST 企业加以区分的目的。鉴于此，本书在财务危机动态预警指标体系中排除了宏观经济和行业环境指标。

但不可否认的是，宏观环境和行业环境是企业财务危机的重要驱动因素，宏观环境和行业环境的改变能够深刻影响企业发生财务危机的可能性。鉴于此，为了刻画宏观经济环境、行业环境和企业内部驱动因素对企业财务危机的影响大小，本书在利用梯度提升模型构建财务危机预警系统的基础上，进一步构建了企业财务危机警情监测系统和动态监测系统。在警情监测系统中，我们编制了企业财务危机预警综合指数；而在动态监测系统中，借鉴 Jackson 等（2018）的方法，将企业财务危机预警综合指数分解为宏观经济风险指数、行业环境风险指数和企业经营风险指数。通过这种分解，既可以反映外部环境对企业财务危机程度的影响大小，又可以对企业财务危机预警综合指数的变化趋势加以预测。总之，本书编制的宏观经济风险指数和行业环境风险预警指数是采用分解法而非合成法得到的。

Cecchini 等（2010）认为，由于资本市场能够快速对大量信息做出反应，在财务预警模型中应该加入市场指标。他们发现，在传统预警模型中加入市场指标能够提升模型的预警准确性。同时，不少文献也发现公司的治理结构会影响公司业绩和企业价值。Ashbaugh-Skaife 等（2006）发现，大股东能深刻影响企业的治理结构和绩效。Wilbanks 等（2017）也发现，审计委员会的成员特征会影响企业的公司治理水平，也会影响企业发生财务舞弊的可能性。此外，现有文献也发现观察审计师的行为对发现财务舞弊具有重要意义。相比于普通投资者，审计师既要有很高的专业性，也要保持一定的独立性。同时，审计师可以接触到很多未经披露的财务信息。因此，DeFond 等（2016）指出，观察审计师的行为可能对提升企业财务危机预警的准确性具有重要意义。

上文将财务危机的风险警兆分为财务特征的风险因素和非财务特征的风险因素两部分，相应地，本书构建的财务危机预警指标体系主要包括两个层面的指标，即财务指标和非财务指标。在财务指标中，既包括了传统的偿债能力指标、盈利能力指标、营运能力指标和发展能力指标，也包括了现金流指标和盈余管理指标。在非财务指标中，本书排除了宏观经济指标和行业环境指标，仅选取了市场指标、公司治理指标和审计师行为指标。财务危机预警指标体系的框架如图 3-3 所示。

3.3.2　财务指标的选取

在以前学者的财务预警研究中，已经大量使用了偿债能力、盈利能力、营运能力和发展能力的指标。梯度提升模型能够处理大量指标，且其原理是将多个弱分类器组合成一个强分类器，预警指标越多，预警效果就越好。鉴于此，本书充分吸收了前人的研究成果，选取了大量的相关指标。区别于以

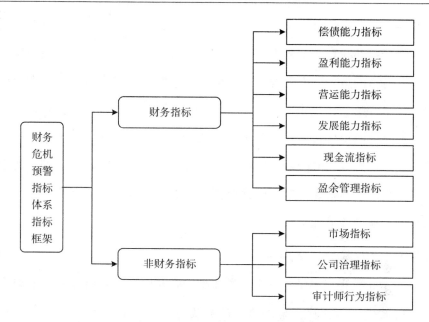

图3-3 企业财务危机预警指标体系的框架

往研究,本书在传统财务指标的基础上加入了现金流量指标和盈余管理指标。[①]

3.3.2.1 传统财务指标

毫无疑问,传统财务指标依然在财务危机预警领域占据着重要地位。这里的传统财务指标主要指常用的财务比率指标,具体包括偿债能力指标、盈利能力指标、营运能力指标和发展能力指标。由于梯度提升模型的一大优势在于不受共线性和缺漏值的影响,且该方法属于集成学习算法,随着财务危机预警指标的增加,预警效果单调不减。因此,本书在财务危机预警指标体系中纳入了大量的传统财务指标。

3.3.2.2 现金流量指标

现金流量表的编制基础是收付实现制而非权责发生制。现金流量指标之

[①] 在大量研究中,现金流量指标都被用来衡量企业的偿债能力,但为了突出现金流量指标的重要性,本书单独将现金流量指标作为一类加以阐述。

所以能在企业财务危机预警中发挥重要作用，其主要原因在于其与企业财务危机有着天然的联系，主要表现在以下三个方面：第一，现金流短缺是企业发生财务危机的重要原因。因此，现金流量指标的变化直接反映了企业的财务风险水平。第二，现金流量指标直接反映了企业利润质量的高低。第三，现金流量指标的变化直接反映了企业为股东创造价值的能力，也直接反映了企业为股东支付股利的能力。因此，现金流量指标是企业价值模型中的重要变量。鉴于此，本书在财务危机预警模型中加入了大量的现金流量指标，以期提高预警模型的准确率。

3.3.2.3 盈余管理指标

（1）盈余管理指标纳入财务预警模型的必要性。财务预警模型要取得较好的预警效果，需要所有输入数据都真实可信。然而，会计信息经常存在失真现象，并足以影响财务预警模型的预警准确性。因此，会计信息失真是在构建财务危机预警模型时需要重点考虑的问题。现有研究发现，普遍而大量的盈余管理行为是导致会计信息失真的重要原因。Alhadab 和 Clacher（2018）与 Lo（2008）等的研究证实，企业的盈余管理行为会对其会计信息的可靠性产生负面影响。盈余管理大体上有两种方式，即应计盈余管理和真实盈余管理①，前者主要是指通过选用对企业有利的会计政策和会计估计等，以达到在不同会计期间转移利润的目的。后者主要是指改变企业的真实经营活动，特别是采用激进的信用政策，或者减少酌量性费用，达到调整当期净利润的目的。通常而言，应计盈余管理容易受到审计师或者监管部门的关注，但它对公司经营的影响较小，而真实盈余管理具有一定的隐蔽性，对企业经营的影响较大。企业高管往往会根据公司自身

---

① 事实上，还存在着第三种盈余管理方式，即分类转移盈余管理。它是指企业将经常性费用分类为非经常性损失，或将非经常性收益分类为经常性收入的行为。由于分类转移盈余管理不改变企业的净利润，而只改变核心利润，其核心目标是提高估值而非隐藏亏损，对财务危机的影响较小。因此，本书构建的财务预警指标体系中，不包括分类转移盈余管理。

情况在不同的盈余管理方式之间加以权衡。Zang（2012）指出，两类盈余管理存在着一定的替代效应，张友棠和熊毅（2017）采用中国数据的研究也证实了他们的观点。

尽管大量研究表明盈余管理行为会对企业的财务信息质量产生不利影响，现有研究较少将反映盈余管理程度的变量纳入财务危机预警模型。应该说，这是目前财务危机预警研究的一大缺陷。由于盈余管理已经被管理者广泛采用，现有的财务指标都会或多或少地受其影响。鉴于此，本书认为，将盈余管理变量纳入财务危机预警模型，有利于提升模型的预警准确性。

（2）盈余管理的度量。

1）应计盈余管理。Dechow 等（2011）比较几个应计模型后，认为对于同一行业不同公司横截面数据的盈余管理，修正后 Jones 模型具有最好的解释能力。因此本书采用了修正后的 Jones 模型。对所有上市公司分年度、分行业进行回归，估计模型（3-1），将残差的估计值定义为公司 i 在 t 年可操控应计项目 DA_{it}。本书关心的是盈余管理的总量而非方向，所以对 DA_{it} 取绝对值，得到 $ABSDA_{it}$ 作为应计盈余管理规模的测度指标。

$$\frac{TA_t}{A_{t-1}} = \alpha_1 \frac{1}{A_{t-1}} + \alpha_2 \frac{\Delta REV_t - \Delta REC_t}{A_{t-1}} + \alpha_3 \frac{PPE_t}{A_{t-1}} + \varepsilon_t \qquad (3-1)$$

模型（3-1）中，TA_t 为总应计盈余，等于 t 期的经营利润（NT_t）减去 t 期的经营活动产生的净现金流（CFO_t），A_{t-1} 为第 $t-1$ 期期末总资产，ΔREV_{t-1} 为第 t 期与 $t-1$ 期营业收入的变化额，ΔREC_{t-1} 为第 t 期和第 $t-1$ 期应收账款的变化额，PPE_t 为第 t 期期末总的固定资产原值。

2）真实盈余管理。对于真实盈余管理，沿用 Roychowdhury（2006）的方法，采用经营活动的异常现金流（CFOEM）、异常费用（DISXEM）和异常产品成本（PRODEM）三个指标构造复合指标 RM 来测度真实盈余管理的程度。计量方法如下：

①异常现金流。根据 Dechow 等（2011）的现金流量模型，在相同的行

业和年份内，经营活动的现金流与销售额之间存在稳定的线性关系。因此，可以用线性模型拟合现金流量与销售额之间的关系。估计模型（3-2）的残差即为异常现金流。

$$\frac{CFO_t}{A_{t-1}} = \alpha_1 \frac{1}{A_{t-1}} + \alpha_2 \frac{SALES_t}{A_{t-1}} + \alpha_3 \frac{\Delta SALES_t}{A_{t-1}} + \varepsilon_t \qquad (3\text{-}2)$$

其中，A_{t-1} 为第 $t-1$ 期期末总资产，CFO_t 代表当期经营活动产生的现金净流量，$SALES_t$ 代表当期营业收入，$\Delta SALES_t$ 代表营业收入变动额。异常现金流是真实盈余管理的一个反向指标。

②异常费用。采用销售费用与管理费用的和作为酌量性费用 $DISX_t$ 的测度。在相同行业和年份内估计模型（3-3），其残差项即为异常费用（DISX-EM）。模型中的其余变量定义与模型（3-1）、模型（3-2）一致。异常费用与异常现金流一致，也是真实盈余管理的一个反向指标。

$$\frac{DISX_t}{A_{t-1}} = \alpha_1 \frac{1}{A_{t-1}} + \alpha_2 \frac{SALES_{t-1}}{A_{t-1}} + \varepsilon_t \qquad (3\text{-}3)$$

③异常产品成本。本书采用（营业成本+当期存货变动额）作为当期生产成本 $PROD_t$ 的测度。在相同行业和年份内估计模型（3-4），其残差项即为异常产品成本（PRODEM）。模型中的其余变量定义与其他模型一致。异常产品成本是真实盈余管理的一个正指标。

$$\frac{PROD_t}{A_{t-1}} = \alpha_1 \frac{1}{A_{t-1}} + \alpha_2 \frac{SALES_t}{A_{t-1}} + \alpha_3 \frac{\Delta SALES_t}{A_{t-1}} + \alpha_3 \frac{\Delta SALES_{t-1}}{A_{t-1}} + \varepsilon_t$$

$$(3\text{-}4)$$

由于三个指标不仅调整方向不同，而且三者之间还会通过现金流相互影响，所以本书参照范经华等（2013）的方法，将以上三个真实盈余管理指标合成为三个反映真实盈余管理水平的总和指标 RM。合成方式如下：

$$RM = |PRODEM - CFOEM - DISXEM| \qquad (3\text{-}5)$$

综上，本书构建的预警指标体系中所包含财务指标的定义及计算方法如表3-1所示。

表 3-1 财务预警指标体系中包含的财务指标及定义

变量类型	变量代码	变量名称	变量定义
偿债能力	x11	流动比率	流动资产/流动负债
	x12	速动比率	（流动资产-存货）/流动负债
	x13	现金比率	现金及现金等价物期末余额/流动负债
	x14	营运资金与借款比	（流动资产合计-流动负债合计）/（短期借款+长期借款）
	x15	营运资金	流动资产合计-流动负债合计
	x16	利息保障倍数	（净利润+财务费用）/财务费用
	x17	资产负债率	负债合计/资产总计
	x18	长期借款与总资产比	长期借款/资产总计
	x19	产权比率	负债合计/所有者权益合计
	x10	流动资产比率	流动资产/资产总计
	x111	营运资金比率	（流动资产-流动负债）/流动资产
	x112	营运资金对净资产比率	营运资金/净资产总额
	x113	固定资产比率	固定资产净额/资产合计
	x114	无形资产比率	无形资产净额/资产总计
	x115	流动负债比率	流动负债合计/负债合计
盈利能力	x21	资产报酬率	（利润总额+财务费用）/平均资产总额
	x22	总资产利润率	净利润/总资产平均余额
	x23	净资产收益率	净利润/股东权益平均余额
	x24	净利润与利润总额比	净利润/利润总额
	x25	投入资本回报率	（净利润+财务费用）/（资产总计-流动负债+应付票据+短期借款+一年内到期的长期负债）
	x26	营业毛利率	（营业收入-营业成本）/营业收入
	x27	营业利润率	营业利润/营业收入
	x28	息税折旧摊销前营业利润率	（净利润+所得税费用+财务费用+固定资产折旧、油气资产折耗、生产性生物资产折旧+无形资产摊销+长期待摊费用摊销）/营业收入

变量类型	变量代码	变量名称	变量定义
营运能力	x31	应收账款与收入比	应收账款/营业收入
	x32	应收账款周转率	营业收入/应收账款平均余额
	x33	存货周转率	营业成本/存货平均余额
	x34	营业周期	应收账款周转天数+存货周转天数
	x35	营运资金周转率	营业收入/平均营运资金
	x36	总资产周转率	营业收入/平均资产余额
发展能力	x41	资本保值增值率	所有者权益本期期末值/所有者权益合计上年期末值
	x42	资本积累率	(所有者权益合计本期期末值–所有者权益合计上年期末值)/所有者权益合计上年期末值
	x43	净资产收益率增长率	(本年净资产收益率–上年净资产收益率)/上年净资产收益率
	x44	基本每股收益增长率	(本年基本每股收益–上年基本每股收益)/上年基本每股收益
	x45	净利润增长率	(本年净利润–上年净利润)/上年净利润
	x46	利润总额增长率	(本年利润总额–上年利润总额)/上年利润总额
	x47	归属于母公司净利润增长率	(本年归属于母公司净利润–上年归属于母公司净利润)/上年归属于母公司净利润
	x48	综合收益增长率	(本年综合收益–上年综合收益)/上年综合收益
	x49	营业收入增长率	(本年利润总额–上年利润总额)/上年营业收入
	x410	可持续增长率	(净利润/所有者权益合计期末余额)×(1–股利支付率)
	x411	总资产增长率	(本年总资产–上年总资产)/上年总资产
	x412	固定资产增长率	(本年末无形资产余额–上年末无形资产余额)/上年末无形资产余额
	x413	无形资产增长率	(本年末固定资产余额–上年末固定资产余额)/上年末固定资产余额

变量类型	变量代码	变量名称	变量定义
现金流	x51	净利润现金净含量	经营活动产生的现金流量净额/净利润
	x52	营业收入现金含量	销售商品、提供劳务收到的现金/营业收入
	x53	现金适合比率	经营活动产生的现金流量净额/购建固定资产、无形资产和其他长期资产支付的现金+分配股利、利润或偿付利息支付的现金+存货净额本期变动额
	x54	现金满足投资比率	经营活动产生的现金流量净额近 5 年之和/（购建固定资产、无形资产和其他长期资产支付的现金+分配股利、利润或偿付利息支付的现金+存货净额本期变动额）近 5 年之和；如不足 5 年则按实际年数计算
	x55	股权自由现金流	（净利润+非现金支出）－营运资本追加-资本性支出-债务本金偿还+新发行债务
	x56	企业自由现金流	（净利润+利息费用+非现金支出）－营运资本追加-资本性支出
	x57	现金流量负债比率	经营活动产生的现金流量净额/流动负债
	x58	现金流利息保障倍数	经营活动产生的现金流量净额/财务费用
盈余管理程度	x61	应计盈余管理绝对值	模型（3-1）残差的绝对值
	x62	真实盈余管理绝对值	根据模型（3-5）计算得出
	x63	应计盈余管理程度	应计盈余管理的原值
	x64	真实盈余管理程度	真实盈余管理的原值

3.3.3 非财务指标的选取

传统的财务指标具有一定的滞后性，无法反映企业财务风险水平的实时变化，也无法反映公司未来的发展趋势。因此，若企业财务危机预警模型中仅包含财务指标，则该模型的预警效果难以达到最佳。由于财务指标具有一定的局限性，在传统财务指标中加入一定量的非财务指标，共同组成财务危机预警指标体系已经成为学者们的共识。非财务指标在一定程度上克服了财务指标具有滞后性的缺点，而且与财务指标相比，非财务指标的价值相关性往往更高。鉴于此，本书在财务危机预警指标中纳入一定的非财务指标，具体包括市场指标、公司治理指标、审计师行为指标等。

3.3.3.1 市场指标

市场指标包括每股指标和市场价格指标。大量研究发现市场指标对财务风险具有良好的预测作用。市盈率、市账比等指标已经被广泛运用于各类财务预警模型中。Liang 等（2016）指出，财务指标具有较多的先天缺陷。首先，会计准则在资产的确认上，大量采用历史成本原则，该原则在保证可靠性的同时降低了相关性，这一特点可能降低财务指标在财务预警模型中的运用效果；其次，会计基本假设之一是持续经营假设，而在面临财务危机的企业中，这一假设可能不再适用；最后，财务指标属于静态指标，无法及时反映外部环境的变化。而市场指标可以在很大程度上弥补财务指标的上述缺点。股票市场具有以下两个明显特征：第一，股票市场能够迅速将外部环境的变化反映到股票价格上；第二，面临财务危机的公司不可避免地会向市场传递大量的不利信号，从而导致其股价的剧烈波动。因此，学者们发现可以利用股票市场的上述特点来预测企业是否面临财务危机。甚至有学者认为，市场指标反映的是未来现金流的折现值，而财务指标只能反映企业过去的经营业绩。因此，市场指标的预警效果优于传统的财务指标。鉴于此，本书将市场指标纳入财务预警指标体系。

3.3.3.2 公司治理指标

根据平衡计分卡的思想，财务指标的恶化是企业财务危机的结果而非原因。现有研究已经证实，公司治理的水平较低是企业走向财务危机的重要原因。鉴于此，学者们逐步将公司治理指标引入了财务预警模型。公司治理是指通过在公司内部构造一个合理的权力机构，在股东、董事会和经理层三者之间形成有效的激励、约束和制衡机制，实现公司及其利益相关者的利益最大化，以减少陷入危机的内部不利因素。① 下面分别从股东和董事会的角度阐述公司治理水平对企业财务危机的影响。

（1）董事会特征。上文已经提到，当董事会无法有效发挥治理作用时，企业发生财务危机的可能性会有所增加，且董事会规模也能影响到董事会的公司治理作用，进而影响到企业的财务风险。鉴于此，本书在财务危机预警指标体系中，纳入了部分反映董事会特征的指标，包括二职合一、董事人数、独立董事人数、监事人数、独立董事占比等。

（2）股权结构。公司的股权结构同样会影响董事会治理作用的发挥，进而影响到企业发生财务危机的可能性。若公司股权过于集中，则容易发生一股独大和大股东"掏空"现象；若股权过于分散，则会导致"搭便车"行为。此时股东大会和董事会的治理作用都会降低，导致代理问题凸显，企业高管就会利用自己与股东之间的信息不对称为自己牟取利益，并损害公司价值，导致公司发生财务危机的可能性上升。鉴于此，本书在预警指标体系中纳入了反映公司股权结构的指标，包括股权集中度和机构持股等。

3.3.3.3 审计师行为指标

DeFond 和 Zhang（2014）认为，审计的价值在于为财务信息的质量提供合理保证。高质量的财务信息质量有利于资源的有效分配，也有利于提高契

---

① 广义地说，公司治理机制可分为内部治理机制和外部治理机制，这里的公司治理机制主要是指的内部治理机制。

约效率。相比于普通投资者，审计师具有较高的专业能力，也能接触到更多的未经披露的财务信息。当企业陷入财务危机时，审计师面临的审计风险增加。此时，审计师可以采取四种手段加以应对，包括风险转移、风险承担、风险分散、风险回避。因此，观察审计师是否具有上述四种表现，有利于判断企业是否陷入财务危机。鉴于此，本书将异常审计收费、审计延迟、非标意见、审计师变更等审计师行为指标纳入财务危机预警指标体系。其中，异常审计收费的计算方法如模型（3-6）所示。

根据 Choi 等（2010）的研究，本书将审计收费分成正常收费和异常收费两部分。为了达到上述目的，本书建立了审计收费模型，如模型（3-6）所示。模型（3-6）的解释变量为审计收费的影响因素，其拟合值即为可以被解释的正常收费。而当年实际审计收费与正常收费之差（残差项）即为不能被审计收费影响因素所解释的异常审计收费。

$$
\begin{aligned}
Infee_t = &\ \beta_0 + \beta_1 Spec_t + \beta_2 Big4_t + \beta_3 Change_t + \beta_4 Reg_t + \beta_5 Size_t + \beta_6 Inv_t + \\
&\ \beta_7 Rec_t + \beta_8 Growth_t + \beta_9 Lev_t + \beta_{10} Cr_t + \beta_{11} Roa_t + \beta_{12} Loss_t + \\
&\ \beta_{13} Issue_t + \beta_{14} Mao_t + Year\ and\ Industry\ Fixed\ Effects + \varepsilon
\end{aligned}
$$

$$(3-6)$$

模型（3-6）中，$Infee_t$ 为审计收费的对数值。根据 Cairney 和 Stewart（2015）、Bills 等（2015）的研究，审计收费主要受到审计师特征和客户特征的影响。在审计师特征方面，本书控制了审计师行业专长（$Spec$）、事务所声誉（$Big4$），以及事务所变更（$Change$）。在公司特征方面，本书控制了公司规模（$Size$）、业务复杂度（Inv、Rec）、成长性（$Growth$）、偿债能力（Lev、Cr）、经营状况（Roa、$Loss$）以及外部融资（$Issue$）。此外，本书还控制了管制行业（Reg）和审计意见（Mao），并加入了行业和年度固定效应。其余审计师行为指标的定义和计算方法如表 3-2 所示。

综上，本书构建的预警指标体系中所包含的非财务指标的定义及计算方法如表 3-2 所示：

表3-2 财务预警指标体系中包含的非财务指标及定义

变量类型	变量代码	变量名称	变量定义
市场指标	x71	每股收益	净利润/股本
	x72	每股税前现金股利	每股税前派息
	x73	股利分配率	每股税前派息/（净利润本期值/实收资本本期期末值）
	x74	每股营业收入	本期营业利润/期末实收资本
	x75	每股营业利润	本期营业收入/期末实收资本
	x76	每股净资产	期末所有者权益/期末实收资本
	x77	每股企业自由现金流量	本期企业自由现金流/期末实收资本
	x78	每股经营活动产生的现金流量净额	本期经营活动产生的现金流量净额/期末实收资本
	x79	市盈率	今收盘价当期值/（净利润上年年报值/实收资本本期期末值）
	x710	市销率	今收盘价当期值/（营业总收入上年年报值/实收资本本期期末值）
	x711	市现率	今收盘价当期值/（经营活动产生的现金流量净额上年年报值/实收资本本期期末值）
	x712	市净率	今收盘价当期值/（所有者权益合计期末值/实收资本本期期末值）
	x713	账面市值比	资产总计/市值
公司治理指标	x81	二职合一	董事长和总经理为同一人则取1，否则取0
	x82	董事人数	董事会中的董事人数
	x83	独董人数	董事会中的独立董事人数
	x84	监事人数	监事会中的监事人数
	x85	独立董事占比	独立董事人数占全部董事人数的比
	x86	机构持股	机构投资者持股比例
	x87	股权集中度	前三大股东持股比例之和
审计师行为指标	x91	异常审计收费	根据模型（3-6）计算得出
	x92	审计延迟	审计报告发布日距离当年1月1日的天数
	x93	非标意见	审计师发布了非标意见则取1，否则取0
	x94	审计师变更	当年审计师发生了变更则取1，否则取0

本章小结

　　本章首先对企业财务危机的风险驱动因素加以辨析，并将企业财务危机的风险警兆分为财务指标的风险警兆和非财务指标的风险警兆两大类，最后分别对企业财务危机动态预警的财务和非财务指标加以选取，构建了包含 6 大类财务指标和 3 大类非财务指标的企业财务危机动态预警指标体系，为构建基于梯度提升模型的企业财务危机动态预警系统打下了基础。

4 基于梯度提升模型的企业财务危机动态预警系统构建

本章采用梯度提升模型构建企业财务危机动态预警系统。首先阐明了基于梯度提升模型的企业财务危机动态预警系统的框架。其次采用梯度提升模型作为主要的建模技术，分别构建了企业财务危机动态预警系统的四个子系统，即企业财务危机阶段监测子系统、企业财务危机警情监测子系统、企业财务危机动态监测子系统和企业财务危机预警定位子系统，为实证研究打下基础。本章的逻辑框架如图4-1所示。

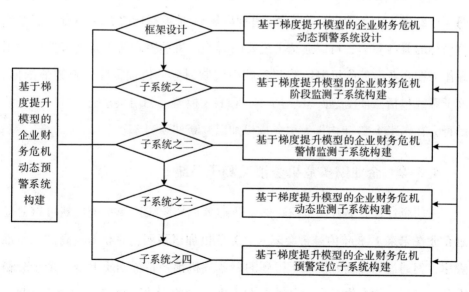

图4-1 第4章逻辑框架

4.1 基于梯度提升模型的企业财务危机动态预警系统设计

本书构建的基于梯度提升模型的企业财务危机动态预警系统包括四个子系统（见图4-2），即企业财务危机阶段监测子系统、企业财务危机警情监测子系统、企业财务危机动态监测子系统和企业财务危机预警定位子系统。

4.1.1 企业财务危机阶段监测子系统

企业财务危机阶段监测子系统是企业财务危机动态预警系统的核心。在该子系统中，利用第3章构建的企业财务危机预警指标体系，采用梯度提升模型作为主要的建模技术，构建一个精准的分类器。通过该分类器，可将全部上市公司初步分为财务危机潜伏期（暂未发生财务危机）与财务危机爆发期（已经发生财务危机）两大类，并得到每个预警指标的 RVI 得分。根据预警指标的 RVI 得分，可以遴选出重要的财务危机预警指标，并将遴选后的指标作为在企业财务危机警情监测系统中编制财务危机预警综合指数的依据。该子系统包括三个模型，即 t-1、t-2 和 t-3 模型。利用该系统，可以对企业是否会在未来 1~3 年内爆发财务危机加以判断和预测。

4.1.2 企业财务危机警情监测子系统

采用企业梯度提升模型构建的企业财务危机阶段监测系统虽然可以对任意企业在未来 1~3 年内是否会陷入财务危机加以预测，并获得较高的预警准确率，但通过梯度提升模型所得到的财务危机预警系统本质上是一个十分精准的分类器，它只能对企业是否会在未来 1~3 年内爆发财务危机加以判断，

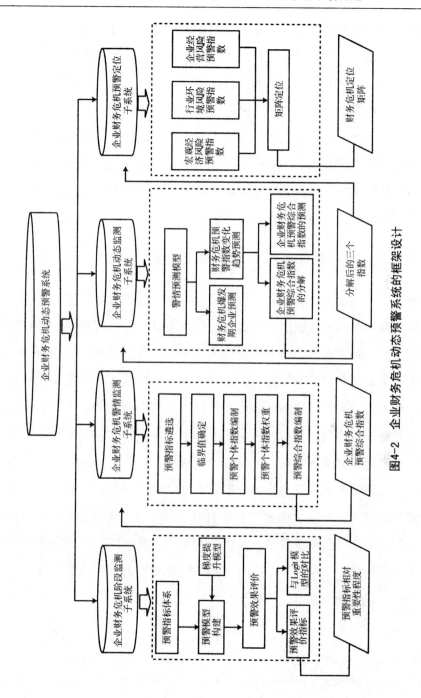

图4-2　企业财务危机动态预警系统的框架设计

而无法对处于财务危机潜伏期的大量企业的财务状况进行进一步区分。为了克服这一缺点，在企业财务危机警情监测系统中，首先利用梯度提升模型报告的预警指标 RVI 得分对全部预警指标加以遴选；其次利用功效系数法将企业财务危机预警指标转化为企业财务危机预警个体指数；再次将每个预警指标的 RVI 得分进行归一化处理，以此作为预警个体指数的权重；最后得到企业财务危机预警综合指数的得分。通过构建企业财务危机警情监测子系统，能够利用企业财务危机预警综合指数对处于财务危机潜伏期企业的财务状况加以进一步区分，使预警结果更加精细化。

4.1.3　企业财务危机动态监测子系统

企业财务危机动态监测系统的主要功能是对企业未来财务风险的变化趋势加以预测。在该子系统中，主要执行两个步骤。首先调用企业财务危机阶段监测子系统对未来 1~3 年内处于财务危机爆发期的企业加以预测。[①] 随后对于被企业财务危机阶段监测子系统判定为在未来 1~3 年内仍处于财务危机潜伏期的企业，采用分解法预测其未来 1~3 年内企业财务危机预警综合指数的变化趋势。具体而言，在该子系统中，本书将企业财务危机预警综合指数按照其驱动因素分解为宏观经济风险预警指数、行业环境风险预警指数和企业经营风险预警指数。通过这种分解，可以达到两个目的：第一，分别度量宏观经济因素、行业环境因素和企业自身因素对企业财务危机程度的影响；第二，对企业财务危机预警综合指数的未来变化趋势加以预测。利用企业财务危机动态监测子系统，可以同时对处于财务危机爆发期和财务危机潜伏期企业的财务风险变化情况进行动态监测。

---

① 由于样本的时间跨度有限（2012~2022 年），本书仅构建了 t-1、t-2 和 t-3 模型。若取得更长跨度的样本，则采用企业财务危机预警模型可以对企业在未来更长时间内是否会陷入财务危机加以预测。

4.1.4　企业财务危机预警定位子系统

采用企业财务危机动态监测子系统，得到了宏观经济风险预警指数、行业环境风险预警指数和企业经营风险预警指数。利用上述三个指数，本书借鉴财务战略矩阵的思想，构建了企业财务危机预警定位矩阵。该矩阵的横轴是标准化后的企业经营风险预警指数与行业环境风险预警指数之差，纵轴是标准化后的行业环境风险预警指数与宏观经济风险预警指数之差。该矩阵将坐标平面分为了四个象限，本书分别阐述了四个象限的经济含义。企业财务危机预警定位模型能够为投资者选择合理的投资对象提供参考。

总体而言，企业财务危机动态预警系统的构建完全依赖于梯度提升模型。首先，企业财务危机监测子系统就是采用梯度提升模型加以训练的。其次，在企业财务危机警情监测子系统中，编制了企业财务危机预警个体指数和综合指数。而梯度提升模型报告的预警指标 RVI 得分则是预警指标遴选的主要依据，也是编制上述两个指数的基础。再次，采用梯度提升模型可以对处于财务危机爆发期的企业加以预测，而这一功能是企业财务危机动态监测子系统的重要组成部分。最后，企业财务危机动态监测系统能将财务危机预警综合指数按照其驱动因素分解为宏观经济风险预警指数、行业环境风险预警指数和企业经营风险预警指数三个部分，而这三个指数的获得是构建企业财务危机预警定位子系统的基础。总之，梯度提升模型为企业财务危机动态预警系统的构建提供了主要的方法支撑。

4.2 基于梯度提升模型的企业财务危机阶段监测子系统构建

4.2.1 样本的选取与平衡化处理

选取 2012~2022 年 A 股非金融类上市公司为样本，以梯度提升模型作为主要的建模技术，构建企业财务危机阶段动态预警系统。考虑到金融类企业的报表结构与其他企业存在显著差异，本书在构建企业财务危机动态预警系统的每一个子系统时，都排除了金融类企业的样本。

本书在构建企业财务危机阶段监测子系统时，将全部样本分为两部分，即训练样本和测试样本。训练样本用于对企业财务危机阶段监测子系统加以训练，测试样本用于对该系统的预警效果加以评价。

4.2.1.1 训练样本的选取

近年来，随着财务危机预警领域能够获取的样本量日益增长，样本不平衡问题对财务危机预警模型预警效果的负面影响日益凸显。特别是在二分类问题中，一旦两类样本的数量失衡，则会对模型的预警效果带来巨大影响。随着财务危机预警问题中样本总量的不断增加，样本不平衡问题十分严重。在现实的财务危机动态预警问题中，建模采用的样本集往往具有一定程度的样本不平衡特征。一般而言，被 ST 的样本数总是远大于未被 ST 的样本数。事实上，在本书所采用的样本集中，ST 企业仅占全部企业的 3%左右，而非 ST 企业占全部样本的 97%左右。但投资者、债权人等企业利益相关者更感兴趣的，又恰恰是少数被 ST 的样本。因此，放任训练样本中存在较为严重的样本不平衡问题而不予处理，则所构建的企业财务危机阶段监测系统会倾向于将总数较少的被 ST 样本划入未被 ST 的一类，这样得到的预警系统的预警准确率较高，但实用价值较低。

为了减小样本不平衡问题的影响，在选取训练样本时需要对样本进行平衡化处理，而样本平衡化处理的常用方法是样本配对。鉴于此，本书收集了 2012~2022 年期间首次被 ST 的公司名单，并为每一家 ST 公司选取了一个配对样本。从国泰安数据库中可以发现，2012~2022 年首次被 ST 的公司共有 404 家。本书剔除了全部金融业样本和数据大量缺失的样本共 138 家，最终保留了 266 家首次被 ST 的公司。

虽然梯度提升模型可以直接处理数据缺失的情况，但本书构建的财务危机预警指标体系中，共包含了 6 类财务指标和 3 类非财务指标。为了对上述 9 类指标的预警效果加以比较，本书剔除了上述 9 小类指标中某一小类指标缺失一半以上的样本，即数据大量缺失的样本。

选取配对样本的原则如下：第一，配对公司与 ST 公司处在同一行业；第二，配对公司在整个样本区间内（2012~2022 年）都保持上市；第三，配对公司在整个样本区间内从未被 ST；第四，在满足上述三个条件的前提下，选取与被 ST 公司资产总额最接近的公司作为配对样本。对于行业分类，以证监会 2012 年发布的《上市公司行业分类指引》为标准，制造业采用两位行业代码，其他行业均采用一位行业代码。最终得到了 266 家首次被 ST 的公司和 266 家配对公司。全部 ST 公司及配对公司的名单笔者留存备案。

本书收集了 ST 公司及其配对样本在首次被 ST 前 1~3 年的数据，分别用于训练 t-1、t-2 和 t-3 模型。① 因此，t-1 模型的样本区间为 2011~2021 年，t-2 模型的样本区间为 2010~2020 年，t-3 模型的样本区间为 2009~2019 年。且用于训练每个模型的样本量都为 532 个。这 532 家公司的 1596 个公司年度观测值共同构成了训练样本。

---

① 若一家公司已经被 ST，采用其前期数据预测其后期是否会继续被 ST 意义不大，因此，本书仅关注首次被 ST 的样本。

4.2.1.2 测试样本的选取

为了对企业财务危机阶段监测子系统的预警效果加以评价，本书也收集了 2012~2022 年其他非金融类公司的数据，并剔除了数据大量缺失的样本，最终得到了 25387 个公司年度观测值。

4.2.2 基于梯度提升模型的企业财务危机阶段监测子系统的训练

本书将全部公司分成三类，即首次被 ST 的公司、配对公司和其他公司。对于 266 家首次 ST 的公司和 266 家配对公司，本书收集了其在首次被 ST 前 1~3 年的数据，分别用于训练 t-1、t-2 和 t-3 模型，因此，用于训练每个模型的样本量都为 532 个。在构建企业财务危机阶段监测子系统时，采用是否被 ST 作为标志变量，采用第 3 章中选取的 9 大类 78 个指标作为预警指标，采用梯度提升模型作为主要建模技术对企业财务危机阶段监测系统加以训练。同时，本书也收集了 25387 个测试样本，以测试模型的预警效果和泛化能力。样本的收集及模型训练过程如图 4-3 所示。

本书基于我国特殊的制度背景，采用上市公司被特别处理（ST）、退市风险警示（*ST）或者特别转让（PT）作为企业陷入财务危机的标志。采用第 2 章中的方法，利用梯度提升模型对企业财务危机阶段监测子系统加以训练，训练过程依靠计算机实现。目前，市面上主要有两种软件提供了梯度提升模型的实现，即 R 语言和 Python，本书中全部的梯度提升模型预警过程都采用 Python3.7 实现。采用 Python3.7 训练梯度提升模型时，有一系列的参数需要预先设置，其名称和释义如表 4-1 所示。

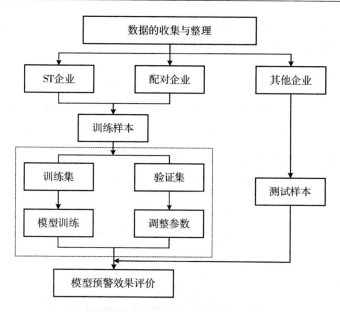

图4-3　企业财务危机阶段监测系统的训练过程

表4-1　梯度提升模型训练过程中需要预先设置的主要参数

参数名称	释义
distribution	损失函数形式，分类问题一般选择 Bernoulli 分布；回归问题可以选择 Gaussian 分布
num_ rounds	迭代次数最大值，一般选择 3000~10000
gamma	用于控制是否剪枝的参数，越大则训练时间越长，一般选择 0.1~0.2
max-depth	最大树深，越大越容易过度拟合
lambda	控制模型复杂度的参数，越大则模型越不容易过度拟合
sumsample	训练集样本占全部训练样本的比（若设为 0.7，则随机选取训练样本中的 70% 作为训练集，剩下 30% 作为验证集）

　　表4-1并未列出梯度提升模型训练过程中需要预先设置的全部参数，而仅仅列示了会对预警结果产生较大影响的重要参数，其余参数设置为默认值即可。

　　在模型训练的过程中，本书将全部532个训练样本按照不同比例分为训练集和验证集（训练样本：验证样本 = 60：40、70：30、80：20 或 90：10）。[①] 利用梯度提升模型，采用训练集训练模型，采用验证集调整模型参数并使之达到最佳，采用测试集评估模型的预警效果和泛化能力。模型的训练过程如 2.3.2 节所示。此外，为了获得最高的预警准确度，在采用梯度提升模型构建企业财务危机阶段监测子系统时，还需要进行调参。鉴于此，本书仿照 Alaka 等（2018）、Geng 等（2015）的做法，采用了五折交叉验证来实现调参过程，模型交叉验证原理如图 4-4 所示。

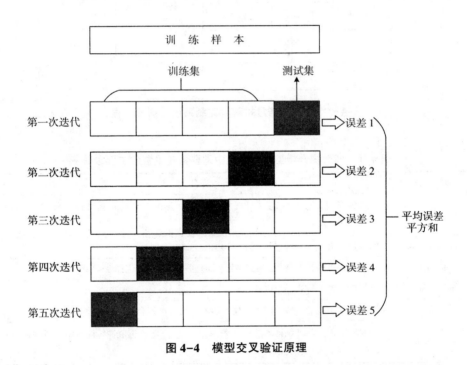

图 4-4　模型交叉验证原理

为了实施五折交叉验证，在每一次训练模型时，都将全部训练样本分为

---

① 在全部样本中，训练集中样本的比例越高，则越容易发生过度拟合问题，训练集中样本的比例越低，则用于训练模型的样本数越少，模型的训练误差越大。因此，将全部样本按照不同比例分为训练集和测试集，有利于寻找最佳比例，从而使训练出的模型既具有较高的预警准确性，又避免产生过度拟合问题。

5组，然后用1、2、3、4来训练分类器并预测5；再用1、2、3、5训练并测试4，其他以此类推。对于每一个训练样本，这一过程共进行5次，并求出每一次模型的预报误差，求出预报误差的平方和。通过预报误差的平方和，能够确定梯度提升模型的最佳参数（使预报误差平方和最小的参数，即为最佳参数）。然后再利用参数最佳的模型对测试样本进行检测，并用检测结果对模型的预警效果加以评价。本书中全部数据整理工作采用Stata14.0完成，而采用梯度提升模型训练模型的过程采用Python3.7实现。

4.2.3 企业财务危机阶段监测子系统的预警效果评价

4.2.3.1 企业财务危机阶段监测子系统预警效果的评价指标

与采用其他人工智能方法进行财务预警相类似，本书将全部样本分为训练样本和测试样本。前者用来训练模型，后者用来评估模型的泛化能力，并检验模型的预警效果。但为了评价财务危机动态预警系统的预警效果，还需要一些检验工具和评价指标。仿照 Geng 等（2015）、Fawcett（2006）的做法，本书采用 ROC 曲线（Receiver Operating Characteristics Graphs）以及与之配套的一系列指标来对文中所构建预警系统的预警效果加以评价。

利用企业财务危机阶段监测子系统，每一个企业都能够被判定为处于财务危机爆发期（有警）或者处于财务危机潜伏期（无警）。因此，可能存在四种情况：第一，企业本身有警，且被模型判定为有警，即为真阳性（TP）；第二，企业本身有警但被模型判定为无警，即为伪阴性（FN）；第三，企业本身无警且被模型判定为无警（TN），即为真阴性；第四，企业本身无警但被模型判定为有警，即为伪阳性（FP）。综合以上四种情况，可以得到如图4-5所示的矩阵。

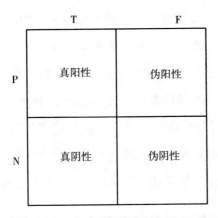

图 4-5 预警结果矩阵

根据图 4-5 的矩阵，可以得到下面六个用以判定预警系统有效性的重要指标。

（1）真阳性率（True Positive Rate）。计算公式如下：

$$真阳性率 = \frac{被预警系统正确判定的 ST 企业数}{全部样本数} = \frac{TP}{N} \qquad (4-1)$$

（2）伪阳性率（False Positive Rate）。计算公式如下：

$$伪阳性率 = \frac{被预警系统错误判定的 ST 企业数}{全部样本数} = \frac{FP}{N} \qquad (4-2)$$

（3）正确率（Accuracy）。预警正确率是评价模型预警效果的最基本指标，其计算公式如下：

$$正确率 = \frac{判断正确的样本数}{全部样本数} = \frac{TP + TN}{N} \qquad (4-3)$$

该指标的分子中既包括判断正确的 ST 企业，也包括判断正确的非 ST 企业，分母为测试样本中的全部样本数。该指标越大，表明模型的整体预警效果越好。

（4）召回率（Recall）。在财务风险预警中，犯第一类错误的成本高于犯第二类错误的成本。召回率即是用来衡量预警系统犯第一类错误概率的指标。

其计算公式如下：

$$召回率 = \frac{被预警系统正确判定的 \mathit{ST} 企业数}{实际 \mathit{ST} 企业总数} = \frac{TP}{TP + FN} \tag{4-4}$$

（5）精准率（Precision）。这是衡量预警系统犯第二类错误概率的指标，其计算公式如下：

$$精准率 = \frac{被预警系统正确判定的 \mathit{ST} 企业数}{被模型判定为 \mathit{ST} 的企业总数（预警系统的报警次数）} = \frac{TP}{TP + FP}$$

$$\tag{4-5}$$

（6）AUC（Area Under the Curve）。AUC 值是与 ROC 曲线配套的用以衡量模型预警效果的重要指标。ROC 曲线可以画在二维平面坐标系中。其中，x 轴为伪阳性率，y 轴为真阳性率，如图 4-6 所示。每一次预警后，都会得到相应的真阳性率和伪阳性率，并在图 4-6 中得到一个点。在图 4-6 中，坐标原点表示预警系统总是将企业划分为无警。在这种情况下，真阳性率和伪阳性率都为 0。与之相对应，点（1，1）表示预警系统总是将企业划分为有警。对角线上的点表示随机将企业划分为有警或无警。对角线右边的所有点都表示伪阳性率大于真阳性率，在这种情况下，系统的预警效果很差，甚至不如对全部样本进行随机分类。因此，对于一般的预警系统，其在图 4-6 中得到的点应该位于对角线的左边，即位于由点（0，0）、（0，1）、（1，1）所组成的三角形中。此时，预警系统得到的点越靠近左下，则表明该系统容易犯第一类错误（弃真错误），而不容易犯第二类错误（取伪错误），是一个较为"保守"的系统；而预警系统得到的点越靠近右上，则表明该系统容易犯第二类错误（取伪错误），而不容易犯第一类错误（弃真错误），是一个较为"激进"的系统。由于在现实的企业财务预警中，陷入财务危机的企业往往远少于财务状况健康的企业，因此，得到的点靠近右上的模型往往具有更大的实际意义。

采用梯度提升模型建模所得到的预警结果并不是离散的，而是一个位于 0 到 1 之间的连续小数。这个小数表示了企业陷入财务危机的概率。因此，

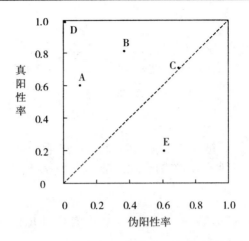

图 4-6　预警结果矩阵的经济含义解析

可以自由确定预警临界值，当企业陷入财务危机的概率大于等于预警临界值时，即判定为财务危机爆发期，反之，则判定为财务危机潜伏期。显然，临界值越高，则模型越容易犯第一类错误；而临界值越低，则模型越容易犯第二类错误。对于每一个预警临界值，都可以在如图 4-6 所示的坐标平面中得到一个点，用平滑的曲线将这些点连接起来，就得到了 ROC 曲线，如图 4-7 所示。其中，ROC 曲线下方的面积称为 AUC（Area Under the Curve），AUC 越大，表明模型的整体预警效果越好。根据 Jones（2017），若 AUC 大于等于 0.9，说明预警系统的预警效果很好，若 AUC 小于 0.9 且大于等于 0.8，则模型的预警效果较好。

　　本书采用以上六个指标对基于梯度提升模型的企业财务危机阶段监测系统的预警效果加以评价。当以上六个指标的结果出现矛盾时（如真阳性率越高的模型，往往伪阳性率也越高），则以正确率和 AUC 值为准，预警系统的正确率越高，AUC 值越高，则模型的预警效果越好。

4.2.3.2　与 Logit 模型的比较

　　为了考察本书选取预警指标的可靠性，并进一步验证企业财务危机阶段监测系统的预警效果，本书进一步构建了一个 Logit 模型，并比较 Logit 模型

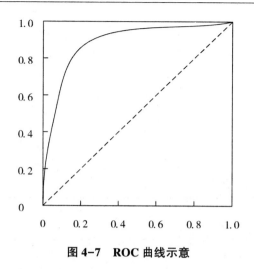

图4-7 ROC 曲线示意

与梯度提升模型的预警效果。之所以选择 Logit 模型是基于以下考虑：第一，Logit 模型已在财务预警领域被广泛采用；第二，Logit 模型的结果易于解读；第三，由于 Logit 模型属于统计方法，往往会受到共线性的困扰，因此，它不能处理大量指标，而梯度提升模型提供的预警指标 RVI 得分正好可以作为遴选指标的依据。因此，采用 Logit 模型与梯度提升模型相比，其结果具有较强的可比性。

Logit 模型属于统计方法，容易受到共线性的影响，无法容纳大量预警指标，因此，本书在构建 Logit 模型时，同样将企业被 ST 作为企业陷入财务危机的表征，并利用 t-1、t-2、t-3 模型中 RVI 得分大于 10 的变量作为主要的解释变量，同时加入了行业和年度固定效应。

Logit 模型中的因变量 Y 是一个典型的二分类变量，$Y \in [0, 1]$，即企业被 ST，则取值为 1；企业未被 ST，则取值为 0。事件发生的条件概率 $P(Y_i = 1 \mid x_i)$ 与 x_i 呈单调关系，类似于一个随机变量的累积函数，该选择函数是一个值域在 0 和 1 之间的 "S" 形曲线。即当 $x_i \to +\infty$，$E(Y_i) \to 1$；当 $x_i \to -\infty$，$E(Y_i) \to 0$，如图 4-8 所示。

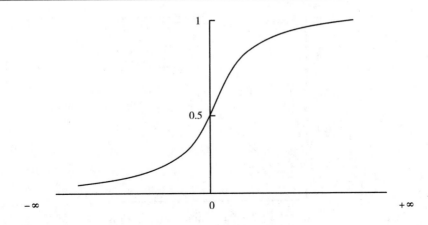

图 4-8　Logit 模型的分布曲线

如果用一个连续的反应变量 y'_i 表示某一事件发生的概率，当 $y'_i > 0$ 时，$y_i = 1$，否则 $y_i = 0$。用关系式表示为：

$$y'_i = \alpha + \beta x_i + \varepsilon_i \tag{4-6}$$

则：

$$P(Y_i = 1 \mid x_i) = P[(\alpha + \beta x_i + \varepsilon_i) > 0] = P[\varepsilon_i > -(\alpha + \beta x_i)] \tag{4-7}$$

$$P(Y_i = 1 \mid x_i) = P[\varepsilon_i > -(\alpha + \beta x_i)] = P[\varepsilon_i \leqslant (\alpha + \beta x_i)] = F(\alpha + \beta x_i) \tag{4-8}$$

其中 F 是 ε_i 的分布函数，则 Logit 函数可以进一步简化为：

$$P(Y_i = 1 \mid x_i) = F(\alpha + \beta x_i) = \frac{1}{1 + e^{\varepsilon_i}} \tag{4-9}$$

即：

$$P_i = \frac{1}{1 + e^{\varepsilon_i}} \tag{4-10}$$

其中，$\varepsilon_i = \alpha + \beta_1 x_{1i} + \cdots + \beta_m x_{mi} = \alpha + \sum_{k=1}^{m} \beta_k x_{ki}$。

通过 Logit 变换可得：

$$\ln\left(\frac{P_i}{1 - P_i}\right) = \alpha + \sum_{k=1}^{m} \beta_k x_{ki} \tag{4-11}$$

这里，α 为常数项，β_k 为 x_{ki} 的回归系数；P_i 即企业陷入财务危机爆发期的概率，P_i 越大，表明企业陷入财务危机爆发期的可能性越大。采用 Logit 模型预警后，同样可以计算模型的真阳性率、伪阳性率、正确率、召回率、精准率和 AUC 值，因此可以将上述指标与梯度提升模型的预警结果加以比较。真阳性率、正确率、召回率、精准率和 AUC 值越高，伪阳性率越低，说明模型的预警效果越好。

4.2.4 基于梯度提升模型的财务危机预警指标相对重要性程度分析

梯度提升模型属于集成学习方法中的一种。通过梯度提升模型构建企业财务危机阶段监测子系统，能够得到一个精准的分类器，并将全部上市公司分成财务危机爆发期和财务危机潜伏期两大类。区别于以往的基于机器学习的财务预警方法，如人工神经网络、决策树、案例推理技术、遗传算法、支持向量机等，梯度提升模型作为一种改进的机器学习算法，能够在一定程度上克服机器学习方法预警过程类似"黑箱"、预警结果难以解读的局限性。其原因在于，通过该方法不仅可以输出具体的分类结果，还可输出财务预警指标的相对重要性程度（Relative Variable Importances，RVI）。

在传统的统计方法中（如 Logit 模型、多元判别分析等），往往可以直观地观察到自变量（财务危机预警指标）对因变量（财务危机程度）的影响。例如，利用 Logit 模型，可以很方便地计算出财务风险预警指标的边际效应（Marginal Effects）。通过边际效应，可以看出财务危机预警指标变化一定单位后对企业财务危机程度的影响大小。企业高管可以根据变量的边际效应来调整企业的经营战略，以达到进一步改善企业绩效的目的。在梯度提升模型中，RVI 也可以起到类似作用，它显示了每一个财务预警指标对模型最终预警结果的贡献度。贡献度越大的指标就越重要，也是进一步改善绩效，避免企业陷入财务危机所应抓住的重点。RVI 的计算公式如下：

$$\tau_\vartheta^2(T) = \sum_{t=1}^{J-1} i_t^2 I[V(t) = \vartheta] \qquad (4\text{-}12)$$

其中，$\tau_\vartheta^2(T)$ 即为指标 X_τ 的相对重要性程度。$J-1$ 为决策树中的节点个数。$i_t^2 I[V(t) = \vartheta]$ 为在节点 i 采用指标 X_τ 将企业按照是否会发生财务危机进行分类所产生的分类误差。对于每一个财务预警指标，相对重要性水平的分数为大于等于 0 的整数，RVI 越大，表示该指标对模型整体预警效果的贡献越大；若 RVI 等于 0，表示该指标对模型整体预警效果没有贡献。

本书在构建预警指标体系时选取了 6 大类财务指标和 3 大类非财务指标。通过梯度提升模型，可以将全部上市公司分为财务危机潜伏期（暂未发生财务危机）与财务危机爆发期（已经发生财务危机）两大类。同时，借助梯度提升模型提供的 RVI 得分，可以对财务预警指标加以遴选，为构建企业财务危机警情监测系统打下基础。在企业财务危机警情监测子系统中，通过采用遴选后的指标编制企业财务危机预警指数，可以进一步对处于财务危机潜伏期企业的财务风险大小加以区分，从而实现预警结果的精细化。同时，通过梯度提升模型遴选出的预警指标都是企业进一步改善财务状况、降低财务风险的重要抓手。因此，进一步分析预警指标的 RVI 得分，也可以为财务危机的事前防控提供依据。而通过求出每一类指标的平均 RVI，可以探索每一类财务危机预警指标的相对重要性水平，为以后财务危机预警研究的指标遴选提供借鉴。

4.2.5　基于梯度提升模型的企业财务危机预警指标遴选

区别于传统的财务危机预警方法，梯度提升模型不仅可以精确地将全部上市公司分为财务危机潜伏期和财务危机爆发期两类，而且能够提供预警指标的 RVI 值。采用梯度提升模型提供的预警指标 RVI 得分，能够对全部预警指标加以遴选，从而为编制企业财务危机预警综合指数创造条件。RVI 值全部为非负整数,其最小值为 0。为了让 RVI 的结果呈现更加直观,本书将全部指标的 RVI 进行标准化处理,使模型中贡献度最大的财务预警指标的 RVI 值为 100。标准化的公式如下:

$$标准化\ RVI = \frac{实际\ RVI}{实际\ RVI\ 的最大值} \times 100 \qquad (4-13)$$

本书选用预警指标的标准化 RVI 得分作为遴选企业财务危机预警指标的主要依据。具体而言,本书在第 3 章构建的预警指标体系中,仅保留在 t-1、t-2 或 t-3 模型中,预警指标的 RVI 得分至少有一次大于等于 20 的指标,作为编制企业财务危机预警指数的基础指标,并最终得到如表 4-2 所示的预警指标遴选结果。

表 4-2　企业财务危机动态预警指标的遴选结果

预警指标代码	预警指标名称	预警指标类型	RVI 得分（t-1 模型）	RVI 得分（t-2 模型）	RVI 得分（t-3 模型）	平均得分
x13	现金比率	偿债能力	0	40.69	84.43	41.71
x14	营运资金与借款比	偿债能力	0	0	65.89	21.96
x16	利息保障倍数	偿债能力	0	0	47.19	15.73
x19	产权比率	偿债能力	0	16.26	37.45	17.90
x113	固定资产比率	偿债能力	0	0	32.99	11.00
x114	无形资产比率	偿债能力	0	19.43	23.52	14.32
x22	总资产利润率	盈利能力	43.95	37.40	83.90	55.08
x23	净资产收益率	盈利能力	50.97	29.07	0	26.68
x25	投入资本回报率	盈利能力	20.54	0	22.69	14.41
x26	营业毛利率	盈利能力	0	12.80	24.42	12.41
x27	营业利润率	盈利能力	0	0	45.93	15.31
x31	应收账款与收入比	营运能力	0	23.28	0	7.76
x43	净资产收益率增长率	发展能力	22.56	92.00	0	38.19
x44	基本每股收益增长率	发展能力	100.00	14.19	0	38.06
x47	归属于母公司净利润增长率	发展能力	20.20	29.02	0	16.41
x57	现金流量负债比率	现金流分析	0	0	40.81	13.60

续表

预警指标代码	预警指标名称	预警指标类型	RVI 得分（t-1 模型）	RVI 得分（t-2 模型）	RVI 得分（t-3 模型）	平均得分
x61	应计盈余管理绝对值	盈余管理	0	15.73	37.34	17.69
x63	应计盈余管理程度	盈余管理	0	0	20.90	6.97
x71	每股收益	市场指标	20.00	30.02	0	16.67
x75	每股营业利润	市场指标	30.83	0	40.54	23.79
x76	每股净资产	市场指标	0	0	39.83	13.28
x79	市盈率	市场指标	60.34	37.63	78.77	58.91
x713	账面市值比	市场指标	0	0	21.47	7.16

从表4-2中可以看出，通过梯度提升模型遴选出的预警指标体系中包括大量的偿债能力、盈利能力、发展能力和市场指标，同时含有少量的营运能力、现金流分析和盈余管理指标。其中，盈余管理的指标均为反映应计盈余管理程度的指标，再次说明应计盈余管理行为对企业财务危机具有良好的预测作用。通过标准RVI遴选出的上述23个指标构成了进一步编制企业财务危机预警综合指数的基础，通过该指数，可以将处于企业财务危机潜伏期的企业财务风险进行进一步细分。企业财务危机阶段监测系统与企业财务危机警情监测系统的相关性如图4-9所示。

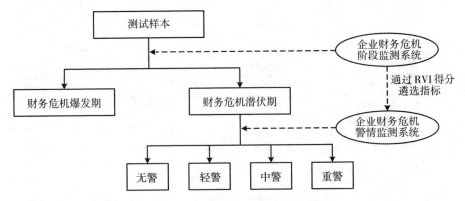

图 4-9　企业财务危机阶段监测系统与企业财务危机警情监测系统的相关性

4.3 基于梯度提升模型的企业财务危机警情监测子系统构建

4.3.1 企业财务危机预警综合指数的编制流程

构建企业财务危机警级监测系统的主要目的在于编制企业财务危机预警综合指数，以便对处于财务危机潜伏期的企业的财务状况进行进一步细分。企业财务危机预警指数的编制可以分为五个步骤：第一，企业财务危机预警指标的遴选，这一步骤已经利用企业财务危机阶段监测系统完成；第二，企业财务预警指标的同向化处理及预警临界值的确定；第三，企业财务危机预警个体指数的编制，这一步骤需要借助功效系数法；第四，确定预警个体指数的权重，并最终得到企业财务危机预警综合指数的得分。整个过程如图4-10所示。

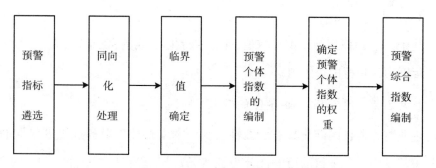

图4-10 企业财务危机预警综合指数编制流程

需要指出的是，在企业财务危机阶段监测系统中，共收集到25387个测试样本。利用该系统，将全部上市公司分为财务危机潜伏期和财务危机爆发期两大类。而在企业财务危机警情监测系统中，剔除了全部被财务危机阶段监测系统判定为财务危机爆发期的企业样本。此外，在这 25387 个测试样本中，含有大量的缺漏值。因此，在企业财务危机警情监测系统中，为了编制企业财务危机预警综合指数，需要剔除全部含有缺漏值的样本。经过两次剔除，共得到 15330 个公司年度观测值。在确定预警指标临界值时，为了避免极端值的影响，本书对全部指标都进行了上下 1% 的缩尾处理。

4.3.2　企业财务危机预警临界值测度

4.3.2.1　预警指标的同向化处理

企业财务危机预警指标中，有些指标属于正指标，即该指标越大，企业发生财务危机的可能性越小；还有一些指标属于逆指标，即该指标越大，企业发生财务危机的可能性越大。因此，在编制企业财务危机预警个体指数之前，需要对预警指标进行同向化处理。

考虑到本书遴选出的 23 个预警指标中包含大量的正指标，仅包含少量的逆指标，将全部财务危机预警指标都转化为越大越好的正指标。对于正指标不作处理，但对于逆指标，采用如下公式加以转化：

$$X'_{ijt} = X_{ijtmax} - X_{ijt} \qquad\qquad (4-14)$$

其中，X_{ijt} 为该指标原本的取值，X'_{ijt} 为转化后该指标的取值，X_{ijtmax} 为同一行业年度中该指标的最大值。

4.3.2.2　预警指标临界值的确定

企业财务危机的演化具有阶段性特征，本书将处于财务危机潜伏期的企业按照其发生财务危机的可能性分为了"无警""轻警""中警"和"重警"四个类别，从"无警"到"重警"，企业财务风险逐渐上升，其爆发财务危机的可能性也不断增加。要确定每一个处于财务危机潜伏期企业的财务风险水平，就需确定每个警级的预警临界值。

本书以 2012~2022 年全部上市公司为样本，首先采用梯度提升模型将全部企业分为财务危机潜伏期和财务危机爆发期。编制财务危机预警个体指数和综合指数的对象即为被梯度提升模型判定为财务危机潜伏期的全部企业。本书采用 Stata14.0 中的循环语句，分行业、分年度确定预警临界值。假设某一行业某一年度中的某一特定企业指标的实际值为 x_i，该行业年度内全部企业该指标的最大值为 $x_{i\max}$，该行业年度内全部企业该指标的最小值为 $x_{i\min}$，该行业年度内全部样本的平均值为 $\overline{x_i}$，η_{i1}、η_{i2}、η_{i3} 分别表示该指标三个预警临界值，其计算公式如式（4-15）所示。本书选取的企业财务危机预警指标经过同向化处理后，已经全部转化为越大越好型指标。因此，当 $\eta_{i3} \leqslant x_i \leqslant x_{i\max}$ 时，表示该指标的警级为"无警"，当 $\eta_{i2} \leqslant x_i < \eta_{i3}$、当 $\eta_{i1} \leqslant x_i < \eta_{i2}$ 以及当 $x_{i\min} \leqslant x_i < \eta_{i1}$ 时，该指标的警级分别为"轻警""中警"和"重警"。

$$\begin{cases} \eta_{i3} = \overline{x_i} = \dfrac{\sum_{i=0}^{n} x_i}{n} \\[4mm] \eta_{i2} = \overline{x_i} - \dfrac{\overline{x_i} - x_{i\min}}{3} \\[4mm] \eta_{i1} = \overline{x_i} - \dfrac{2(\overline{x_i} - x_{i\min})}{3} \end{cases} \quad (4-15)$$

4.3.3　企业财务危机预警个体指数的编制

本书构建的企业财务危机警情监测系统，其主要的输入是梯度提升模型遴选出的若干财务危机预警指标，而主要的输出则是企业财务危机预警综合指数。而要编制企业财务危机预警综合指数，首先必须编制企业财务危机预警个体指数。企业财务危机预警个体指数是将单个财务指标的实际值通过一定的方法标准化而得到，它反映了企业某一方面风险的变化趋势。换言之，财务危机预警指标与财务危机预警个体指数具有一一对应的关系。通过将梯度提升模型报告的财务危机预警指标的 RVI 值进行归一化处理，可以很方便地得到每个财务危机预警个体指数的权重，将每个财务危机预警个体指数乘以其对应的权重，就得到了企业财务危机预警综合指数的取值。本节主要讨论如何从财务危机预警指标入手，计算出财务危机预警个体指数。

本书采用功效系数法对企业财务危机预警指标进行无量纲化处理。并给出如下定义：

定义 1：如果计算值 $\eta_{i3} \leqslant x_i \leqslant x_{imax}$ ，则 $R_i \in [3, 4]$ 。表示第 i 个财务危机预警指标对应的预警个体指数的风险水平为"无警"，用绿色标注。

定义 2：如果计算值 $\eta_{i2} \leqslant x_i < \eta_{i3}$ ，则 $R_i \in [2, 3)$ 。表示第 i 个财务危机预警指标对应的预警个体指数的风险水平为"轻警"，用黄色标注。

定义 3：如果计算值 $\eta_{i1} \leqslant x_i < \eta_{i2}$ ，则 $R_i \in [1, 2)$ 。表示第 i 个财务危机预警指标对应的预警个体指数的风险水平为"中警"，用橙色标注。

定义 4：如果计算 $x_{imin} \leqslant x_i < \eta_{i1}$ ，则 $R_i \in [0, 1)$ 。表示第 i 个财务危机预警指标对应的预警个体指数的风险水平为"重警"，用红色标注。

其中，R_i 表示与第 i 个指标相对应的企业财务危机预警个体指数。图4-11表示企业财务危机预警个体指数的警级判定原理。

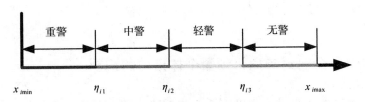

图4-11　企业财务危机风险程度的判定原理

其中，第 i 个预警指标对应的企业财务危机预警个体指数的计算公式如式（4-16）所示。

$$R_i = \begin{cases} \dfrac{x_i - \eta_{i3}}{x_{i\max} - \eta_{i3}} + 3, & \eta_{i3} \leq x_i \leq x_{i\max} \\[3mm] \dfrac{x_i - \eta_{i2}}{\eta_{i1} - \eta_{i2}} + 2, & \eta_{i2} \leq x_i < \eta_{i3} \\[3mm] \dfrac{x_i - \eta_{i1}}{\eta_2 - \eta_{i1}} + 1, & \eta_{i1} \leq x_i < \eta_{i2} \\[3mm] \dfrac{x_i - x_{i\min}}{\eta_{i1} - x_{i\min}}, & x_{i\min} \leq x_i < \eta_{i1} \end{cases} \qquad (4\text{-}16)$$

4.3.4 企业财务危机预警综合指数的编制

4.3.4.1 预警个体指数权重的确定

在编制企业财务危机预警个体指数的基础上，需要进一步编制企业财务危机预警综合指数，以便对企业财务状况做一个综合评价和比较分析。本书建立的企业财务预警个体指数已经进行了指标同向化和无量纲化处理，这就大大简化了数据的计算工序。不同的预警个体指数的重要性程度并不相同，因此，需要根据各个体指数的内在含义和重要性程度对其赋予相应的权重。常用来确定权重的方法主要有：统计平均法、最大组中值法、层次分析法、变异系数法、熵权法等，然而，这些赋权方法都存在一定的主观性。梯度提升模型提供的指标 RVI 得分是很好的客观赋权工具。本书将表 4-1 中全部预警指标的 RVI 得分进行归一化处理，就得到了与预警指标相对应的企业财务危机预警个体指数的权重。具体而言，各个财务危机预警个体指数的权重如表 4-3 所示。

表 4-3　财务危机预警个体指数的权重

预警指标代码	预警指标名称	预警指标 RVI 得分	预警个体指数权重
x13	现金比率	41.71	0.08

预警指标代码	预警指标名称	预警指标 RVI 得分	预警个体指数权重
x14	营运资金与借款比	21.96	0.04
x16	利息保障倍数	15.73	0.03
x19	产权比率	17.90	0.04
x113	固定资产比率	11.00	0.02
x114	无形资产比率	14.32	0.03
x22	总资产利润率	55.08	0.11
x23	净资产收益率	26.68	0.05
x25	投入资本回报率	14.41	0.03
x26	营业毛利率	12.41	0.02
x27	营业利润率	15.31	0.03
x31	应收账款与收入比	7.76	0.02
x43	净资产收益率增长率	38.19	0.08
x44	基本每股收益增长率	38.06	0.08
x47	归属于母公司净利润增长率	16.41	0.03
x57	现金流量负债比率	13.60	0.03
x61	应计盈余管理绝对值	17.69	0.04
x63	应计盈余管理程度	6.97	0.01
x71	每股收益	16.67	0.03
x75	每股营业利润	23.79	0.05
x76	每股净资产	13.28	0.03
x79	市盈率	58.91	0.12
x713	账面市值比	7.16	0.01

4.3.4.2 预警综合指数的计算

利用加权求和的方法将各财务危机预警个体指数综合起来，即最后的企业财务预警综合指数［见式（4-17）］。其中，R 表示第 j 家企业的财务预警综合指数，w_i 代表第 i 个财务危机预警个体指数的权重；R_i 则为第 j 家企业第 i 个财务危机个体指数的实际值。综合指数值越大，其企业财务危机越小，反之越大。

$$R = \sum_{i=1}^{n} R_i \times w_i \qquad\qquad (4-17)$$

4.4　基于梯度提升模型的企业财务危机动态监测子系统构建

与一般的静态预警系统相比，企业财务危机动态预警系统的最大特点是，不仅能根据历史数据判断样本企业发生财务危机的可能性，也可以对样本企业未来是否会发生财务危机加以预测。对样本企业未来发生财务危机的可能性加以预测是企业财务危机动态监测子系统的主要任务。本书对全部企业的分类主要有两个步骤：第一步采用企业财务危机阶段监测系统将全部企业分为财务危机潜伏期和财务危机爆发期两类；第二步采用企业财务危机警情监测系统将全部处于财务危机潜伏期的企业分为"无警""轻警""中警"和"重警"四类。在企业财务危机动态监测子系统中，本书也将预测的过程分为两步，首先预测未来哪些企业会处于财务危机爆发期；其次对剩下企业（处于财务危机潜伏期的企业）的财务危机预警指数的变化趋势加以预测。

4.4.1　处于财务危机爆发期企业的预测方法

在企业财务危机阶段监测系统中，本书利用样本企业首次被 ST 前 1~3 年的数据分别训练出了 t−1、t−2 和 t−3 模型，将最新一年的数据（如全部上市公司 2022 年的数据①）代入 t−1 模型，则可预测出一年后（2023 年）哪些企业会被 ST，将其代入 t−2 模型，则可预测出两年后（2024 年）哪些企业会被 ST，将其代入 t−3 模型，则可预测出三年后（2025 年）哪些企业会被 ST。

---

① 需要删除已经被 ST 的样本。

换言之，通过将相关数据代入基于梯度提升模型训练出的精准分类器中，即可对未来处于财务危机爆发期的企业加以预测，并获得较高的预警准确率。因此，对处于财务危机爆发期企业的预测主要是通过调用企业财务危机阶段监测系统中训练的 t-1、t-2 和 t-3 模型而得以实现的。

4.4.2　企业财务危机预警综合指数的分解

在企业财务危机警情监测系统中，本书通过梯度提升模型报告的预警指标 RVI 得分对全部指标加以遴选，并同时确定了指标权重，大大降低了预警指数编制过程中指标选取和权重确定环节的主观性。进一步，在企业财务危机动态监测系统中，本书将会计研究中的利润分解方法运用于财务危机预警综合指数的分解中，以揭示企业财务危机的主要驱动因素对企业财务危机程度的影响。通过对企业财务危机按照其驱动因素加以分解，既能在一定程度上弥补本书因为采用配对样本而在指标体系中排除宏观经济指标和行业环境指标的缺陷，也能为企业利益相关者的决策提供参考。

对企业财务危机预警综合指数的分解主要针对处于财务危机潜伏期的企业。对企业财务危机预警综合指数进行分解的主要目的有二：第一，分别衡量宏观经济、行业环境和企业自身因素对企业财务危机程度的影响；第二，为预测企业财务危机预警综合指数的变化趋势打下基础。为了对企业财务危机预警综合指数进行分解，本书借鉴了会计领域十分流行的分解法。

利用企业财务危机预警综合指数能够对企业面临的财务风险大小加以评价和预警。然而，企业财务危机的驱动因素有很多，如宏观环境、行业环境和企业内部环境。但现有研究较少按照企业财务危机的驱动因素对财务危机预警指数加以分解，而在财务会计的研究中，如何对企业的会计利润加以分解早就是很热门的研究领域。Esplin 等（2013）将会计利润分解为经营活动产生的利润和投资活动产生的利润。他们认为，经营活动产生的利润较为稳定，能够作为评估企业价值的依据，而投资活动产生的利润稳定性较差，无法作为评估企业价值的依据。因此，如此划分有利于更好地评估企业价值。Amir 等（2010）将会计利润分为可持续的利润和不可持续的利润，前者的来源主要是经常性的收入，后者的来源主要是非经常性的损益。他们认为，区分可持续会计利润和不可持续会计利润也有利于对企业的估值。Jackson 等（2018）则直接按照会计利润的影响因素，将会计利润分为受宏观经济影响的利润、受行业因素影响的利润和受企业自身因素影响的利润。他们认为，对企业而言，前两者是不受企业高管控制的，只有受企业自身因素影响的利润是受高管控制的，因此，如此划分不仅有利于对企业价值的评估，也有利于为管理者设计更为合理有效的薪酬契约。

同理，在企业财务危机的主要驱动因素中，宏观环境和行业环境往往不受企业控制。同时，宏观环境和行业环境往往具有一定的"黏性"，其可持续性往往较强，而企业内部环境则更有可能在短期内发生变化，其可持续性往往较弱。因此，对企业财务危机预警综合指数按照企业财务危机的驱动因素加以分解，不仅能为企业管理者的进一步决策提供参考，也有利于更加准确地预测企业财务危机预警综合指数的未来走势。

指数分解的具体过程如下：设行业 j 中的公司 i 第 t 年财务危机预警综合指数为 $FDEWI_{i,j,t}$，则行业 j 中全部企业第 t 年的财务危机预警综合指数均值如式（4-18）所示。

$$FDEWI_{j,t}^{I} = \frac{\sum_{i=1}^{n} FDEWI_{i,j,t}}{n} \tag{4-18}$$

其中，$FDEWI_{j,t}^{I}$ 表示行业 j 第 t 年的财务危机预警综合指数均值，n 为第 t 年行业 j 中的企业数量。全部企业第 t 年的财务危机预警综合指数均值如式（4-19）所示。

$$FDEWI_{t}^{M} = \frac{\sum_{i=1}^{n} FDEWI_{i,t}}{N} \tag{4-19}$$

其中，$FDEWI_t^M$ 表示第 t 年全部上市公司的财务危机预警综合指数均值，N 为第 t 年全部上市公司总数。在得到 $FDEWI_{j,t}^I$ 与 $FDEWI_t^M$ 取值的基础上，本书采用两步法得到宏观经济风险预警指数、行业环境风险预警指数和企业经营风险预警指数的取值。第一步，利用 $FDEWI_{j,t}^I$ 和 $FDEWI_t^M$ 估计如式（4-20）所示的回归方程。

$$FDEWI_{j,t}^I = \beta_0 + \beta_1 FDEWI_t^M + \varepsilon \tag{4-20}$$

第二步，在第一步的基础上继续估计如式（4-21）所示的回归方程。

$$FDEWI_{i,j,t} = \propto_0 + \propto_1 \hat{\varepsilon}_{j,t} + \propto_2 FDEWI_t^M + \varepsilon \tag{4-21}$$

通过式（4-18）至式（4-21），可以将企业财务危机预警综合指数分解为三个部分，即受到宏观经济影响的部分、受到行业环境影响的部分以及受到企业自身因素影响的部分，本书将这三部分分别命名为宏观经济风险预警指数（$MFDEWI_t$）、行业环境风险预警指数（$IFDEWI_{j,t}$）和企业经营风险预警指数（$EFDEWI_{i,j,t}$），以上三个指数分别采用如下公式计算获得：

$$MFDEWI_t = \hat{\propto}_2 \times FDEWI_t^M \tag{4-22}$$

$$IFDEWI_{j,t} = \hat{\propto}_1 \hat{\varepsilon}_{j,t} \tag{4-23}$$

$$EFDEWI_{i,j,t} = FDEWI_{i,j,t} - IFDEWI_t - MFDEWI_t - \propto_0 \tag{4-24}$$

企业经营风险预警指数（$EFDEWI_{i,j,t}$）其实等于式（4-24）的截距项加上残差。在企业财务危机预警指数 $FDEWI_{i,j,t}$ 一定的情况下，$\propto_1$ 和 $\propto_2$ 越小，则 $EFDEWI_{i,j,t}$ 越大。Jackson 和 Rountree（2017）发现，行业环境和宏观经济状况对企业的影响越小，则企业越有可能进行盈余操纵。在后续研究中，可以对这一论断加以检验。

需要指出的是，对企业财务危机预警综合指数的分解过程中，两次采用了回归法，并将提取出的残差作为宏观经济风险和行业环境风险指数的取值，而根据最小二乘法（OLS方法）的基本原理，回归方程的残差的期望应该等于0。因此，宏观经济风险预警指数、行业环境风险预警指数和企业经营风险预警指数的取值都不局限于［0，4］以内，特别地，行业环境风险预警指数和企业经营风险预警指数的取值都有正有负，且其均值应该为0，但上述三个指数依然是越大越好。换言之，宏观经济风险预警指数、行业环境风险预警指数和企业经营风险预警指数越大，企业面临的宏观经济风险、行业环境风险和自身经营风险就越小。

4.4.3　处于财务危机潜伏期企业的警情变化趋势预测

将企业财务危机预警综合指数加以分解，不仅能为企业利益相关者做出决策提供依据，也有利于对企业财务危机预警综合指数的变化趋势加以预测。预测财务危机预警指数的变化趋势，是实施企业财务危机动态预警的必然要求。Call 等（2016）发现，将会计利润按照其影响因素加以区分后，能够提高对企业未来会计利润的预测准确度。但将企业财务危机预警综合指数加以区分后，能否达到相同效果有待进一步的实证检验。鉴于此，本书采用两种方法对企业财务危机综合指数的变化趋势加以预测，一是总体法，二是分解法。

4.4.3.1　总体法

为了实施总体法，本书估计了如式（4-25）所示的回归方程。

$$\Delta FDEWI_{i, j, t+1} = \delta_0 + \delta_1 FDEWI_{i, j, t} + \delta_2 \Delta FDEWI_{i, j, t} + \varepsilon \qquad (4-25)$$

式（4-25）的拟合值即为财务危机预警综合指数下一期的增量，将此拟合值加上本期值，即可得到财务危机预警综合指数下一期的预测值。

4.4.3.2　分解法

为了实施分解法，本书估计了如式（4-26）所示的回归方程。

$$\Delta FDEWI_{i, j, t+1} = \delta_0 + \delta_1 EFDEWI_{i, j, t} + \delta_2 \Delta EFDEWI_{i, j, t} + \delta_3 IFDEWI_t +$$
$$\delta_4 \Delta IFDEWI_t + \delta_5 MFDEWI_t + \delta_6 \Delta MFDEWI_t + \varepsilon \qquad (4-26)$$

同理，采用式（4-26）也可以得到财务危机预警综合指数下一期的增量。具体而言，采用方程估计得到的指数增量加上本期值即可得到财务危机预警综合指数的下期预测值。

为了比较总体法和分解法的预警效果，采用 2012~2022 年的数据，对式（4-25）和式（4-26）进行拟合。通过比较拟合后得到方程的调整 R^2，可以初步比较总体法和分解法的优劣。此外，还可以通过比较 2012~2022 年企业财务危机预警综合指数的实际值和预测值的差额，计算出式（4-25）和式（4-26）的平均测量误差和平均测量误差绝对值。模型的调整 R^2 越大，平均测量误差和平均测量误差绝对值越小，则模型的预测效果越好。换言之，若分解法的预测效果优于总体法，则与式（4-25）相比，通过式（4-26）得到的调整 R^2 应该较大，而平均测量误差和平均测量误差绝对值则应该较小。

4.5　基于梯度提升模型的企业财务危机预警定位子系统构建

企业财务危机预警定位系统采用可视化矩阵的方法对企业爆发财务危机的原因进行预警定位分析。该系统的构建主要借鉴了财务战略矩阵的思想。Hawawini 等（2003）在深入剖析经济增加值（EVA）的经济含义的基础上，提出了著名的财务战略矩阵（Financial Strategy Matrix）。财务战略矩阵由两个维度和四个象限组成。其横轴表示销售增长率与可持续增长率的差值，纵轴表示投入资本回报率与加权平均资本成本的差值。横轴大于 0 表示企业存在一定的资金短缺，需要进行外部融资；横轴小于 0 表示企业存在一定的现金剩余，其财务风险也较低；纵轴大于 0 表示企业的投入资本回报率大于加权平均资本成本，即企业是创造价值的；而纵轴小于 0 则表示企业经营是损害价值的。

　　借鉴财务战略矩阵的思想，本书利用宏观经济风险预警指数、行业环境风险预警指数和企业经营风险预警指数构建了一个相似的矩阵，如图4-12所示。在如图4-12所示的财务危机预警定位矩阵中，横轴为企业经营风险预警指数与行业环境风险预警指数之差，纵轴为行业环境风险预警指数与宏观经济风险预警指数之差，由于行业环境风险预警指数与企业经营风险预警指数均为回归方程的残差项［见式（4-20）、式（4-21）］，故上述两个指数的均值为0，且可正可负。[①] 而宏观经济风险预警指数为回归方程（4-22）的拟合值，故其一定大于0。为了便于比较宏观经济风险预警指数、行业环境风险预警指数及企业经营风险预警指数的大小，需要对上述三个指数进行再次标准化，使它们的取值落在［0，1］区间上。标准化公式如下：

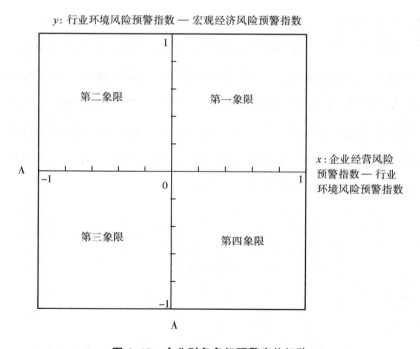

图4-12　企业财务危机预警定位矩阵

----

① 这是由最小二乘法的性质决定的，采用最小二乘法估计回归方程后，一定有 E（ε）= 0。

$$x^s = \frac{x_i - x_{\min}}{x_{\max} - x_{\min}}$$

(4-27)

其中，x 可以等于 $MFDEWI_t$、$IFDEWI_t$ 和 $EFDEWI_t$。此时，图 4-12 的矩阵中，横轴和纵轴的取值范围都是 $[-1, 1]$，此时，坐标平面被划分为了四个象限。在第一象限中，从纵轴看，行业环境风险预警指数大于宏观经济风险预警指数（这两个指数都是越大越好的），说明此时行业环境风险小于宏观经济风险，此时该行业是投资者的理想选择。从横轴看，企业经营风险预警指数大于行业环境风险预警指数，说明在此行业中，该企业的经营风险小于行业平均水平。换言之，该企业是值得投资的。在第二象限中，该行业的行业环境风险小于平均水平，但在行业内部，企业自身的经营风险偏高。此时从投资者的角度看，可以投资该行业，但最好选择企业经营风险较低的另一家企业进行投资。在第三象限中，行业环境风险高于行业间的平均水平，同时，企业经营风险又高于行业内的平均水平，因此，落在第三象限中的企业不宜投资。在第四象限中，经管企业所处行业的风险高于行业间平均水平，但该企业的经营风险却低于行业内的平均水平，此时，该企业值不值得投资就需要结合其他信息做进一步分析。总之，在图 4-12 的企业财务危机预警矩阵中，纵轴得分有助于在不同行业间寻找值得投资的行业，而横轴得分有助于在同一个行业中寻找值得投资的企业。

本章小结

本章采用梯度提升模型作为主要的建模技术，构建了企业财务危机动态预警系统。该系统由四个子系统构成，即企业财务危机阶段监测子系统、企业财务危机警情监测子系统、企业财务危机动态预测子系统和企业财务危机预警定位子系统。本章分别阐述了四大子系统的主要功能和运作流程，为实证研究打下了基础。本章构建的企业财务危机动态预警系统既能对企业未来是否发生财务危机加以判断，又能对处于财务危机潜伏期企业的财务状况进行实时监测，还能对企业财务风险的变化趋势加以预测，也能对企业财务危机程度按照其驱动因素进行预警定位分析。企业财务危机动态预警系统的构建能够为企业利益相关者的理性决策提供依据。

5 实证研究

本章选取 2012~2022 年全部上市公司的样本为研究对象，首先利用财务危机预警指标体系中的全部指标（9 大类，54 个财务指标和 24 个非财务指标），采用梯度提升模型作为主要的建模技术构建企业财务危机阶段监测系统，将全部上市公司分为财务危机潜伏期和财务危机爆发期两大类。其次采用梯度提升模型提供的预警指标 RVI 得分遴选出 23 个重要的预警指标，在此基础上构建企业财务危机警情监测系统。并利用该系统编制企业财务危机预警综合指数，从而实现预警结果的精细化目标。再次建立企业财务危机动态监测子系统，对未来可能爆发财务危机的企业以及其他企业的财务危机预警指数的变化趋势加以预测。最后利用企业财务危机动态监测子系统中得到的宏观经济风险预警指数、行业环境风险预警指数和企业经营风险预警指数，采用可视化矩阵的方法构建了企业财务危机预警定位模型，为企业利益相关者的理性决策提供参考。尽管笔者采用了全部财务危机潜伏期样本编制企业财务危机预警综合指数，但由于上市公司总数多达 5000 余家（截至 2022 年底），限于篇幅，在企业财务危机警情监测系统中，涉及企业财务危机预警综合指数编制和变化趋势预测时，仅仅以信息传输、软件和信息技术服务业为例对结果加以呈现和分析。① 本章的逻辑框架如图 5-1 所示。

---

① 根据证监会 2012 年行业分类，信息传输、软件和信息技术服务业的行业代码为 I。

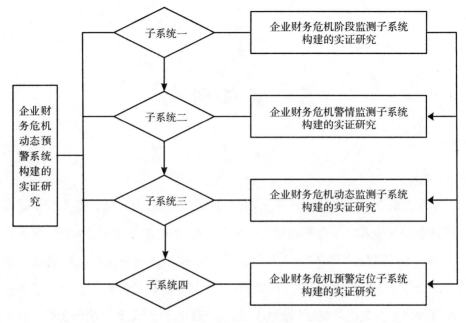

图 5-1　第 5 章逻辑框架

5.1　企业财务危机阶段监测子系统构建的实证研究

5.1.1　样本的选取与数据来源

为利用梯度提升模型对企业财务危机阶段监测系统加以训练，本书按照第 4 章的方法选取了 266 家 ST 公司和 266 家配对公司，并收集了 ST 公司及其配对样本在首次被 ST 前 1~3 年的数据，分别用于训练 t-1、t-2 和 t-3 模型。因此，t-1 模型的样本区间为 2011~2021 年，t-2 模型的样本区间为

2010~2020 年，t-3 模型的样本区间为 2009~2019 年。且用于训练每个模型的样本量都为 532 个。同时，本书也收集了 2012~2022 年其他非金融类公司的数据，用于测试企业财务危机阶段监测系统的预警效果，最终得到了 25387 个公司年度观测值。上述 25387 个样本组成了测试样本。

由于梯度提升模型的拟合结果不会受到极端值的影响，本书并未对样本进行缩尾或截尾处理。文中全部数据整理工作采用 Stata14.0 完成，而梯度提升模型的训练过程采用 Python3.7 实现。

5.1.2 描述性统计

此处的描述性统计主要针对训练样本（266 家 ST 公司和 266 家配对公司）。全部 ST 公司的年度和行业分布分别如表 5-1、表 5-2 所示。

表 5-1　全部 ST 公司的年度分布

年度	频数	频率（%）	累计频率（%）
2012	30	11.28	11.28
2013	19	7.14	18.42
2014	25	9.40	27.82
2015	35	13.16	40.98
2016	12	4.51	45.49
2017	21	7.89	53.38
2018	17	6.39	59.77
2019	25	9.40	69.17
2020	19	7.14	76.32
2021	32	12.03	88.35
2022	31	11.65	100.00
总计	266	100.00	

从表 5-1 中可以看出，各年度首次被 ST 的公司数量基本保持稳定。但考虑到我国资本市场中上市公司的数量正在逐年增加，总体来看，2012 年和

2015 年首次被 ST 的公司较多。

表 5-2　全部 ST 公司的行业分布

行业代码	行业名称	频数	频率（%）	累计频率（%）
A	农、林、牧、渔业	8	3.01	3.01
B	采矿业	9	3.38	6.39
C	制造业	182	68.41	74.81
D	电力、热力、燃气及水生产和供应业	11	4.14	78.95
E	建筑业	4	1.50	80.45
F	批发和零售业	14	5.26	85.71
G	交通运输、仓储和邮政业	6	2.26	87.97
H	住宿和餐饮业	1	0.38	88.35
I	信息传输、软件和信息技术服务业	9	3.38	91.73
K	房地产业	10	3.76	95.49
L	租赁和商务服务业	2	0.75	96.24
M	科学研究和技术服务业	1	0.38	96.62
N	水利、环境和公共设施管理业	2	0.75	97.37
S	综合	7	2.63	100.00
总计		266	100.00	

从表 5-2 中可以看出，在 2012~2022 年全部 266 家首次被 ST 的公司中，制造业企业有 182 家，占比 68.41%，这一方面说明制造业在我国国民经济中占据了重要地位；另一方面也说明制造业企业发生财务危机的可能性较大。值得注意的是，制造业上市公司在 2020 年、2021 年、2022 年分别有 19 家、23 家和 16 家被首次 ST，这说明自供给侧结构性改革以来，我国制造业上市公司发生财务危机的可能性有增大的趋势。

除制造业外，批发和零售业，电力、热力、燃气及水生产和供应业，房地产业，采矿业及信息传输、软件和信息技术服务业也有多家公司被 ST，表明上述行业上市公司所面临的财务风险也较大。

表 5-3 显示了首次被 ST 公司的财务危机预警指标的变化。从中可以看

出，从首次被 ST 的前三年（t-3 年）到前一年（t-1）年，ST 公司的 x11
（流动比率）、x12（速动比率）明显降低，x17（资产负债率）明显上升，这
一结果说明，ST 公司在被 ST 前的若干年，偿债能力就开始恶化。在盈利能
力方面，x21（资产报酬率）、x22（总资产利润率）、x23（净资产收益率）
全部明显下降，这反映出 ST 公司在被 ST 之前的一段时间内，盈利能力也明
显恶化。在营运能力方面，可以看出 ST 公司的应收账款和存货周转率都有不
同程度的下降。同时，可以发现从公司被 ST 的前三年（t-3 年）到前一年
（t-1）年，大多数发展能力的指标都呈现下降趋势。x42（资本积累率）、
x43（净资产收益率增长率）等指标的均值在三年中均为负数，表明平均而
言，ST 公司的净资产和净利润都呈现负增长。值得注意的是，发展能力指标
的均值往往小于中位数，表明样本中部分公司经历了很大程度的负增长。从
现金流指标的均值和中位数中难以发现明显的规律，这可能是由现金流指标
的变化与经营周期的长短紧密相关，而不同行业的企业其经营周期往往存在
很大差异所导致的。从盈余管理的相关指标来看，在被 ST 的前三年，应计盈
余管理为负但真实盈余管理为正，这说明公司财务状况的恶化有一个循序渐
进的过程。由于应计盈余管理的成本较低而真实盈余管理的成本较高，在财
务状况开始恶化的初期，企业会采用成本较低的应计盈余管理方式来操纵盈
余，但应计盈余管理的空间很有限，随着财务状况的持续恶化，企业在被 ST
的前一到两年会大量采用损害公司长期利益的真实盈余管理方式来操纵盈余，
这一结果说明上述两类盈余管理方式存在一定的替代效应。

表5-3 财务危机预警指标的描述性统计（ST 企业）

变量代码	Mean1	Med1	SD1	Mean2	Med2	SD2	Mean3	Med3	SD3
x11	1.06	0.78	1.06	1.22	0.93	1.08	1.42	1.10	1.34
x12	0.74	0.50	0.87	0.84	0.59	0.90	0.99	0.71	1.15
x13	0.26	0.13	0.52	0.28	0.14	0.42	0.38	0.16	0.80
x14	0.55	-0.37	4.82	0.71	-0.15	22.70	1.97	0.06	21.22

续表

变量代码	Mean1	Med1	SD1	Mean2	Med2	SD2	Mean3	Med3	SD3
x15	−9.2E+08	−1.8E+08	4.7E+09	−3.6E+08	−4.6E+07	3.9E+09	1.2E+08	6.0E+07	3.9E+09
x16	25.96	−2.85	433.24	−2.93	−1.74	34.72	1.39	1.44	25.39
x17	0.68	0.72	0.25	0.60	0.62	0.20	0.54	0.57	0.18
x18	0.08	0.02	0.12	0.08	0.03	0.11	0.07	0.03	0.10
x19	−3.61	1.96	111.62	2.31	1.60	2.73	1.68	1.30	1.57
x110	0.46	0.43	0.20	0.47	0.46	0.20	0.50	0.50	0.20
x111	−0.09	−0.12	0.29	0.00	−0.03	0.24	0.06	0.04	0.24
x112	3.38	−0.19	65.47	−0.30	−0.08	1.24	0.02	0.10	0.78
x113	0.34	0.35	0.19	0.34	0.33	0.18	0.31	0.31	0.18
x114	0.06	0.04	0.08	0.05	0.03	0.07	0.05	0.03	0.06
x115	0.82	0.89	0.19	0.82	0.88	0.19	0.82	0.89	0.19
x21	−0.10	−0.07	0.13	−0.05	−0.04	0.07	0.03	0.03	0.03
x22	−0.13	−0.09	0.13	−0.07	−0.06	0.07	0.01	0.01	0.03
x23	−0.49	−0.26	1.59	−0.06	−0.14	1.96	0.03	0.02	0.10
x24	0.85	1.00	2.42	0.95	1.00	0.59	0.67	0.78	0.86
x25	−0.19	−0.10	0.40	−0.07	−0.05	0.13	0.03	0.03	0.06
x26	0.08	0.07	0.21	0.13	0.10	0.18	0.18	0.15	0.15
x27	−0.86	−0.20	3.59	−0.40	−0.11	1.67	−0.02	0.01	0.53
x28	−0.66	−0.08	3.37	−0.25	−0.01	1.69	0.13	0.12	0.56
x31	0.37	0.15	1.34	0.40	0.17	1.28	0.26	0.16	0.34
x32	332.77	5.82	3134.18	181.96	5.76	2145.28	403.51	6.29	3768.66
x33	103.17	3.73	1131.76	10.71	3.83	60.59	26.37	4.13	305.03
x34	4048.73	179.14	50168.32	3760.79	184.31	46521.79	687.71	177.95	3315.87
x35	0.91	−0.98	32.62	−13.76	−0.58	130.16	0.48	0.62	23.22
x36	0.51	0.43	0.38	0.56	0.47	0.42	0.63	0.52	0.43
x41	0.65	0.75	0.65	0.86	0.88	0.25	0.97	1.02	2.55
x42	−0.35	−0.25	0.65	−0.14	−0.12	0.25	−0.03	0.02	2.55
x43	−4.52	0.83	92.07	−24.37	−8.93	55.92	−0.78	−0.60	7.29
x44	0.21	0.40	11.43	−16.90	−7.31	24.33	−0.64	−0.76	1.80
x45	−0.12	0.32	9.39	−20.11	−6.35	86.13	−0.72	−0.65	4.01

续表

变量代码	Mean1	Med1	SD1	Mean2	Med2	SD2	Mean3	Med3	SD3
x46	−0.73	0.32	13.29	−9.38	−4.37	28.96	−1.09	−0.57	5.74
x47	−0.18	0.35	12.27	−17.89	−7.52	40.66	−0.40	−0.57	5.15
x48	0.91	0.42	5.63	−29.37	−6.42	200.40	−0.52	−0.68	2.89
x49	−0.07	−0.07	0.34	0.13	−0.09	2.72	3.35	0.06	44.31
x410	−0.34	−0.23	0.63	−0.16	−0.13	0.20	0.03	0.01	0.09
x411	−0.07	−0.07	0.22	0.00	−0.02	0.17	1.22	0.04	16.69
x412	−0.03	−0.06	0.35	0.26	−0.02	1.62	2.75	−0.01	39.96
x413	14.77	−0.03	222.72	0.74	−0.02	5.67	2.29	−0.02	20.64
x51	−1.49	−0.11	16.54	−0.05	−0.09	14.02	7.54	1.55	115.60
x52	1.35	1.03	4.53	1.06	1.03	0.41	1.05	1.03	0.53
x53	0.93	0.10	12.92	−0.23	0.17	12.14	−0.79	0.17	15.59
x54	0.24	0.25	8.43	0.28	0.25	2.21	0.68	0.24	7.92
x55	−2.3E +09	−5.3E +08	6.2E +09	−2.0E +09	−5.6E +08	4.5E +09	−1.9E +09	−4.7E +08	4.6E +09
x56	4.1E +07	3.6E +06	1.9E +09	1.1E +08	1.8E +07	1.2E +09	−9.2E +07	8.3E +06	1.3E +09
x57	0.04	0.02	0.36	0.03	0.03	0.21	0.05	0.05	0.34
x58	261.19	0.75	4073.79	3.57	0.73	63.16	−1.25	1.48	41.87
x61	0.11	0.09	0.08	0.07	0.06	0.06	0.06	0.04	0.06
x62	0.12	0.09	0.12	0.13	0.10	0.12	0.14	0.10	0.13
x63	−0.09	−0.08	0.09	−0.05	−0.04	0.09	0.00	0.00	0.08
x64	0.06	0.06	0.16	0.08	0.07	0.16	0.06	0.05	0.18
x71	−0.78	−0.50	0.86	−0.43	−0.33	0.45	0.09	0.04	0.21
x72	0.06	0.06	0.00	0.07	0.08	0.05	0.09	0.05	0.15
x73	0.00	0.00	0.03	−0.01	0.00	0.12	0.18	0.00	0.49
x74	3.93	2.24	5.68	4.71	2.58	6.63	5.44	3.15	7.70
x75	−0.73	−0.48	0.88	−0.40	−0.33	0.56	0.08	0.03	0.48
x76	1.67	1.53	1.62	2.56	2.22	1.71	3.17	2.62	2.00
x77	−0.07	−0.01	0.73	−0.30	−0.09	0.85	−0.24	−0.06	0.93
x78	0.10	0.07	0.61	0.06	0.07	0.60	0.19	0.13	0.67
x79	−60.42	−11.72	316.15	−33.73	−14.90	334.93	174.14	106.03	2476.60

变量代码	Mean1	Med1	SD1	Mean2	Med2	SD2	Mean3	Med3	SD3
x710	19.38	3.02	94.43	15.00	2.10	99.01	7.88	1.99	45.41
x711	31.16	12.02	1108.77	−30.86	8.28	689.09	−28.18	9.70	805.94
x712	1.81	4.25	83.97	5.51	2.82	11.52	3.32	2.30	3.71
x713	1.06	0.70	1.04	1.35	0.97	1.22	1.29	1.08	1.09
x81	0.15	0.00	0.36	0.17	0.00	0.38	0.18	0.00	0.38
x82	8.82	9.00	1.72	9.13	9.00	1.84	9.22	9.00	2.02
x83	3.24	3.00	0.69	3.36	3.00	0.73	3.38	3.00	0.75
x84	3.95	3.00	1.28	4.00	3.00	1.30	4.03	3.00	1.35
x85	0.37	0.33	0.06	0.37	0.36	0.06	0.37	0.33	0.06
x86	3.40	1.70	4.45	3.46	1.97	4.33	3.51	2.09	3.95
x87	43.37	41.83	16.91	45.22	43.69	16.86	47.45	46.29	16.28
x91	0.01	0.00	0.40	−0.04	−0.07	0.39	−0.02	−0.03	0.38
x92	98.50	108.00	23.42	101.26	107.00	26.13	92.02	98.00	21.13
x93	0.30	0.00	0.46	0.18	0.00	0.38	0.08	0.00	0.26
x94	0.26	0.00	0.44	0.19	0.00	0.39	0.19	0.00	0.40

注：Mean1、Mean2、Mean3 分别指 t−1 年、t−2 年和 t−3 年的样本均值；Med1、Med2、Med3 分别指 t−1 年、t−2 年和 t−3 年的样本中位数；SD1、SD2、SD3 分别指 t−1 年、t−2 年和 t−3 年的样本标准差。

在非财务指标方面，几乎所有的每股指标在 t−3 年到 t−1 年间都明显下降。x79（市盈率）也明显下降，而 x710（市销率）的增长主要是由公司净资产的下降所导致的。在治理结构指标方面，从 t−3 年到 t−1 年，董事会和监事会的构成基本保持稳定，但机构持股的比例和股权集中度有所下降，这反映出公司发生财务危机之前，机构持股比例下降而散户持股比例相应上升。审计师相关指标方面，在 t−1 年，异常审计收费明显上升，这体现出审计师意识到了由于企业财务状况恶化带来的审计风险增加。异常审计收费的上升代表了审计师为了降低审计风险而增加了审计成本的投入，或者向客户收取了一定的风险补偿。此外，审计延迟有所增加，审计师出具非标意见的比例也由 t-3 年的 0.08 增加到了 t-1 年的 0.30。审计师发生变更的比例也由 t-3 年的 0.19 增加到了 t-1 年的 0.26。可以看出，随着企业财务状况的恶化，审计师发生变更的可能性明显上升。

表 5-4 为配对企业财务指标的描述性统计。从中可以看出，大多数指标并不呈现正态分布。由于配对样本并未发生财务危机，其偿债能力、盈利能力、营运能力都要强于首次被 ST 的公司，表 5-5 展示了首次被 ST 公司和配对样本各指标均值的差异性检验。

表 5-4 财务危机预警指标的描述性统计（配对企业）

变量代码	Mean1	Med1	SD1	Mean2	Med2	SD2	Mean3	Med3	SD3
x11	2.33	1.48	4.05	2.07	1.33	2.30	2.33	1.42	2.98
x12	1.89	1.01	4.03	1.61	0.93	2.12	1.75	0.95	2.40
x13	0.98	0.36	2.87	0.80	0.34	1.49	1.11	0.37	2.06
x14	35.07	0.74	430.50	3.54	0.48	12.85	10.68	0.66	59.94
x15	5.4E+07	2.4E+08	3.2E+09	1.5E+08	2.0E+08	2.6E+09	1.4E+08	2.0E+08	2.2E+09
x16	181.13	1.96	2820.35	12.66	1.61	148.80	59.23	2.04	843.45
x17	0.48	0.44	0.51	0.54	0.45	1.03	0.56	0.46	1.19
x18	0.05	0.00	0.09	0.06	0.00	0.14	0.06	0.00	0.15
x19	1.08	0.76	1.37	1.01	0.80	1.29	1.02	0.78	2.63
x110	0.54	0.55	0.21	0.53	0.53	0.21	0.54	0.56	0.22
x111	0.14	0.17	0.54	0.11	0.13	0.60	0.11	0.15	0.68
x112	0.24	0.30	0.59	0.26	0.33	0.60	0.20	0.29	1.15
x113	0.25	0.21	0.18	0.26	0.22	0.18	0.25	0.22	0.17
x114	0.05	0.03	0.08	0.06	0.03	0.09	0.05	0.03	0.08
x115	0.84	0.90	0.17	0.83	0.90	0.19	0.84	0.90	0.19
x21	0.04	0.04	0.10	0.03	0.04	0.08	0.02	0.04	0.15
x22	0.03	0.03	0.11	0.02	0.03	0.09	0.01	0.03	0.17
x23	0.15	0.06	1.13	0.16	0.05	1.66	0.07	0.05	0.36
x24	0.71	0.84	2.02	0.86	0.85	0.27	0.73	0.84	1.30

续表

变量代码	Mean1	Med1	SD1	Mean2	Med2	SD2	Mean3	Med3	SD3
x25	0.11	0.05	0.60	0.06	0.04	0.39	0.06	0.04	0.43
x26	0.28	0.22	0.19	0.25	0.22	0.21	0.25	0.21	0.18
x27	0.18	0.05	2.23	−0.53	0.05	10.07	−1.01	0.05	10.86
x28	0.49	0.14	3.31	−0.31	0.14	8.34	−0.89	0.14	9.97
x31	0.31	0.14	1.25	0.30	0.14	0.89	0.78	0.14	5.24
x32	22.25	7.26	57.45	20.35	7.15	46.51	25.06	7.03	86.66
x33	13.26	4.31	51.01	12.94	4.36	43.83	12.20	4.18	36.93
x34	628.07	162.45	3247.67	517.15	164.52	2562.96	908.59	171.49	5579.64
x35	4.40	1.22	21.27	4.80	1.32	47.59	1.98	1.36	15.33
x36	0.65	0.53	0.56	0.65	0.53	0.55	0.68	0.55	0.57
x41	1.08	1.06	1.02	1.59	1.05	6.84	1.22	1.05	0.97
x42	0.08	0.06	1.02	0.59	0.05	6.84	0.22	0.05	0.97
x43	−2.22	−0.19	14.66	−2.08	−0.17	12.75	−1.99	−0.21	22.88
x44	−1.04	−0.27	5.45	−1.90	−0.24	11.35	−0.08	−0.23	3.50
x45	−1.90	−0.06	14.94	−1.16	−0.08	10.07	−0.58	−0.08	7.36
x46	−1.23	0.02	10.49	−1.83	−0.11	14.45	−0.53	−0.11	7.79
x47	−0.67	−0.01	6.53	−1.69	−0.06	10.99	−0.56	−0.04	9.05
x48	−0.69	−0.17	5.85	−0.59	−0.06	3.80	0.12	0.02	2.45
x49	0.31	0.09	1.75	0.18	0.10	0.71	0.16	0.10	0.52
x410	0.03	0.04	0.22	0.02	0.03	0.20	0.04	0.04	0.49
x411	0.18	0.09	0.72	0.17	0.08	0.54	0.15	0.08	0.36
x412	0.24	0.01	1.13	0.27	0.01	1.96	0.16	0.02	0.53
x413	3.87	−0.01	42.28	1.59	−0.02	13.69	1.27	−0.02	10.97
x51	0.43	0.87	20.28	−0.26	0.84	13.43	0.84	0.92	9.49
x52	1.29	1.04	3.89	1.04	1.03	0.38	1.03	1.05	0.21
x53	−0.52	0.43	9.77	0.60	0.33	8.17	0.50	0.35	4.62
x54	0.75	0.45	2.41	0.37	0.42	1.56	0.37	0.41	1.41
x55	−1.4E+09	−2.7E+08	4.9E+09	−1.4E+09	−2.3E+08	5.4E+09	−1.4E+09	−2.1E+08	5.0E+09
x56	2.1E+08	1.7E+07	1.4E+09	4.6E+07	2.8E+07	1.1E+09	−8.9E+07	9.5E+06	1.4E+09

变量代码	Mean1	Med1	SD1	Mean2	Med2	SD2	Mean3	Med3	SD3
x57	0.16	0.13	0.43	0.14	0.10	0.40	0.13	0.12	0.47
x58	112.20	1.81	1827.01	30.34	1.18	396.29	24.83	1.01	518.68
x61	0.07	0.04	0.07	0.07	0.06	0.07	0.08	0.06	0.07
x62	0.20	0.12	0.22	0.20	0.12	0.24	0.18	0.14	0.16
x63	0.01	0.00	0.10	0.00	0.00	0.10	-0.01	-0.01	0.11
x64	-0.03	-0.02	0.29	0.00	-0.02	0.31	-0.01	-0.01	0.24
x71	0.28	0.19	0.48	0.24	0.14	0.57	0.24	0.13	0.57
x72	0.14	0.10	0.16	0.17	0.10	0.18	0.16	0.10	0.15
x73	0.26	0.14	0.50	0.20	0.00	0.35	0.20	0.00	0.29
x74	5.07	3.10	6.89	4.92	3.30	5.71	5.11	3.24	6.25
x75	0.30	0.17	0.53	0.26	0.14	0.63	0.28	0.16	0.63
x76	3.91	3.15	3.13	3.88	2.99	3.18	3.87	2.99	3.03
x77	-0.19	0.01	1.28	-0.32	-0.05	1.07	-0.24	-0.06	0.94
x78	0.33	0.21	0.85	0.29	0.21	0.84	0.32	0.20	0.76
x79	124.23	43.05	302.59	116.78	34.00	439.82	74.84	43.39	119.87
x710	33.78	3.44	361.86	23.96	3.18	212.45	10.53	3.03	40.68
x711	94.92	16.51	1301.65	89.94	13.70	1272.33	22.80	15.98	275.30
x712	3.50	3.15	15.96	3.64	2.40	5.76	3.32	2.66	9.78
x713	0.85	0.58	0.95	0.95	0.67	0.87	0.91	0.61	0.88
x81	0.21	0.00	0.41	0.21	0.00	0.41	0.19	0.00	0.40
x82	8.92	9.00	1.82	8.93	9.00	1.75	9.19	9.00	2.01
x83	3.28	3.00	0.64	3.26	3.00	0.67	3.28	3.00	0.73
x84	3.86	3.00	1.42	3.90	3.00	1.48	4.08	3.00	1.50
x85	0.37	0.36	0.05	0.37	0.36	0.05	0.36	0.33	0.05
x86	5.26	3.44	5.37	4.89	3.64	4.75	5.22	3.26	5.88
x87	46.34	45.85	15.14	47.42	47.04	15.35	48.55	47.78	15.96
x91	0.00	-0.02	0.37	-0.01	0.00	0.38	0.01	0.03	0.36
x92	94.09	97.00	19.66	91.19	93.00	21.56	89.17	88.00	21.95
x93	0.07	0.00	0.25	0.06	0.00	0.24	0.09	0.00	0.28
x94	0.14	0.00	0.35	0.17	0.00	0.38	0.14	0.00	0.35

注：Mean1、Mean2、Mean3 分别指 t-1 年、t-2 年和 t-3 年的样本均值；Med1、Med2、Med3 分别指 t-1 年、t-2 年和 t-3 年的样本中位数；SD1、SD2、SD3 分别指 t-1 年、t-2 年和 t-3 年的样本标准差。

表 5-5　ST 公司和配对公司财务危机预警指标的差异性检验

变量代码	变量名称	差异性检验		
		t-1	t-2	t-3
x11	流动比率	1.269***	0.847***	0.911***
x12	速动比率	1.150***	0.770***	0.758***
x13	现金比率	0.721***	0.516***	0.732***
x14	营运资金与借款比	4.525	2.835	8.710*
x15	营运资金	9.7e+08***	5.10E+08	1.90E+07
x16	利息保障倍数	155.164	15.581	57.838
x17	资产负债率	-0.200***	-0.053	0.017
x18	长期借款与总资产比	-0.032***	-0.015	-0.012
x19	产权比率	4.685	-1.293***	-0.662***
x110	流动资产比率	0.086***	0.051**	0.041**
x111	营运资金比率	0.237***	0.112***	0.052
x112	营运资金对净资产比率	-3.136	0.564***	0.180*
x113	固定资产比率	-0.092***	-0.077***	-0.062***
x114	无形资产比率	-0.008	0.003	0.004
x115	流动负债比率	0.022	0.016	0.013
x21	资产报酬率	0.147***	0.083***	-0.007
x22	总资产利润率	0.158***	0.090***	-0.004
x23	净资产收益率	0.644***	0.22	0.036
x24	净利润与利润总额比	-0.147	-0.096**	0.062
x25	投入资本回报率	0.302***	0.129***	0.024
x26	营业毛利率	0.192***	0.125***	0.075***
x27	营业利润率	1.044***	-0.133	-0.991
x28	息税折旧摊销前营业利润率	1.152***	-0.062	-1.026
x31	应收账款与收入比	-0.064	-0.099	0.515
x32	应收账款周转率	-310.519	-161.617	-378.448
x33	存货周转率	-89.908	2.232	-14.17
x34	营业周期	-3.40E+03	-3.20E+03	220.874
x35	营运资金周转率	3.493	18.558*	1.496
x36	总资产周转率	0.136***	0.094**	0.052
x41	资本保值增值率	0.433***	0.734	0.253

续表

变量代码	变量名称	差异性检验		
		t-1	t-2	t-3
x42	资本积累率	0.433***	0.734	0.253
x43	净资产收益率增长率	2.306	22.290***	-1.219
x44	基本每股收益增长率	-1.246	15.000***	0.568*
x45	净利润增长率	-1.774	18.956***	0.133
x46	利润总额增长率	-0.498	7.550***	0.559
x47	归属于母公司净利润增长率	-0.492	16.202***	-0.159
x48	综合收益增长率	1.601**	28.782	0.644*
x49	营业收入增长率	0.374***	0.057	-3.189
x410	可持续增长率	0.370***	0.185***	0.01
x411	总资产增长率	0.254***	0.165***	-1.076
x412	固定资产增长率	0.268***	0.017	-2.593
x413	无形资产增长率	-10.898	0.851	-1.015
x51	净利润现金净含量	1.925	-0.214	-6.702
x52	营业收入现金含量	-0.06	-0.022	-0.021
x53	现金适合比率	-1.452	0.830	1.285
x54	现金满足投资比率	0.51	0.091	-0.309
x55	股权自由现金流	8.20E+08	5.80E+08	4.60E+08
x56	企业自由现金流	1.70E+08	-6.70E+07	2.90E+06
x57	现金流量负债比率	0.118***	0.115***	0.082**
x58	现金流利息保障倍数	-148.991	26.766	26.077
x61	应计盈余管理绝对值	0.038***	0	0.018***
x62	真实盈余管理绝对值	0.071***	0.070***	0.040**
x63	应计盈余管理程度	0.102***	0.049***	-0.009
x64	真实盈余管理程度	-0.090***	-0.081***	-0.072***
x71	每股收益	1.058***	0.673***	0.155***
x72	每股税前现金股利	0.075	0.096*	0.069*
x73	股利分配率	0.259***	0.210***	0.020
x74	每股营业收入	1.140*	0.202	-0.326
x75	每股营业利润	1.025***	0.660***	0.202***
x76	每股净资产	2.241***	1.319***	0.702***

变量代码	变量名称	差异性检验		
		t-1	t-2	t-3
x77	每股企业自由现金流量	-0.126	-0.022	-0.007
x78	每股经营活动产生的现金流量净额	0.232***	0.228***	0.132*
x79	市盈率	184.653***	150.507***	-99.299
x710	市销率	14.391	8.953	2.653
x711	市现率	63.764	120.796	50.971
x712	市净率	1.686	-1.869**	0
x713	账面市值比	-0.214**	-0.400***	-0.387***
x81	二职合一	0.062	0.034	0.016
x82	董事人数	0.103	-0.201	-0.038
x83	独董人数	0.034	-0.095	-0.097
x84	监事人数	-0.095	-0.099	0.053
x85	独立董事占比	0	-0.003	-0.011*
x86	机构持股	1.858***	1.434***	1.709***
x87	股权集中度	2.967**	2.207	1.106
x91	异常审计收费	-0.009	0.034	0.039
x92	审计延迟	-4.411**	-10.075***	-2.853
x93	非标意见	-0.230***	-0.115***	0.012
x94	审计师变更	-0.114***	-0.021	-0.052

注：表中的差异性检验报告指的是配对样本均值减去ST样本均值的差，***、**、*分别表示在1%、5%、10%的水平上显著。

从表5-5中可以看出，配对公司的流动比率、速动比率和现金比率在t-3到t-1年都显著高于ST公司，这说明配对公司的偿债能力明显好于ST公司；在盈利能力方面，配对公司的资产报酬率和总资产利润率也显著高于ST公司，这说明ST公司的盈利能力较差；在营运能力方面，配对公司的总资产周转率高于ST公司，其余指标并无显著差异；配对公司的发展能力也好于ST公司，在t-1年更为明显；两者的现金流分析指标并不存在明显差异。在盈余管理指标方面，可以看出配对公司的应计盈余管理程度较高，而ST公司的真实盈余管理程度较高，这说明真实盈余管理的成本高于应计盈余管理，当企业并未陷入财务危机时，管理者倾向于使用成本较低的应计盈余管理来操纵盈余，但可操纵性应计盈余会发生反转，随着企业财务危机程度的加深，管理者不得不采用成本较高的真实盈余管理方式操纵盈余，这一结果在一定程度上说明两类盈余管理之间存在着部分替代。在市场指标方面，配对公司的每股收益、股利支付率、市盈率等指标都显著高于 ST 公司，再次说明配对公司的经营状况较好。在治理结构指标方面，ST 公司和配对公司的董事会结构指标并不存在显著差异，但配对公司的机构持股比例显著高于 ST 公司。在审计师相关指标方面，配对公司的审计延迟明显更短，被出具非标意见的可能性更低，也较少发生审计师变更，这说明审计师在 ST 公司中投入了更高的审计成本，他们也更有可能放弃高风险客户。

5.1.3 企业财务危机阶段监测子系统的训练

采用全部训练样本对企业财务危机阶段监测子系统加以训练。训练过程采用梯度提升模型作为主要的建模技术，分别训练出 t-1、t-2 和 t-3 模型。训练原理如第 2 章所述，整个模型训练过程采用 Python 3.7 实现。模型训练过程中，手工设置的参数取值如表 5-6 所示。对于 t-1、t-2 和 t-3 模型，以及每一种训练集与测试集的比例（训练集：测试集 = 60：40、70：30、80：20 或 90：10），都采用了五折交叉验证的方式进行调参，以确保获得最佳的预警效果。

表 5-6 企业财务危机阶段监测子系统中的主要参数设置

主要参数	取值	主要参数	取值
distribution	Bernoulli 分布	max-depth	6
num_ rounds	5000	lambda	2
gamma	0.1	sumsample	0.6-0.9①

① 根据训练集和测试集的比例取不同的值。

5.1.4 企业财务危机阶段监测子系统预警效果的评价结果

5.1.4.1 预警效果评价指标分析

本书将全部样本分为训练样本和测试样本，并将训练样本按照不同比例分为训练集和验证集，利用训练集中的样本训练模型，利用验证集中的样本调整参数，并利用测试样本验证企业财务危机阶段监测系统的预警效果。利用梯度提升模型构建企业财务危机阶段监测系统，预警结果如表5-7所示。每一次训练都经过五折交叉验证以确定最佳参数，表5-7中报告的是经过调参后模型的预警效果。

表5-7 企业财务危机阶段监测子系统的预警结果统计

年度/样本比	t-1 模型		t-2 模型		t-3 模型		平均	
60：40	真阳性率	0.524	真阳性率	0.525	真阳性率	0.491	真阳性率	0.514
	伪阳性率	0.032	伪阳性率	0.056	伪阳性率	0.077	伪阳性率	0.055
	正确率	0.893	正确率	0.859	正确率	0.757	正确率	0.836
	召回率	0.942	召回率	0.903	召回率	0.865	召回率	0.903
	精准率	0.875	精准率	0.861	精准率	0.748	精准率	0.828
	AUC	0.954	AUC	0.932	AUC	0.856	AUC	0.914
70：30	真阳性率	0.514	真阳性率	0.504	真阳性率	0.480	真阳性率	0.499
	伪阳性率	0.029	伪阳性率	0.060	伪阳性率	0.063	伪阳性率	0.051
	正确率	0.886	正确率	0.895	正确率	0.780	正确率	0.853
	召回率	0.947	召回率	0.893	召回率	0.884	召回率	0.908
	精准率	0.857	精准率	0.918	精准率	0.753	精准率	0.843
	AUC	0.940	AUC	0.945	AUC	0.867	AUC	0.917

续表

年度/样本比	t-1 模型		t-2 模型		t-3 模型		平均	
80：20	真阳性率	0.479	真阳性率	0.489	真阳性率	0.464	真阳性率	0.477
	伪阳性率	0.043	伪阳性率	0.057	伪阳性率	0.095	伪阳性率	0.065
	正确率	0.862	正确率	0.875	正确率	0.726	正确率	0.821
	召回率	0.918	召回率	0.896	召回率	0.830	召回率	0.881
	精准率	0.833	精准率	0.878	精准率	0.722	精准率	0.811
	AUC	0.909	AUC	0.921	AUC	0.823	AUC	0.884
90：10	真阳性率	0.511	真阳性率	0.523	真阳性率	0.500	真阳性率	0.511
	伪阳性率	0.000	伪阳性率	0.023	伪阳性率	0.119	伪阳性率	0.047
	正确率	0.957	正确率	0.909	正确率	0.762	正确率	0.876
	召回率	1.000	召回率	0.958	召回率	0.808	召回率	0.922
	精准率	0.923	精准率	0.885	精准率	0.808	精准率	0.872
	AUC	0.978	AUC	0.956	AUC	0.841	AUC	0.925
平均	真阳性率	0.507	真阳性率	0.510	真阳性率	0.484	真阳性率	0.500
	伪阳性率	0.026	伪阳性率	0.049	伪阳性率	0.089	伪阳性率	0.055
	正确率	0.900	正确率	0.885	正确率	0.756	正确率	0.847
	召回率	0.952	召回率	0.913	召回率	0.847	召回率	0.904
	精准率	0.872	精准率	0.886	精准率	0.758	精准率	0.839
	AUC	0.945	AUC	0.939	AUC	0.847	AUC	0.910

采用真阳性率、伪阳性率、正确率、召回率、精准率和 AUC6 个指标来衡量企业财务危机阶段监测系统的预警效果。其中，较为重要的指标是正确率、召回率、精准率和 AUC。正确率主要衡量模型整体的预警准确性，召回率主要衡量模型犯第一类错误的概率，精准率主要衡量模型犯第二类错误的概率，而 AUC 是综合性的预警效果评价指标，其比正确率更加稳健[①]。从表 5-7 中可以看出，在 t-1 模型中，预警准确率达到了 90% 左右，而其平均的 AUC 值高达 0.945。根据（Jones，2017），若 AUC 大于等于 0.9，说明预警

---

①　正确率是基于较佳的截断值计算的，而 AUC 是基于所有截断值计算的，因此，AUC 比正确率更加稳健。

系统的预警效果很好，若 AUC 小于 0.9 且大于等于 0.8，则模型的预警效果较好。因此，t-1 模型和 t-2 模型的预警效果很好，而 t-3 模型的预警效果较好。总体而言，本书构建的财务危机动态预警系统的预警效果是可以令人满意的。

从表 5-7 中还可以看出，无论训练集与测试集中样本的比例如何，也无论是 t-1、t-2 还是 t-3 模型，预警系统的召回率都高于正确率和精准率，这说明企业财务危机阶段监测子系统犯第一类错误的概率较小而犯第二类错误的概率相对较大。在企业财务危机预警中，犯第一类错误的成本要远高于犯第二类错误的成本，因此，整体而言，本书构建的财务危机阶段监测子系统较为"激进"，能够较为准确地从全部样本中识别出可能发生财务危机的企业，可以为投资者、监管部门等企业利益相关者的决策提供依据。

从模型的预警效果来看，平均而言，t-1、t-2、t-3 模型的预警准确率分别达到了 0.900、0.885 和 0.756，为了探索 t-1、t-2、t-3 模型的预警准确率、召回率和精准率是否存在显著差异，本书利用费雪尔最小显著差异法（Fisher's LSD Procedure）进行了单因素方差分析，以判断在 t-1、t-2、t-3 三年中模型的预警准确率是否存在显著差异。结果显示，t-2 模型的预警准确性比起 t-1 模型并未明显下降，但 t-3 模型的预警准确性下降明显。研究显示，利用梯度提升模型，在 t-1 和 t-2 年都能得到较好的预警效果，在第 t-3 年，尽管预警效果明显下降，但总体而言，预警准确率仍然处在较高水平。

从上述 6 个指标来看，当训练集与测试集中的样本比为 70∶30 或 90∶10 时，企业财务危机阶段监测系统的预警效果相对较好。但为了确定训练集与测试集中样本的最佳比例，还需要考虑预警系统真阳性率、伪阳性率、正确率、召回率、精准率和 AUC 的方差和变异系数。t-1、t-2 和 t-3 年预警系统模型上述 6 个指标的方差和变异系数如表 5-8 所示。

表5-8　企业财务危机阶段监测子系统预警效果评价指标的方差和变异系数

评价指标	方差				变异系数			
训练集/测试集	60∶40	70∶30	80∶20	90∶10	60∶40	70∶30	80∶20	90∶10
真阳性率	0.023	0.045	0.024	0.048	0.034	0.071	0.041	0.080
伪阳性率	0.008	0.145	0.010	0.196	0.013	0.202	0.015	0.319
正确率	0.044	0.053	0.055	0.064	0.071	0.086	0.121	0.138
召回率	0.049	0.054	0.045	0.050	0.064	0.073	0.088	0.095
精准率	0.047	0.057	0.078	0.093	0.086	0.106	0.117	0.134
AUC	0.048	0.051	0.054	0.086	0.051	0.054	0.064	0.094

从表5-8中可以看出，当训练集与测试集的比为90∶10时，6个预警效果评价指标的方差和变异系数明显更大。综合来看，训练集与测试集的样本比为70∶30是较为合理的划分。

5.1.4.2　与 Logit 模型的对比分析

本书构建的企业财务危机阶段监测子系统以梯度提升模型作为主要的建模技术。为了进一步检验梯度提升模型的预警效果，本书构建了一个 Logit 模型，并将 Logit 模型与梯度提升模型的预警效果加以对比。Logit 模型属于统计方法，容易受到共线性的影响，无法容纳大量预警指标，因此，本书利用梯度提升模型提供的预警指标相对重要性程度对预警指标加以遴选。遴选标准如下：在预警系统中相对重要性得分的均值大于等于10。根据这一标准，对于 t-1、t-2、t-3 模型，分别遴选出如表5-9所示的预警指标。

表5-9　基于 RVI 得分的财务危机预警指标遴选结果

变量代码	变量名称	平均相对重要性程度得分	变量代码	变量名称	平均相对重要性程度得分	变量代码	变量名称	平均相对重要性程度得分
x22	总资产利润率	43.95	x110	流动资产比率	11.61	x112	营运资金对净资产比率	13.46

续表

变量代码	变量名称	平均相对重要性程度得分	变量代码	变量名称	平均相对重要性程度得分	变量代码	变量名称	平均相对重要性程度得分
x23	净资产收益率	50.97	x114	无形资产比率	19.43	x113	固定资产比率	32.99
x25	投入资本回报率	20.54	x13	现金比率	40.69	x114	无形资产比率	23.52
x32	应收账款周转率	19.34	x18	长期借款与总资产比	12.46	x12	速动比率	13.49
x43	净资产收益率增长率	22.56	x19	产权比率	16.26	x13	现金比率	84.43
x44	基本每股收益增长率	100	x22	总资产利润率	37.4	x14	营运资金与借款比	65.89
x45	净利润增长率	17.41	x23	净资产收益率	29.07	x15	营运资金	11.49
x46	利润总额增长率	11.86	x24	净利润与利润总额比	14.02	x16	利息保障倍数	47.19
x47	归属于母公司净利润增长率	20.2	x26	营业毛利率	12.8	x19	产权比率	37.45
x54	现金满足投资比率	10.07	x28	息税折旧摊销前营业利润率	15.46	x22	总资产利润率	83.9
x71	每股收益	20	x31	应收账款与收入比	23.28	x25	投入资本回报率	22.69
x75	每股营业利润	30.83	x32	应收账款周转率	11.68	x26	营业毛利率	24.42
x79	市盈率	60.34	x43	净资产收益率增长率	92	x27	营业利润率	45.93
x86	机构持股	11.01	x44	基本每股收益增长率	14.19	x413	无形资产增长率	11.19
			x47	归属于母公司净利润增长率	29.02	x57	现金流量负债比率	40.81

变量代码	变量名称	平均相对重要性程度得分	变量代码	变量名称	平均相对重要性程度得分	变量代码	变量名称	平均相对重要性程度得分
			x51	净利润现金净含量	14.4	x61	应计盈余管理绝对值	37.34
			x58	现金流利息保障倍数	14.8	x62	真实盈余管理绝对值	10
			x61	应计盈余管理绝对值	15.73	x63	应计盈余管理程度	20.9
			x71	每股收益	30.02	x713	账面市值比	21.47
			x79	市盈率	37.63	x75	每股营业利润	40.54
						x76	每股净资产	39.83
						x79	市盈率	78.77
						x86	机构持股	17.82
						x87	股权集中度	14.62

由于表 5-9 中的指标依然可能存在共线性问题，本书进一步采用 Pearson 相关系数对上述指标加以遴选。结果显示，在 t-1 模型中，x43 与 x44 高度相关，x71 与 x75 也高度相关，本书在高度相关的指标中，去掉 RVI 得分相对较低的指标。因此，在 t-1 模型中去掉 x43 和 x71；在 t-2 模型中，x22 和 x28、x43、x44 与 x47 高度相关。因此，在 t-2 模型中去掉 x28、x44 和 x47；在 t-3 模型中，x12 和 x13、x22 和 x27、x75 和 x76 高度相关，故去掉 x12、x27 和 x76。将剩下的指标作为自变量，ST 作为因变量，并将全部样本中的 70%作为训练集，30%作为测试集，分别估计 t-1、t-2、t-3 模型。其中，ST

为虚拟变量，当企业被特别处理则取 1，未被特别处理则取 0。最后，采用阳性率、伪阳性率、正确率、召回率、精准率和 AUC6 个指标来衡量 Logit 模型的预警效果，最后得到如表 5-10 所示的预警结果统计。

表 5-10　Logit 模型的预警结果统计

t-1 模型		t-2 模型		t-3 模型		平均	
真阳性率	0.431	真阳性率	0.427	真阳性率	0.433	真阳性率	0.430
伪阳性率	0.154	伪阳性率	0.176	伪阳性率	0.189	伪阳性率	0.173
正确率	0.788	正确率	0.724	正确率	0.680	正确率	0.731
召回率	0.797	召回率	0.741	召回率	0.691	召回率	0.743
精准率	0.732	精准率	0.715	精准率	0，659	精准率	0.724
AUC	0.858	AUC	0.784	AUC	0.766	AUC	0.803

注：本书仅采用了训练集：测试集＝70：30 的比例估计 Logit 模型。

从表 5-10 中可以看出，t 检验显示，Logit 模型的真阳性率、正确率、召回率和精准率都低于梯度提升模型，而伪阳性率高于梯度提升模型，且 t 值都在 1% 的水平上显著。这一结果说明梯度提升模型的预警效果显著优于 Logit 模型，且梯度提升模型具有更好的泛化能力。同时，梯度提升模型报告的预警指标 RVI 能为基于统计方法（如多元判别分析、Logit 模型、Probit 模型）的财务危机预警系统的指标选取提供参考。

5.1.5　企业财务危机预警指标的相对重要性程度分析

区别于传统的人工智能方法，梯度提升模型不仅能提供最终预警结果，也能提供预警指标的 RVI 得分。通过该得分可以看出预警指标对模型最终预警结果的贡献度。贡献度越大的指标就越重要，也是进一步改善企业绩效、避免企业陷入财务危机所应抓住的重点。值得注意的是，财务危机的发生是一个循序渐进的过程，在被 ST 前 1~3 年，不同预警指标在预警系统中发挥的作用可能是不同的。现有研究在构建 t-1 到 t-3 年的预警系统时，往往采用相同的指标，这可能是现有财务风险预警研究的一个重大缺陷。鉴于此，本书采用梯度提升模型对企业财务危机阶段监测子系统加以训练，并分别估计 t-1、t-2 和 t-3 模型，最后比较预警指标的 RVI 得分。通过这一步骤，既可以为构建企业财务危机警情监测系统打下基础，又可以为后续企业财务危机预警研究的指标遴选提供一定的参考。

5.1.5.1　t-1 模型的指标相对重要性程度分析

按照前文的方法，采用 ST 企业及其配对样本在 ST 前一年的数据为样本（共 532 个观测值），并将训练样本按照不同比例分成训练集和测试集（训练集：测试集=60：40、70：30、80：20 或 90：10）。利用梯度提升模型，采用训练样本训练模型，采用测试模型检验模型的预警效果。每次训练都经过五折交叉验证以确定最佳参数，最后求出预警指标的相对重要性得分。表 5-11 报告了 t-1 年模型的预警指标相对重要性得分和排序。

表 5-11　t-1 模型中预警指标的相对重要性排序

变量代码	变量名称	变量类型	60：40	70：30	80：20	90：10	平均得分	出现次数
x44	基本每股收益增长率	发展能力	100.00	100.00	100.00	100.00	100.00	4
x79	市盈率	市场指标	86.84	77.78	0.00	76.74	60.34	4
x23	净资产收益率	盈利能力	51.75	18.89	79.75	53.49	50.97	4
x22	总资产利润率	盈利能力	35.96	44.44	72.15	23.26	43.95	4
x75	每股营业利润	市场指标	22.81	17.78	59.49	23.26	30.83	4
x43	净资产收益率增长率	发展能力	28.07	18.89	31.65	11.63	22.56	4
x25	投入资本回报率	盈利能力	7.02	37.78	30.38	6.98	20.54	4
x47	归属于母公司净利润增长率	发展能力	7.02	18.89	31.65	23.26	20.20	4
x71	每股收益	市场指标	21.93	11.11	34.18	12.79	20.00	4
x32	应收账款周转率	营运能力	0.00	20.00	18.99	38.37	19.34	3
x45	净利润增长率	发展能力	21.93	15.56	16.46	15.70	17.41	4
x46	利润总额增长率	发展能力	9.65	12.22	13.92	11.63	11.86	4

变量代码	变量名称	变量类型	60：40	70：30	80：20	90：10	平均得分	出现次数
x86	机构持股	治理结构	14.91	11.11	0.00	18.02	11.01	3
x54	现金满足投资比率	现金流分析	7.02	15.56	17.72	0.00	10.07	3
x26	营业毛利率	盈利能力	5.39	7.78	16.46	8.72	9.59	4
x410	可持续增长率	发展能力	0.00	17.78	0.00	15.70	8.37	2
x13	现金比率	偿债能力	11.40	6.67	15.19	0.00	8.32	3
x711	市现率	市场指标	5.26	6.67	16.46	0.00	7.10	3
x14	营运资金与借款比	偿债能力	0.00	7.78	5.06	7.56	5.10	3
x114	无形资产比率	偿债能力	19.30	0.00	0.00	0.00	4.82	1
x31	应收账款与收入比	营运能力	7.02	0.00	7.59	0.00	3.65	2
x92	审计延迟	审计师相关	0.00	0.00	13.92	0.00	3.48	1
x411	总资产增长率	发展能力	0.00	0.00	0.00	11.05	2.76	1
x93	非标意见	审计师相关	0.00	0.00	0.00	10.47	2.62	1
x49	营业收入增长率	发展能力	7.89	0.00	0.00	0.00	1.97	1
x74	每股营业收入	市场指标	0.00	0.00	7.59	0.00	1.90	1
x19	产权比率	偿债能力	0.00	0.00	0.00	7.56	1.89	1
x712	市净率	市场指标	0.00	0.00	0.00	7.56	1.89	1
x62	真实盈余管理绝对值	盈余管理	0.00	6.67	0.00	0.00	1.67	1
x87	股权集中度	治理结构	0.00	0.00	6.33	0.00	1.58	1
x63	应计盈余管理程度	盈余管理	5.39	0.00	0.00	0.00	1.35	1

由于 RVI 得分小于 5 时，表明该指标对模型的预警结果几乎没有贡献，表 5-11 中仅仅列出了单次 RVI 超过 5 的预警指标，共 31 个。从表 5-11 中可以看出，基本每股收益增长率（x44）是极为重要的预警指标，无论训练样本和测试样本的比如何变化，该指标的 RVI 得分始终排在第一。这说明首次被 ST 公司在其被 ST 的前一年，基本每股收益增长率与配对公司存在显著差异。该指标的恶化是企业陷入财务危机的一大标志。市盈率（x79）排名第二，说明企业陷入财务危机会向市场传递不利信号，而资本市场也会对这种不利信号做出反应。净资产收益率（x23）和总资产利润率（x22）分别排

名第三、第四位，每股营业利润（x75）、净资产收益率增长率（x43）等指标都排名靠前，且与公司的盈利能力紧密相关，说明盈利能力指标对判断我国上市公司是否发生财务危机具有很高的灵敏度，这可能是由我国特殊的制度背景决定的。① 总体来看，发展能力指标、盈利能力指标和市场指标在 t-1 模型中起到了重要作用，而营运能力指标、治理结构指标、偿债能力指标、现金流分析指标、审计师相关指标和盈余管理指标也在 t-1 模型中发挥了一定作用。t-1 模型中财务危机预警指标相对重要性得分的分类统计如表 5-12 所示。

表 5-12   t-1 模型中财务危机预警指标相对重要性得分的分类统计

指标类型	总得分	指标个数	平均得分
发展能力	185.13	8	23.14
盈利能力	125.05	4	31.26
市场指标	122.06	6	20.34
营运能力	22.99	2	11.50
偿债能力	20.13	4	5.03
治理结构	12.59	2	6.30
现金流分析	10.07	1	10.07
审计师相关	6.10	2	3.05
盈余管理	3.01	2	1.51

从表 5-12 中可以看出，对 t-1 模型的预警效果贡献由大到小的依次是发展能力指标、盈利能力指标、市场指标、营运能力指标、偿债能力指标、治理结构指标、现金流分析指标、审计师相关指标和盈余管理程度指标。盈利能力指标已经被大量财务危机预警模型所采用，现有研究大量采用偿债能力、营运能力等指标，但发展能力和市场指标并未得到应有的重视。因此，梯度

---

① 尽管按照证监会的规定，上市公司可能因为 8 种原因被 ST，但最为常见的原因还是最近 2 年连续亏损（以最近 2 年年度报告披露的当年经审计净利润为依据），因此，公司的盈利能力对企业财务危机预警极其重要。

提升模型的预警结果可以为财务危机预警研究提供参考。

5.1.5.2　t-2 模型的指标相对重要性程度分析

与 t-1 年的模型相类似，本书采用 ST 公司及其配对样本在被 ST 前两年（t-2）年的数据为样本，将全体样本按照不同比例分成训练集和测试集，利用梯度提升模型训练企业财务危机阶段监测系统，所得到的预警指标的相对重要性得分和排序如表 5-13 所示。

表 5-13　t-2 模型中预警指标的相对重要性排序

变量 代码	变量名称	变量类型	60：40	70：30	80：20	90：10	平均 得分	出现 次数
x43	净资产收益率增长率	发展能力	100.00	100.00	68.00	100.00	92.00	4
x13	现金比率	偿债能力	33.62	38.67	33.33	57.14	40.69	4
x79	市盈率	市场指标	12.07	85.33	30.67	22.45	37.63	4
x22	总资产利润率	盈利能力	11.21	18.67	100.00	19.73	37.40	4
x71	每股收益	市场指标	7.76	25.33	37.33	49.66	30.02	4
x23	净资产收益率	盈利能力	0.00	56.00	46.67	13.61	29.07	3
x47	归属于母公司净利润 增长率	发展能力	36.21	29.33	24.00	26.53	29.02	4
x31	应收账款与收入比	营运能力	14.66	24.00	32.00	22.45	23.28	4
x114	无形资产比率	偿债能力	0.00	28.00	30.67	19.05	19.43	3
x19	产权比率	偿债能力	18.10	0.00	0.00	46.94	16.26	2
x61	应计盈余管理绝对值	盈余管理	0.00	13.33	36.00	13.61	15.73	2
x28	息税折旧摊销前营业 利润率	盈利能力	0.00	0.00	36.00	25.85	15.46	2
x58	现金流利息保障倍数	现金流分析	0.00	32.00	0.00	27.21	14.80	2
x51	净利润现金净含量	现金流分析	0.00	14.67	29.33	13.61	14.40	3
x44	基本每股收益增长率	发展能力	9.48	0.00	16.00	31.29	14.19	3
x24	净利润与利润总额比	盈利能力	12.07	29.33	14.67	0.00	14.02	3
x26	营业毛利率	盈利能力	11.21	26.67	13.33	0.00	12.80	3
x18	长期借款与总资产比	偿债能力	8.62	0.00	13.33	27.89	12.46	3

变量代码	变量名称	变量类型	60：40	70：30	80：20	90：10	平均得分	出现次数
x32	应收账款周转率	营运能力	21.55	0.00	0.00	25.17	11.68	2
x110	流动资产比率	偿债能力	7.76	17.33	21.33	0.00	11.61	3
x57	现金流量负债比率	现金流分析	0.00	14.67	0.00	21.09	8.94	2
x35	营运资金周转率	营运能力	8.62	0.00	26.67	0.00	8.82	2
x14	营运资金与借款比	偿债能力	0.00	0.00	16.00	13.61	7.40	2
x413	无形资产增长率	发展能力	0.00	0.00	0.00	26.53	6.63	1
x16	利息保障倍数	偿债能力	8.62	14.67	0.00	0.00	5.82	2
x52	营业收入现金含量	现金流分析	0.00	0.00	0.00	21.77	5.44	1
x86	机构持股	治理结构	0.00	0.00	0.00	21.09	5.27	1
x63	应计盈余管理程度	盈余管理	0.00	0.00	0.00	21.09	5.27	1
x711	市现率	市场指标	0.00	0.00	0.00	20.41	5.10	1
x41	资本保值增值率	发展能力	0.00	0.00	0.00	19.73	4.93	1
x92	审计延迟	审计师相关	0.00	18.67	0.00	0.00	4.67	1
x45	净利润增长率	发展能力	0.00	18.67	0.00	0.00	4.67	1
x56	企业自由现金流	现金流分析	0.00	0.00	18.67	0.00	4.67	1
x85	独立董事占比	治理结构	0.00	0.00	0.00	17.69	4.42	1
x411	总资产增长率	发展能力	0.00	0.00	0.00	16.33	4.08	1
x713	账面市值比	市场指标	15.52	0.00	0.00	0.00	3.88	1
x77	每股企业自由现金流量	市场指标	0.00	14.67	0.00	0.00	3.67	1
x74	每股营业收入	市场指标	0.00	0.00	0.00	13.61	3.40	1
x91	异常审计收费	审计师相关	0.00	0.00	0.00	13.61	3.40	1
x17	资产负债率	偿债能力	12.07	0.00	0.00	0.00	3.02	1
x710	市销率	市场指标	8.62	0.00	0.00	0.00	2.16	1
x36	总资产周转率	营运能力	7.76	0.00	0.00	0.00	1.94	1

从表 5-13 中可以看出，在 t-2 模型中，相对重要性程度最高的预警指标是净资产收益率增长率，这说明在首次被 ST 的前两年，ST 公司净资产收益率的增速已经开始放缓。而现金比率（x13）的相对重要性平均得分高达

40.69，这说明在首次被 ST 的前两年，ST 公司的资产流动性已经开始变差。总资产利润率（x22）和净资产收益率（x23）的平均得分依然靠前，说明早在被 ST 的前两年，ST 公司的盈利能力就开始变差。对比 t-1 模型和 t-2 模型，可以发现现金流分析指标和偿债能力指标在 t-2 模型中的重要性明显高于 t-1 模型。同时，盈余管理指标的排名也有所上升，说明企业在财务状况开始恶化时会采用应计和真实盈余管理的方式操纵盈余。在审计师相关指标方面，可以发现在 t-2 模型中，异常审计收费（x91）和审计延迟（x92）的 RVI 得分较高，而在 t-1 模型中，审计延迟（x92）和非标意见（x93）的 RVI 得分较高。DeFond 等（2016）发现，随着企业财务状况的恶化，审计师面临的审计风险上升，此时审计师的应对策略存在优序选择。为了维持与客户的关系，审计师会首先选择加大审计成本的投入并提高审计收费，只有在审计风险进一步增加时，审计师才会出具非标意见。表 5-11 和表 5-13 的结果在一定程度上支持了他们的观点。t-2 模型中财务危机预警指标的分类统计如表 5-14 所示。

表 5-14 t-2 模型中预警指标相对重要性得分的分类统计

指标类型	总得分	指标个数	平均得分
发展能力	155.52	7	22.22
偿债能力	116.69	8	14.59
盈利能力	108.75	5	21.75
市场指标	85.86	7	12.27
现金流分析	48.25	5	9.65
营运能力	45.72	4	11.43
盈余管理	21.01	2	10.50
治理结构	9.69	2	4.85
审计师相关	8.07	2	4.03

从表 5-14 中可以看出，发展能力、盈利能力和市场指标在 t-2 模型中依

然发挥了重要作用，但相比 t-1 模型，偿债能力、现金流分析和盈余管理指标的重要性明显增加，这说明在企业财务状况逐步恶化的时期，偿债能力和流动性已经开始恶化。综合表 5-11 到表 5-14 可以看出，在企业财务状况开始恶化时，企业高管为了避免债务违约，也为了达到期权计划中规定的行权条件，往往具有强烈的操纵盈余的动机。为了维持盈利水平，企业不得不加大赊销力度，导致现金流指标持续降低，同时，企业高管也会采用应计和真实盈余管理方式操纵盈余。因此，随着企业财务状况的恶化，现金流和偿债能力指标的下降应该早于盈利能力指标、发展能力指标和市场指标。换言之，偿债能力指标和现金流分析指标是企业财务危机预警的"先导指标"。

5.1.5.3　t-3 模型的指标相对重要性程度分析

本书采用 ST 公司及其配对样本在被 ST 前两年 t-3 年的数据为样本，采用与 t-1、t-2 年类似的方法，利用梯度提升模型训练财务危机预警模型，所得到的预警指标的相对重要性评分和排序如表 5-15 所示。

表 5-15　t-3 模型中预警指标的相对重要性排序

变量代码	变量名称	变量类型	60：40	70：30	80：20	90：10	平均得分	出现次数
x13	现金比率	偿债能力	75.61	95.52	92.73	73.85	84.43	4
x22	总资产利润率	盈利能力	74.39	61.19	100.00	100.00	83.90	4
x79	市盈率	市场指标	100.00	64.18	70.91	80.00	78.77	4
x14	营运资金与借款比	偿债能力	31.12	100.00	50.91	81.54	65.89	4
x16	利息保障倍数	偿债能力	54.88	20.18	49.09	64.62	47.19	4
x27	营业利润率	盈利能力	32.93	67.16	43.64	40.00	45.93	4
x57	现金流量负债比率	现金流分析	0.00	31.34	67.27	64.62	40.81	3
x75	每股营业利润	市场指标	0.00	52.24	54.55	55.38	40.54	3
x76	每股净资产	市场指标	0.00	31.34	81.82	46.15	39.83	3
x19	产权比率	偿债能力	21.95	0.00	70.91	56.92	37.45	3
x61	应计盈余管理绝对值	盈余管理	15.85	34.33	54.55	44.62	37.34	4

变量代码	变量名称	变量类型	60：40	70：30	80：20	90：10	平均得分	出现次数
x113	固定资产比率	偿债能力	0.00	29.85	43.64	58.46	32.99	3
x26	营业毛利率	盈利能力	15.85	0.00	81.82	0.00	24.42	2
x114	无形资产比率	偿债能力	0.00	41.79	0.00	52.31	23.52	2
x25	投入资本回报率	盈利能力	0.00	0.00	40.00	50.77	22.69	2
x713	账面市值比	市场指标	30.49	0.00	0.00	55.38	21.47	2
x63	应计盈余管理程度	盈余管理	0.00	41.79	41.82	0.00	20.90	2
x86	机构持股	治理结构	0.00	32.84	0.00	38.46	17.82	2
x87	股权集中度	治理结构	0.00	0.00	0.00	58.46	14.62	1
x12	速动比率	偿债能力	25.61	28.36	0.00	0.00	13.49	2
x112	营运资金对净资产比率	偿债能力	0.00	0.00	0.00	53.85	13.46	2
x15	营运资金	偿债能力	14.63	31.34	0.00	0.00	11.49	2
x413	无形资产增长率	发展能力	13.41	31.34	0.00	0.00	11.19	2
x85	独立董事占比	治理结构	0.00	0.00	0.00	41.54	10.38	1
x110	流动资产比率	偿债能力	0.00	0.00	0.00	40.00	10.00	1
x62	真实盈余管理绝对值	盈余管理	0.00	0.00	40.00	0.00	10.00	2
x48	综合收益增长率	发展能力	39.02	0.00	0.00	0.00	9.76	1
x72	每股税前现金股利	市场指标	0.00	0.00	35.45	0.00	8.86	1
x53	现金适合比率	现金流分析	0.00	0.00	34.55	0.00	8.64	1
x35	营运资金周转率	营运能力	0.00	34.33	0.00	0.00	8.58	1
x24	净利润与利润总额比	盈利能力	34.15	0.00	0.00	0.00	8.54	1
x71	每股收益	市场指标	0.00	0.00	33.64	0.00	8.41	1
x11	流动比率	偿债能力	0.00	32.84	0.00	0.00	8.21	1
x54	现金满足投资比率	现金流分析	0.00	0.00	29.09	0.00	7.27	2
x47	归属于母公司净利润增长率	发展能力	25.61	0.00	0.00	0.00	6.40	1
x45	净利润增长率	发展能力	0.00	25.37	0.00	0.00	6.34	1
x91	异常审计收费	审计师相关	0.00	25.37	0.00	0.00	6.34	1
x64	真实盈余管理程度	盈余管理	21.95	0.00	0.00	0.00	5.49	1
x56	企业自由现金流	现金流分析	18.29	0.00	0.00	0.00	4.57	1

续表

变量代码	变量名称	变量类型	60：40	70：30	80：20	90：10	平均得分	出现次数
x46	利润总额增长率	发展能力	17.07	0.00	0.00	0.00	4.27	1
x43	净资产收益率增长率	发展能力	15.85	0.00	0.00	0.00	3.96	1
x92	审计延迟	审计师相关	13.41	0.00	0.00	0.00	3.35	1

对比表5-11、表5-13、表5-15可以发现，表5-11中的指标最少而表5-15中的指标最多。这是因为随着预警期间的前移，单个预警指标能够提供的有效信息相对较少，因此，预警模型需要采用更多指标才能达到较好的预警效果。从表5-15中可以看出，在t-3年的预警模型中，偿债能力的指标显得更为重要。在RVI得分排名前十的指标中，有四个偿债能力指标。t-3模型中财务危机预警指标相对重要性得分的分类统计如表5-16所示。

表5-16　t-3模型中财务危机预警指标相对重要性得分的分类统计

指标类型	总得分	指标个数	平均得分
偿债能力	348.12	11.00	31.65
市场指标	197.88	6.00	32.98
盈利能力	185.47	5.00	37.09
盈余管理	73.73	4.00	18.43
现金流分析	61.29	4.00	15.32
治理结构	42.82	3.00	14.27
发展能力	41.92	7.00	5.99
审计师相关	9.70	2.00	4.85
营运能力	8.58	1.00	8.58

从表5-16中可以看出，在t-3年的财务危机预警模型中，偿债能力指标的相对重要性程度进一步凸显，市场指标的作用也不可忽视。值得注意的是，在t-3模型中，盈余管理指标的RVI得分进一步增加。盈余管理类一共只有四个指标，但全部出现在了表5-15中，且得分普遍较高。这一结果说明早

在首次被 ST 的三年前，企业就已经大量采用盈余管理方式操纵盈余。盈余管理程度增加可以视作企业发生财务危机的早期征兆。

5.1.6 企业财务危机预警指标遴选结果

利用梯度提升模型提供的预警指标 RVI 值，可以对企业财务危机预警指标加以遴选，为构建企业财务危机预警指数模型打下基础。通过预警结果评价指标可以发现，当训练集：验证集 = 70：30 时，t−1、t−2、t−3 模型的预警准确性达到最佳。因此，本书统计了此时各指标的 RVI 值，将预警指标的 RVI 得分至少有一次大于等于 20 的指标作为编制企业财务危机预警指数的基础指标，最终得到如表 5−17 所示的预警指标遴选结果。

表 5−17 企业财务危机动态预警指标的遴选结果

指标代码	指标名称	指标类型	RVI 得分（t−1 模型）	RVI 得分（t−2 模型）	RVI 得分（t−3 模型）	平均得分
x13	现金比率	偿债能力	0	40.69	84.43	41.71
x14	营运资金与借款比	偿债能力	0	0	65.89	21.96
x16	利息保障倍数	偿债能力	0	0	47.19	15.73
x19	产权比率	偿债能力	0	16.26	37.45	17.90
x113	固定资产比率	偿债能力	0	0	32.99	11.00
x114	无形资产比率	偿债能力	0	19.43	23.52	14.32
x22	总资产利润率	盈利能力	43.95	37.4	83.9	55.08
x23	净资产收益率	盈利能力	50.97	29.07	0	26.68
x25	投入资本回报率	盈利能力	20.54	0	22.69	14.41
x26	营业毛利率	盈利能力	0	12.8	24.42	12.41
x27	营业利润率	盈利能力	0	0	45.93	15.31
x31	应收账款与收入比	营运能力	0	23.28	0	7.76
x43	净资产收益率增长率	发展能力	22.56	92	0	38.19
x44	基本每股收益增长率	发展能力	100	14.19	0	38.06

续表

指标 代码	指标名称	指标 类型	RVI 得分 （t−1 模型）	RVI 得分 （t−2 模型）	RVI 得分 （t−3 模型）	平均 得分
x47	归属于母公司净利润增长率	发展能力	20.2	29.02	0	16.41
x57	现金流量负债比率	现金流分析	0	0	40.81	13.60
x61	应计盈余管理绝对值	盈余管理	0	15.73	37.34	17.69
x63	应计盈余管理程度	盈余管理	0	0	20.9	6.97
x71	每股收益	市场指标	20	30.02	0	16.67
x75	每股营业利润	市场指标	30.83	0	40.54	23.79
x76	每股净资产	市场指标	0	0	39.83	13.28
x79	市盈率	市场指标	60.34	37.63	78.77	58.91
x713	账面市值比	市场指标	0	0	21.47	7.16

从表 5-17 中可以看出，偿债能力、盈利能力、发展能力、盈余管理和市场指标在企业财务危机预警模型中发挥了重要作用。前四类财务指标是企业可控的，而市场指标是企业不可控的。因此，着力改善企业的偿债能力、盈利能力和发展能力，并严格限制应计盈余管理行为，可以成为企业改善自身财务状况、避免陷入财务危机的重要抓手。

5.2 企业财务危机警情监测子系统构建的实证研究

5.2.1 样本选择与数据来源

构建企业财务危机警情监测系统的主要目的在于编制企业财务危机预警综合指数。本书在构建企业财务危机阶段监测系统时，为了避免非平衡样本带来的困扰，采用了配对样本的方法。而在本节中，为了编制企业财务危机预警综合指数，从而对处于财务危机潜伏期企业的财务状况加以进一步区分，在全部测试样本中剔除掉了被企业财务危机预警模型判定为财务危机爆发期的样本。[①] 此外，由于梯度提升模型可以自动处理样本缺漏值，在构建企业财务危机预警模型时并没有剔除存在缺漏值的样本。但在编制财务危机预警综合指数时，不允许缺漏值的存在。因此，本节基于经过遴选的财务危机预警指标体系，剔除了遴选后的 23 个财务危机预警指标中（见表 5-18）存在缺漏值的样本，最终得到了 15330 个公司年度观测值。为避免极端值的影响，对全部变量进行了上下各 1% 的缩尾处理。对于行业分类，依然以证监会2012 年发布的《上市公司行业分类指引》为标准，制造业采用两位行业代码，其他行业均采用一位行业代码。

5.2.2 描述性统计

表 5-18 经遴选后的财务危机预警指标的描述性统计

指标代码	指标名称	样本数量	均值	中位数	标准差	最小值	最大值
x13	现金比率	15330	0.488	0.300	0.580	0.015	3.529
x14	营运资金与借款比	15330	11.514	0.860	50.392	-3.815	413.300
x16	利息保障倍数	15330	2.489	2.660	37.962	-207.933	176.798
x19	产权比率	15330	1.440	0.973	1.533	0.070	9.882
x113	固定资产比率	15330	0.246	0.211	0.178	0.002	0.745
x114	无形资产比率	15330	0.050	0.035	0.056	0.000	0.353
x22	总资产利润率	15330	0.034	0.032	0.054	-0.179	0.193
x23	净资产收益率	15330	0.062	0.068	0.136	-0.688	0.407
x25	投入资本回报率	15330	0.053	0.052	0.066	-0.246	0.240
x26	营业毛利率	15330	0.254	0.226	0.159	-0.033	0.748
x27	营业利润率	15330	0.062	0.057	0.173	-0.812	0.592
x31	应收账款与收入比	15330	0.211	0.143	0.220	0.000	1.097

① 剩下的样本全部处于财务危机潜伏期。

续表

指标代码	指标名称	样本数量	均值	中位数	标准差	最小值	最大值
x43	净资产收益率增长率	15330	−0.850	−0.101	4.992	−36.018	8.828
x44	基本每股收益增长率	15330	−0.597	−0.100	3.886	−26.000	9.250
x47	归属于母公司净利润增长率	15330	−0.478	0.048	4.377	−28.412	13.027
x57	现金流量负债比率	15330	0.146	0.104	0.276	−0.568	1.277
x61	应计盈余管理绝对值	15330	0.064	0.043	0.065	0.001	0.328
x63	应计盈余管理程度	15330	0.012	0.008	0.089	−0.254	0.326
x71	每股收益	15330	0.311	0.232	0.479	−1.169	2.197
x75	每股营业利润	15330	0.349	0.246	0.582	−1.265	2.799
x76	每股净资产	15330	4.306	3.747	2.629	0.079	14.435
x79	市盈率	15330	79.083	35.414	167.370	−217.589	1120.407
x713	账面市值比	15330	1.033	0.712	0.953	0.110	5.228

从表 5-18 中可以看出，经过遴选后的大多数财务危机预警指标都不服从正态分布，为了便于进一步统计分析，需要将指标转化为企业财务危机预警个体指数。

5.2.3　企业财务危机预警临界值的确定

由于每个行业每个年度的预警临界值都不同，因此需要采用 Stata 14.0 中的循环语句，才能计算出企业财务危机的个体指数和综合指数。本书采用了 3 层循环，即对指标循环、对行业循环、对年度循环，得到了全部预警指标分行业分年度的预警临界值以及全部 15330 个样本的企业财务危机预警个体指数和综合指数取值。然而，限于篇幅，在本节中无法呈现全部结果。因此，在企业财务危机预警临界值的确定、预警个体指数和综合指数的计算过程中，仅仅以信息传输、软件和信息技术服务业（行业代码 I，以下称信息技术业）2022 年的数据为例，对指数编制的结果加以展示和分析。

5.2.3.1 预警指标的同向化处理

表 5-19 中所示的遴选后的预警指标基本都为正指标，即越大越好型指标，只有 x31 应收账款与收入比为逆指标，因此，对该指标按照式（4-14）加以处理。此时所有的预警指标都转化为了正指标。

5.2.3.2 企业财务危机预警临界值的确定

本书采用式（4-15）确定各个预警指标的临界值，信息传输、软件和信息技术服务业 2022 年各指标的预警临界值如表 5-19 所示。

表 5-19 信息技术业 2022 年的预警临界值

指标代码	重警	中警	轻警	无警
x13	[−0.255, −0.162)	[−0.162, −0.069)	[−0.069, 0.023)	[0.023, 0.258]
x14	[−3.815, −0.693)	[−0.693, −0.218)	[−0.218, 0.258)	[0.258, 1.184]
x16	[−207.932, −0.722)	[−0.722, −0.222)	[−0.222, 0.277)	[0.277, 1.315]
x19	[0.070, 2.084)	[2.084, 3.197)	[3.197, 4.310)	[4.310, 14.435]
x113	[0.002, −122.99)	[−122.990, −28.390)	[−28.390, 66.209)	[66.209, 1120.407]
x114	[0, 0.265)	[0.265, 0.421)	[0.421, 0.576)	[0.576, 2.997]
x22	[−0.179, 0.292)	[0.292, 0.528)	[0.528, 0.764)	[0.764, 3.529]
x23	[−0.688, 8.724)	[8.724, 21.262)	[21.262, 33.800)	[33.800, 413.300]
x25	[−0.246, −138.882)	[−138.882, −69.831)	[−69.831, −0.781)	[−0.781, 176.798]
x26	[0.006, 0.301)	[0.301, 0.531)	[0.531, 0.762)	[0.762, 3.698]
x27	[−0.690, 0.033)	[0.033, 0.063)	[0.063, 0.094)	[0.094, 0.634]
x31	[0.010, 0.012)	[0.012, 0.024)	[0.024, 0.035)	[0.035, 0.295]
x43	[−36.018, −0.106)	[−0.106, −0.033)	[−0.033, 0.04)	[0.040, 0.193]
x44	[−18.618, −0.439)	[−0.439, −0.191)	[−0.191, 0.057)	[0.057, 0.306]
x47	[−20.099, −0.147)	[−0.147, −0.048)	[−0.048, 0.051)	[0.051, 0.232]
x57	[−0.568, 0.129)	[0.129, 0.252)	[0.252, 0.375)	[0.375, 0.748]
x61	[0.001, −0.428)	[−0.428, −0.167)	[−0.167, 0.094)	[0.094, 0.592]
x63	[−0.254, 0.141)	[0.141, 0.272)	[0.272, 0.523)	[0.523, 1.097]
x71	[−1.169, −24.204)	[−24.204, −12.389)	[−12.389, −0.575)	[−0.575, 8.828]
x75	[−1.221, −12.543)	[−12.543, −6.468)	[−6.468, −0.393)	[−0.393, 6.931]

指标代码	重警	中警	轻警	无警
x76	[0.970，−13.462)	[−13.462，−6.825)	[−6.825，−0.188)	[−0.188，11.971]
x79	[−217.589，−0.336)	[−0.336，−0.105)	[−0.105，0.127)	[0.127，1.277]
x713	[0.110，0.021)	[0.021，0.041)	[0.041，0.062)	[0.062，0.277]

5.2.4 企业财务危机预警个体指数的计算

样本中 2022 年信息技术业有 118 家上市公司，每一家公司都有 23 个预警个体指数。本书采用式（4-16）进行预警个体指数的计算。为了计算该指数，同样采用 Stata 14.0 中的循环语句，分别对指标、行业和年度循环，并最终得到了企业财务危机预警个体指数的计算结果[①]，其计算代码如下所示：

```
local vv " x13_ w x14_ w x16_ w x19_ w x113_ w x114_ w x22_ w x23_
w x25_ w x26_ w x27_ w x31_ w
x43_ w x44_ w x47_ w x57_ w x61_ w x63_ w x71_ w x75_ w x76_ w
x79_ w x713_ w"
foreach v of varlist `vv´ {
gen `v´_ s=.
egen t=group（year）
qui sum t
local Nt=r（max）
egen s=group（industry）
qui sum s
local Ns=r（max）
forvalues t=1/`Nt´ {
forvalues s=1/`Ns´ {
```

---

① 限于篇幅，并未呈现企业财务危机预警个体指数的计算结果，感兴趣的读者可向笔者索取。

基于梯度提升模型的企业财务危机动态预警研究

```
qui egen max_`v´=max（`v´）

qui egen min_`v´=min（`v´）

qui egen n3_`v´=mean（`v´）

qui egen n2_`v´=n3_`v´-（n3_`v´-min_`v´）/3

qui egen n1_`v´=n3_`v´-2*（n3_`v´-min_`v´）/3

replace `v´_s=（`v´-min_`v´）/（n1_`v´-min_`v´）if `v´>=min_`v´&`
`v´<n1_`v´

replace `v´_s=（`v´-n1_`v´）/（n2_`v´-n1_`v´）+1 if `v´>=n1_`v´&`
`v´<n2_`v´

replace `v´_s=（`v´-n2_`v´）/（n3_`v´-n2_`v´）+2 if `v´>=n2_`v´&`
`v´<n3_`v´

replace `v´_s=（`v´-n3_`v´）/（max_`v´-n3_`v´）+3 if `v´>=n3_`v´
&`v´<=max_`v´

drop maxv_`v´ minv_`v´ n1_`v´ n2_`v´ n3_`v´

}

}

drop t s            }
```

5.2.5 企业财务危机预警综合指数分析

将财务危机预警个体指数乘以其权重，就得到了财务危机预警综合指数
的取值，其中，财务危机预警个体指数的权重如表 5-20 所示。

表 5-20 财务危机预警个体指数的权重

指标代码	指标名称	指标 RVI 得分	个体指数权重
x13	现金比率	41.71	0.08
x14	营运资金与借款比	21.96	0.04

续表

指标代码	指标名称	指标 RVI 得分	个体指数权重
x16	利息保障倍数	15.73	0.03
x19	产权比率	17.90	0.04
x113	固定资产比率	11.00	0.02
x114	无形资产比率	14.32	0.03
x22	总资产利润率	55.08	0.11
x23	净资产收益率	26.68	0.05
x25	投入资本回报率	14.41	0.03
x26	营业毛利率	12.41	0.02
x27	营业利润率	15.31	0.03
x31	应收账款与收入比	7.76	0.02
x43	净资产收益率增长率	38.19	0.08
x44	基本每股收益增长率	38.06	0.08
x47	归属于母公司净利润增长率	16.41	0.03
x57	现金流量负债比率	13.60	0.03
x61	应计盈余管理绝对值	17.69	0.04
x63	应计盈余管理程度	6.97	0.01
x71	每股收益	16.67	0.03
x75	每股营业利润	23.79	0.05
x76	每股净资产	13.28	0.03
x79	市盈率	58.91	0.12
x713	账面市值比	7.16	0.01

根据式（4-17），信息技术业 2022 年各个企业的财务危机预警综合指数得分及预警结果如表 5-21 所示。

表 5-21　信息技术业企业 2022 年财务危机预警综合指数的得分

证券代码	证券简称	财务危机预警综合指数	预警结果	证券代码	证券简称	财务危机预警综合指数	预警结果
000503	国新健康	1.862	中警	300170	汉得信息	1.883	中警

证券代码	证券简称	财务危机预警综合指数	预警结果	证券代码	证券简称	财务危机预警综合指数	预警结果
000555	神州信息	1.629	中警	300182	捷成股份	1.770	中警
000662	天夏智慧	1.909	中警	300209	天泽信息	1.760	中警
000835	长城动漫	1.845	中警	300226	上海钢联	1.723	中警
000839	中信国安	1.568	中警	300231	银信科技	1.845	中警
000889	茂业通信	1.724	中警	300248	新开普	1.804	中警
000917	电广传媒	1.457	中警	300253	卫宁健康	1.750	中警
000948	南天信息	1.605	中警	300264	佳创视讯	1.164	中警
000997	新大陆	1.870	中警	300271	华宇软件	1.824	中警
002063	远光软件	2.001	轻警	300275	梅安森	1.710	中警
002065	东华软件	1.654	中警	300287	飞利信	1.769	中警
002093	国脉科技	1.619	中警	300288	朗玛信息	1.769	中警
002095	生意宝	2.126	轻警	300290	荣科科技	1.674	中警
002123	梦网集团	1.658	中警	300297	蓝盾股份	1.819	中警
002131	利欧股份	1.574	中警	300300	汉鼎宇佑	1.674	中警
002137	麦达数字	1.652	中警	300310	宜通世纪	1.694	中警
002153	石基信息	1.750	中警	300311	任子行	1.755	中警
002175	东方网络	0.914	重警	300312	邦讯技术	0.885	重警
002230	科大讯飞	1.766	中警	300324	旋极信息	1.800	中警
002253	川大智胜	1.975	中警	300343	联创互联	1.737	中警
002261	拓维信息	1.766	中警	300348	长亮科技	1.859	中警
002279	久其软件	1.837	中警	300350	华鹏飞	1.555	中警
002280	联络互动	1.595	中警	300352	北信源	1.973	中警
002315	焦点科技	1.706	中警	300359	全通教育	1.654	中警
002331	皖通科技	1.752	中警	300365	恒华科技	2.095	轻警
002368	太极股份	1.721	中警	300366	创意信息	1.711	中警
002373	千方科技	1.823	中警	300377	赢时胜	2.195	轻警
002410	广联达	2.050	轻警	300378	鼎捷软件	1.750	中警
002421	达实智能	1.708	中警	300380	安硕信息	1.718	中警
002425	凯撒文化	1.750	中警	300431	暴风集团	1.306	中警
002439	启明星辰	1.915	中警	300448	浩云科技	2.074	轻警

证券代码	证券简称	财务危机预警综合指数	预警结果	证券代码	证券简称	财务危机预警综合指数	预警结果
002467	二六三	1.756	中警	300451	创业软件	1.826	中警
002474	榕基软件	1.569	中警	300465	高伟达	1.618	中警
002530	金财互联	1.848	中警	300469	信息发展	1.719	中警
002544	杰赛科技	1.654	中警	300493	润欣科技	1.576	中警
002555	三七互娱	2.124	轻警	600050	中国联通	1.738	中警
002624	完美世界	1.878	中警	600289	*ST 信通	0.693	重警
002642	荣之联	1.440	中警	600358	国旅联合	1.659	中警
002649	博彦科技	1.819	中警	600406	国电南瑞	1.938	中警
002657	中科金财	1.283	中警	600410	华胜天成	1.754	中警
002771	真视通	1.860	中警	600446	金证股份	1.688	中警
002777	久远银海	1.842	中警	600476	湘邮科技	1.958	中警
300002	神州泰岳	1.674	中警	600536	中国软件	1.637	中警
300017	网宿科技	1.757	中警	600571	信雅达	1.247	中警
300020	银江股份	1.640	中警	600588	用友网络	1.777	中警
300025	华星创业	1.369	中警	600637	东方明珠	1.833	中警
300031	宝通科技	1.759	中警	600654	ST 中安	0.687	重警
300036	超图软件	1.861	中警	600701	*ST 工新	0.775	重警
300038	数知科技	1.969	中警	600718	东软集团	1.824	中警
300043	星辉娱乐	1.635	中警	600728	佳都科技	1.734	中警
300044	赛为智能	1.815	中警	600767	ST 运盛	1.377	中警
300050	世纪鼎利	1.696	中警	600804	鹏博士	1.777	中警
300051	三五互联	1.700	中警	600831	广电网络	1.674	中警
300059	东方财富	1.829	中警	600845	宝信软件	1.997	中警
300074	华平股份	1.668	中警	600850	华东电脑	1.812	中警
300075	数字政通	1.814	中警	600959	江苏有线	1.685	中警
300085	银之杰	1.659	中警	600986	科达股份	1.657	中警
300166	东方国信	1.905	中警	601929	吉视传媒	1.623	中警
300168	万达信息	1.758	中警	603918	金桥信息	1.702	中警

从表 5-21 中可以看出，2022 年信息技术业的大部分公司都处在中警状

态。这说明，信息技术业企业 2022 年发生财务危机的风险较高。信息技术业 2012~2022 年财务危机预警综合指数的平均值走势如图 5-2 所示。

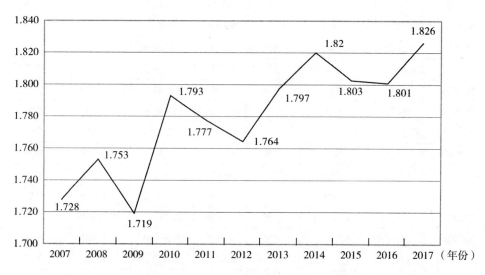

图 5-2　信息技术业 2012~2022 年财务危机预警综合指数的平均值走势

从图 5-2 中可以看出，2012~2022 年，信息技术业企业财务危机预警综合指数的平均值的变化幅度并不大（最小值 1.719，最大值 1.826），但呈现一定的上升趋势，说明 2012~2022 年信息技术行业发生财务危机的风险有所降低。全部行业 2012~2022 年的财务危机预警综合指数平均值如表 5-22 所示。

表 5-22　全部行业 2012~2022 年的财务危机预警综合指数平均值

行业代码 ＼ 年份	2012	2013	2014	2015	2016	2017	2018	2019	2020	2021	2022
A	1.541	1.591	1.648	1.677	1.643	1.622	1.598	1.598	1.557	1.672	1.558
B	2.045	2.079	1.847	1.913	1.947	1.852	1.780	1.699	1.563	1.580	1.721
C1	1.659	1.625	1.675	1.724	1.691	1.679	1.675	1.692	1.690	1.729	1.726
C2	1.686	1.656	1.672	1.715	1.657	1.662	1.682	1.687	1.698	1.742	1.770

续表

年份 行业代码	2012	2013	2014	2015	2016	2017	2018	2019	2020	2021	2022
C3	1.754	1.610	1.676	1.739	1.703	1.653	1.672	1.685	1.663	1.701	1.710
C4	1.639	1.649	1.673	1.736	1.651	1.732	1.717	1.779	1.791	1.763	1.801
D	1.576	1.548	1.705	1.686	1.681	1.718	1.764	1.751	1.768	1.755	1.701
E	1.710	1.629	1.703	1.735	1.690	1.680	1.698	1.686	1.671	1.699	1.698
F	1.542	1.665	1.702	1.733	1.731	1.667	1.697	1.682	1.651	1.674	1.716
G	1.691	1.760	1.768	1.803	1.774	1.742	1.701	1.737	1.753	1.739	1.789
H	1.783	1.833	1.645	1.853	1.804	1.704	1.630	1.426	1.588	1.650	1.771
I	1.728	1.753	1.719	1.793	1.777	1.764	1.797	1.820	1.803	1.801	1.826
J	1.659	1.596	1.791	1.804	1.856	1.894	1.935	1.851	1.905	1.779	1.869
K	1.868	1.656	1.726	1.734	1.714	1.699	1.717	1.685	1.640	1.725	1.763
L	1.568	1.672	1.724	1.782	1.804	1.761	1.825	1.716	1.760	1.759	1.758
M	1.763	1.754	1.714	1.668	1.875	1.890	1.834	1.751	1.867	1.740	1.609
N	1.724	1.759	1.757	1.814	1.844	1.867	1.847	1.809	1.781	1.724	1.770
O	1.782	1.709	1.647	1.702	1.684	1.784	1.664	1.584	1.614	1.604	1.984
P	1.347	1.360	1.479	1.342	1.236	1.075	1.569	1.763	1.777	1.911	1.885
Q	1.691	1.786	1.694	1.783	1.762	1.876	1.929	1.978	1.939	1.985	1.858
R	1.762	1.683	1.757	1.856	1.818	1.791	1.819	1.853	1.888	1.876	1.777
S	1.698	1.628	1.678	1.721	1.704	1.667	1.713	1.643	1.564	1.556	1.608

5.3 企业财务危机动态监测子系统构建的实证研究

5.3.1 处于财务危机爆发期的企业预测

收集 2022 年全部 A 股上市公司的数据，去掉金融类上市公司、2022 年新上市公司和以前年度被 ST 的公司，共得到 2417 个样本。将这 2417 个样本全部作为测试样本带入训练集：测试集＝70∶30 的 t-1 模型，得到 2018 年可能被 ST 的 106 家公司名单，如表 5-23 所示。

表 5-23　采用 t-1 模型预测的 2023 年可能被 ST 的公司名单

证券代码	证券简称	证券代码	证券简称	证券代码	证券简称	证券代码	证券简称
000048	康达尔	000589	黔轮胎 A	000875	吉电股份	002112	三变科技
000159	国际实业	000655	*ST 金岭	000893	东凌国际	002122	*ST 天马
000409	*ST 地矿	000707	*ST 双环	000911	南宁糖业	002140	东华科技
000422	*ST 宜化	000720	*ST 新能	000939	凯迪生态	002168	深圳惠程
000428	华天酒店	000737	*ST 南风	000966	长源电力	002175	东方网络
000503	国新健康	000792	盐湖股份	000995	*ST 皇台	002180	纳思达
000506	中润资源	000816	*ST 慧业	002005	德豪润达	002188	*ST 巴士
000572	海马汽车	000862	银星能源	002018	*ST 华信	002190	成飞集成
000585	*ST 东电	000868	安凯客车	002021	中捷资源	002194	*ST 凡谷
002198	嘉应制药	002291	星期六	002420	毅昌股份	002547	春兴精工
002235	安妮股份	002296	辉煌科技	002427	*ST 尤夫	002552	*ST 宝鼎
002259	升达林业	002323	雅百特	002432	九安医疗	002569	步森股份
002260	*ST 德奥	002333	罗普斯金	002458	益生股份	002570	*ST 因美
002263	*ST 东南	002347	泰尔股份	002494	华斯股份	002604	*ST 龙力
002269	美邦服饰	002400	省广集团	002496	辉丰股份	002684	猛狮科技
002760	凤形股份	600202	*ST 哈空	600399	*ST 抚钢	600610	中毅达
300005	探路者	600209	*ST 罗顿	600408	*ST 安泰	600634	*ST 富控
300025	华星创业	600238	*ST 椰岛	600421	ST 仰帆	600653	申华控股
300028	*ST 金亚	600249	两面针	600463	空港股份	600701	*ST 工新
600150	*ST 船舶	600302	标准股份	600469	风神股份	600724	宁波富达
600151	航天机电	600313	农发种业	600526	菲达环保	600726	华电能源
600156	华升股份	600321	*ST 正源	600539	*ST 狮头	600744	华银电力
600186	莲花健康	600354	敦煌种业	600571	信雅达	600749	*ST 藏旅
600193	*ST 创兴	600396	金山股份	600595	中孚实业	600778	*ST 友好
600198	*ST 大唐	600397	*ST 安煤	600601	方正科技	600794	保税科技
600802	福建水泥	601313	江南嘉捷	603188	亚邦股份	603616	韩建河山
600807	*ST 天业	601798	*ST 蓝科				

证券简称中出现 ST 或 *ST 表明该公司在 2023 年已经被特别处理①，从表 5-23 中可以看出，在全部 106 家公司中，2023 年被特别处理的占到了 37 家。这一结果说明本书基于梯度提升模型构建的企业财务危机阶段监测系统具有很强的预测能力，且该系统较为"激进"，犯第一类错误的可能性较低，这一结果与其召回率较高的特点具有内在一致性。

5.3.2 企业财务危机预警综合指数的分解与分析

企业财务危机的来源包括宏观环境、行业环境和企业内部环境，为了更好地指导管理层、投资者等企业利益相关者的决策，也为了能对企业财务危机综合指数的变化趋势加以预测，需要对企业财务危机综合指数加以分解。利用式（4-18）~式（4-24），可以采用两步法将企业财务危机预警综合指数按照其来源分解为宏观经济风险预警指数（$MFDEWI_t$）、行业环境风险预警指数（$IFDEWI_{j,t}$）和企业经营风险预警指数（$EFDEWI_{i,j,t}$）。两步法的回归结果如表 5-24 所示，2012~2022 年宏观经济风险预警指数和 GDP 的走势图如图 5-3、图 5-4 所示。

5.3.2.1 指数分解的过程

表 5-24　两步法的回归结果

变量名称	(1)	(2)
	$FDEWI^I$	FDEWI
u		1.000 *** (25.90)
FDEWIM	1.000001 *** (55.00)	1.000001 *** (11.51)
Constant	-1.36E-06 (-0.00)	-1.64E-06 (-0.00)

---

① 训练样本中已经去掉了以前年度被 ST 的所有公司。

变量名称	（1）	（2）
	$FDEWI^1$	FDEWI
Observations	15，330	15，330
R^2	0.165	0.150
Adj_ R^2	0.165	0.150
F	302.5	401.6

注：括号内为经过公司与年度两维度聚类修正后的稳健性 T 值；***、**、*分别表示在 1%、5%、10%的水平上显著。

从表 5-24 中可以看出，第（1）列中，调整 R^2 为 0.165，表明行业环境风险的变化中有 16.5%可以被宏观经济状况的变化所解释，第（2）列中，调整 R^2 为 0.150，表明企业发生财务危机的风险有 85%左右是由于企业自身因素所导致的，而有 15%左右是可以被行业环境和宏观经济的变化所解释的。

5.3.2.2 宏观经济风险预警指数的变化趋势分析

宏观经济风险预警指数和 GDP 增长率的走势分别如图 5-3、图 5-4 所示。从中可以看出，2012~2022 年宏观经济风险预警指数和 GDP 增长率的走势相近。从 GDP 增速的走势看，近十年来我国经济增速有所放缓，标志着我国已经进入了经济新常态。在同一时期，宏观经济风险预警指数也呈下降趋势，仅在 2020 年后略有回升，但还远低于 2012 年的水平。综合来看，随着我国经济进入"新常态"，经济增速的放缓增大了上市公司发生财务危机的概率，这一现象值得高度警惕。

5.3.2.3 行业环境风险预警指数的变化趋势分析

下面仍以信息技术业为例对行业环境风险预警指数的变化加以分析，信息技术业的行业环境风险预警指数的变化趋势如图 5-5 所示。从图 5-5 中可

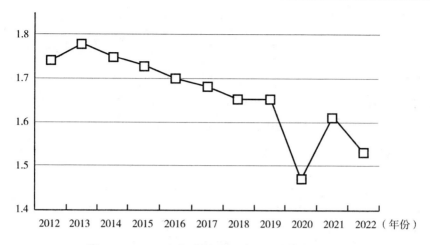

图5-3　2012~2022年宏观经济风险预警指数走势

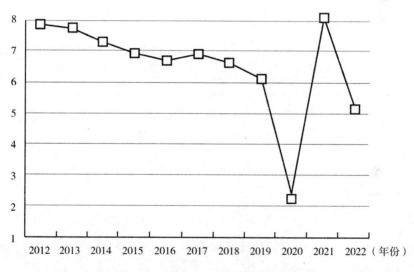

图5-4　2012~2022年GDP增长率走势

以看出，2012~2022年信息技术业行业环境风险指数的走势与财务危机预警综合指数的平均值走势（见图5-2）并不一致。考虑到企业财务危机预警综合指数的变化仅有15%可以被宏观经济风险预警指数和行业环境风险预警指数的变化所解释，信息技术业行业环境风险指数与其财务危机预警综合指数的平均值走势存在差异并不令人意外。从图 5-5 来看，2012～2022 年，信息技术业的行业环境风险在 2015 年突然加大，这可能是由于受到了中美贸易战的影响。2014～2019 年，信息技术行业迎来了蓬勃发展的时期，行业环境风险逐渐减小。然而，在 2019 年之后，行业环境风险指数又呈现一定的下降趋势，说明由于新冠疫情的影响，近几年信息技术业的行业环境风险正在加大。

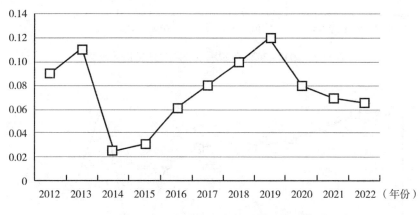

图 5-5　2012～2022 年信息技术业行业环境风险指数走势

5.3.2.4　企业经营风险预警指数的变化趋势分析

下面以信息技术业为例对企业经营风险预警指数的变化趋势加以分析。按照式（4-24），可以得到信息技术业企业经营风险预警指数的得分。限于篇幅，仅列示信息技术业各家公司 2022 年的企业经营风险预警指数得分，如表 5-25 所示。

表 5-25　2022 年信息技术业企业经营风险预警指数得分

证券代码	证券简称	企业经营风险预警指数	证券代码	证券简称	企业经营风险预警指数	证券代码	证券简称	企业经营风险预警指数
000503	国新健康	0.136	002771	真视通	0.134	300348	长亮科技	0.134

证券代码	证券简称	企业经营风险预警指数	证券代码	证券简称	企业经营风险预警指数	证券代码	证券简称	企业经营风险预警指数
000555	神州信息	−0.097	002777	久远银海	0.116	300350	华鹏飞	−0.170
000662	天夏智慧	0.183	300002	神州泰岳	−0.052	300352	北信源	0.248
000835	长城动漫	0.119	300017	网宿科技	0.031	300359	全通教育	−0.072
000839	中信国安	−0.158	300020	银江股份	−0.086	300365	恒华科技	0.369
000889	茂业通信	−0.002	300025	华星创业	−0.357	300366	创意信息	−0.015
000917	电广传媒	−0.268	300031	宝通科技	0.033	300377	赢时胜	0.469
000948	南天信息	−0.121	300036	超图软件	0.135	300378	鼎捷软件	0.024
000997	新大陆	0.144	300038	数知科技	0.243	300380	安硕信息	−0.007
002063	远光软件	0.275	300043	星辉娱乐	−0.091	300431	暴风集团	−0.419
002065	东华软件	−0.072	300044	赛为智能	0.090	300448	浩云科技	0.349
002093	国脉科技	−0.107	300050	世纪鼎利	−0.030	300451	创业软件	0.101
002095	生意宝	0.400	300051	三五互联	−0.026	300465	高伟达	−0.108
002123	梦网集团	−0.068	300059	东方财富	0.103	300469	信息发展	−0.007
002131	利欧股份	−0.152	300074	华平股份	−0.058	300493	润欣科技	−0.150
002137	麦达数字	−0.074	300075	数字政通	0.088	600050	中国联通	0.012
002153	石基信息	0.025	300085	银之杰	−0.067	600289	*ST信通	−1.033
002175	东方网络	−0.612	300166	东方国信	0.180	600358	国旅联合	−0.067
002230	科大讯飞	0.040	300168	万达信息	0.032	600406	国电南瑞	0.212
002253	川大智胜	0.250	300170	汉得信息	0.157	600410	华胜天成	0.028
002261	拓维信息	0.040	300182	捷成股份	0.044	600446	金证股份	−0.038
002279	久其软件	0.111	300209	天泽信息	0.034	600476	湘邮科技	0.232
002280	联络互动	−0.131	300226	上海钢联	−0.003	600536	中国软件	−0.089
002315	焦点科技	−0.020	300231	银信科技	0.120	600571	信雅达	−0.478
002331	皖通科技	0.026	300248	新开普	0.078	600588	用友网络	0.051
002368	太极股份	−0.004	300253	卫宁健康	0.025	600637	东方明珠	0.107
002373	千方科技	0.097	300264	佳创视讯	−0.562	600654	ST中安	−0.539
002410	广联达	0.324	300271	华宇软件	0.098	600701	*ST工新	−0.149
002421	达实智能	−0.018	300275	梅安森	−0.016	600718	东软集团	0.098
002425	凯撒文化	0.024	300287	飞利信	0.044	600728	佳都科技	0.008

续表

证券代码	证券简称	企业经营风险预警指数	证券代码	证券简称	企业经营风险预警指数	证券代码	证券简称	企业经营风险预警指数
002439	启明星辰	0.189	300288	朗玛信息	0.043	600767	ST 运盛	-0.251
002467	二六三	0.031	300290	荣科科技	-0.052	600804	鹏博士	0.051
002474	榕基软件	-0.157	300297	蓝盾股份	0.093	600831	广电网络	-0.052
002530	金财互联	0.122	300300	汉鼎宇佑	-0.052	600845	宝信软件	0.272
002544	杰赛科技	-0.072	300310	宜通世纪	-0.032	600850	华东电脑	0.086
002555	三七互娱	0.399	300311	任子行	0.029	600959	江苏有线	-0.041
002624	完美世界	0.152	300312	邦讯技术	-0.641	600986	科达股份	-0.069
002642	荣之联	-0.286	300324	旋极信息	0.074	601929	吉视传媒	-0.102
002649	博彦科技	0.093	300343	联创互联	0.011	603918	金桥信息	-0.024
002657	中科金财	-0.442						

由于企业经营风险预警指数是采用 OLS 回归后得到的残差，因此其可正可负，且均值应该为 0，但其依然是越大越好。从表 5-25 中可以看出，4 家被 ST 公司（*ST 信通、ST 中安、*ST 工新、ST 运盛）的企业经营风险预警指数都小于 0，说明这 4 家公司在 2022 年的企业经营风险较大。此外，电广传媒（证券代码 000917）、东方网络（证券代码 002715）、荣之联（证券代码 002642）、中科金财（证券代码 002657）、华星创业（证券代码 300025）、佳创视讯（证券代码 300264）、邦讯技术（证券代码 300312）、创意信息（证券代码 300366）和科达股份（证券代码 600986）尽管还未被 ST，但其企业经营风险预警指数小于-0.2，说明上述企业面临的经营风险较大。

5.3.3 处于财务危机潜伏期企业的警情变化趋势分析

本书分别采用总体法和分解法对企业财务危机预警综合指数的走势加以预测。采用总体法时，对式（4-25）进行 OLS 回归；采用分解法时，对式（4-26）进行 OLS 回归。由于无论采用总体法还是分解法，都把自变量滞后

了一期，且方程中出现了差分项，样本量减少为 9610 个。回归结果如表 5-26
所示。

表 5-26 企业财务危机预警综合指数的预测

变量名称	(1)	(2)
	$\Delta FDEWI_{i,j,t+1}$	$\Delta FDEWI_{i,j,t+1}$
$MFDEWI_t$		-1.507***
		(-9.17)
$\Delta MFDEWI_t$		0.717***
		(6.97)
$IFDEWI_t$		-0.317***
		(-6.68)
$\Delta IFDEWI_t$		-0.067
		(-1.04)
$EFDEWI_{i,j,t}$		-0.446***
		(-39.79)
$\Delta EFDEWI_{i,j,t}$		-0.260***
		(-25.54)
$FDEWI_{i,j,t}$	-0.250***	
	(-24.95)	
$\Delta FDEWI_{i,j,t}$	-0.445***	
	(-40.68)	
Constant	0.749***	2.551***
	(40.18)	(9.13)
Observations	9,610	9,610
R^2	0.334	0.371
Adj_ R^2	0.333	0.371
F	640.4	829.1

注：括号内为经过公司与年度两维度聚类修正后的稳健性 T 值；***、**、* 分别表示在 1%、
5%、10%的水平上显著。

从表 5-26 中可以看出，采用分解法的情况下，调整 R^2 为 0.371，大于

总体法下的 0.333。这一结果初步说明，采用分解法的预测效果好于总体法。采用两种预测方法得到的平均测量误差和平均测量误差绝对值以及测量误差的方差如表 5-27 所示。

表 5-27　总体法和分解法的预测效果检验

方法	平均测量误差	平均测量误差绝对值	测量误差的方差
总体法	1.86E-10	0.132	0.311
分解法	−4.34E-11	0.121	0.210

从表 5-27 中可以看出，采用分解法预测得到的平均测量误差、平均测量误差的绝对值和测量误差方差都小于总体法。因此，分解法的预警效果优于总体法。采用分解法得到的信息技术业 2023 年财务危机预警综合指数取值如表 5-28 所示。

表 5-28　信息技术业 2023 年财务危机预警综合指数预测值

证券代码	证券简称	2022 FDEWI	增量	2023 FDEWI	证券代码	证券简称	2022 FDEWI	增量	2023 FDEWI
000503	国新健康	1.862	0.013	1.874	300170	汉得信息	1.883	0.162	2.045
000555	神州信息	1.629	−0.016	1.613	300182	捷成股份	1.770	−0.063	1.707
000662	天夏智慧	1.909	−0.228	1.681	300209	天泽信息	1.760	−0.006	1.754
000835	长城动漫	1.845	−0.243	1.602	300226	上海钢联	1.723	−0.047	1.677
000839	中信国安	1.568	0.009	1.576	300231	银信科技	1.845	−0.101	1.744
000889	茂业通信	1.724	−0.071	1.653	300248	新开普	1.804	−0.093	1.711
000917	电广传媒	1.457	0.116	1.573	300253	卫宁健康	1.750	0.041	1.792
000948	南天信息	1.605	0.003	1.607	300264	佳创视讯	1.164	0.357	1.521
000997	新大陆	1.870	−0.128	1.741	300271	华宇软件	1.824	−0.072	1.751
002063	远光软件	2.001	−0.196	1.805	300275	梅安森	1.710	−0.171	1.539
002065	东华软件	1.654	0.009	1.663	300287	飞利信	1.769	−0.071	1.699
002093	国脉科技	1.619	0.010	1.628	300288	朗玛信息	1.769	−0.108	1.661
002095	生意宝	2.126	−0.242	1.884	300290	荣科科技	1.674	0.152	1.826

续表

证券代码	证券简称	2022 FDEWI	增量	2023 FDEWI	证券代码	证券简称	2022 FDEWI	增量	2023 FDEWI
002123	梦网集团	1.658	-0.017	1.641	300297	蓝盾股份	1.819	-0.095	1.724
002131	利欧股份	1.574	0.041	1.614	300300	汉鼎宇佑	1.674	-0.015	1.659
002137	麦达数字	1.652	0.056	1.708	300310	宜通世纪	1.694	-0.112	1.582
002153	石基信息	1.750	-0.673	1.077	300311	任子行	1.755	-0.132	1.623
002175	东方网络	0.914	0.357	1.270	300312	邦讯技术	1.085	0.182	1.267
002230	科大讯飞	1.766	-0.070	1.696	300324	旋极信息	1.800	0.114	1.914
002253	川大智胜	1.975	-0.170	1.805	300343	联创互联	1.737	-0.051	1.686
002261	拓维信息	1.766	-0.070	1.696	300348	长亮科技	1.859	-0.088	1.772
002279	久其软件	1.837	-0.127	1.710	300350	华鹏飞	1.555	0.087	1.642
002280	联络互动	1.595	0.089	1.684	300352	北信源	1.973	-0.075	1.899
002315	焦点科技	1.706	-0.086	1.620	300359	全通教育	1.654	-0.023	1.631
002331	皖通科技	1.752	-0.070	1.682	300365	恒华科技	2.095	-0.014	2.081
002368	太极股份	1.721	-0.054	1.668	300366	创意信息	1.711	-0.025	1.686
002373	千方科技	1.823	-0.104	1.719	300377	赢时胜	2.195	-0.253	1.942
002410	广联达	2.050	-0.138	1.912	300378	鼎捷软件	1.750	-0.071	1.679
002421	达实智能	1.708	-0.077	1.631	300380	安硕信息	1.718	-0.141	1.578
002425	凯撒文化	1.750	-0.047	1.702	300431	暴风集团	1.306	-0.186	1.121
002439	启明星辰	1.915	0.042	1.957	300448	浩云科技	2.074	-0.178	1.896
002467	二六三	1.756	0.071	1.827	300451	创业软件	1.826	0.138	1.964
002474	榕基软件	1.569	0.042	1.611	300465	高伟达	1.618	0.036	1.655
002530	金财互联	1.848	-0.065	1.783	300469	信息发展	1.719	0.062	1.781
002544	杰赛科技	1.654	-0.103	1.551	300493	润欣科技	1.576	0.044	1.620
002555	三七互娱	2.124	-0.292	1.833	600050	中国联通	1.738	-0.059	1.679
002624	完美世界	1.878	-0.129	1.749	600289	*ST信通	0.693	0.706	1.398
002642	荣之联	1.440	0.149	1.589	600358	国旅联合	1.659	-0.214	1.446
002649	博彦科技	1.819	-0.099	1.719	600406	国电南瑞	1.938	-0.190	1.747
002657	中科金财	1.283	0.319	1.603	600410	华胜天成	1.754	-0.098	1.657
002771	真视通	1.860	-0.034	1.826	600446	金证股份	1.688	-0.030	1.658
002777	久远银海	1.842	-0.090	1.751	600476	湘邮科技	1.958	-0.184	1.774
300002	神州泰岳	1.674	-0.016	1.658	600536	中国软件	1.637	-0.009	1.628

证券代码	证券简称	2022 FDEWI	增量	2023 FDEWI	证券代码	证券简称	2022 FDEWI	增量	2023 FDEWI
300017	网宿科技	1.757	0.048	1.805	600571	信雅达	1.247	0.276	1.524
300020	银江股份	1.640	−0.010	1.630	600588	用友网络	1.777	−0.097	1.680
300025	华星创业	1.369	−0.083	1.286	600637	东方明珠	1.833	−0.074	1.759
300031	宝通科技	1.759	0.032	1.791	600654	ST 中安	0.687	0.324	1.011
300036	超图软件	1.861	0.165	2.026	600701	*ST 工新	1.375	−0.186	1.189
300038	数知科技	1.969	−0.196	1.773	600718	东软集团	1.824	−0.021	1.804
300043	星辉娱乐	1.635	0.043	1.679	600728	佳都科技	1.734	−0.088	1.646
300044	赛为智能	1.815	−0.128	1.687	600767	ST 运盛	1.477	−0.352	1.224
300050	世纪鼎利	1.696	0.015	1.711	600804	鹏博士	1.777	−0.038	1.739
300051	三五互联	1.700	−0.061	1.639	600831	广电网络	1.674	−0.037	1.637
300059	东方财富	1.829	−0.100	1.728	600845	宝信软件	1.997	−0.220	1.777
300074	华平股份	1.668	0.003	1.671	600850	华东电脑	1.812	−0.119	1.693
300075	数字政通	1.814	−0.125	1.689	600959	江苏有线	1.685	0.051	1.735
300085	银之杰	1.659	−0.012	1.647	600986	科达股份	1.657	−0.015	1.642
300166	东方国信	1.905	−0.155	1.751	601929	吉视传媒	1.623	0.001	1.624
300168	万达信息	1.758	−0.093	1.665	603918	金桥信息	1.702	−0.143	1.559

表 5-28 的 FDEWI 表示企业财务危机预警综合指数的取值。表中的增量由式（4-26）估计得到，增量大于 0 表示企业发生财务危机的可能性减小，增量小于 0 表示企业发生财务危机程度的可能性增大。在 4 家 ST 公司中，*ST信通和 ST 中安的增量大于 0，表明上述两家公司的财务状况正在改善。而*ST 工新和 ST 运盛的增量小于 0，则说明这两家公司在 2023 年财务状况将会进一步恶化。

5.4 企业财务危机预警定位子系统
构建的实证研究

本节以 2018 年被特别处理（ST）的信息技术业企业*ST 信通（证券代码：600289）及其配对样本中国联通（证券代码：600050）为例对信息技术业企业财务风险进行矩阵定位。其中，矩阵的横轴为企业经营风险预警指数与行业环境风险预警指数之差，纵轴为行业环境风险预警指数与宏观经济风险预警指数之差。而两家企业均属于信息技术业，因此，两家企业同一年度纵轴的取值应该相同。*ST 信通 2011 年才获准上市，因此，将*ST 信通和中国联通两家企业 2012~2018 年的 x 轴和 y 轴取值列示如下，具体如表 5-29 所示。

表 5-29 *ST 信通和中国联通财务危机预警定位

企业 \ 年份		2012	2013	2014	2015	2016	2017	2018
中国联通	x	0.133	0.183	0.188	0.146	-0.106	0.136	0.316
	y	-0.175	0.129	0.002	0.007	0.148	0.268	0.397
*ST 信通	x	0.114	0.064	0.013	-0.018	-0.025	0.090	-0.276
	y	-0.175	0.129	0.002	0.007	0.148	0.268	0.397

根据表 5-29，进一步绘制*ST 信通和中国联通的企业财务危机定位矩阵，如图 5-6 所示。

从表 5-29 和图 5-6 中可以看出，*ST 信通和中国联通每一年度的 y 轴取值完全相同，这是由于二者同属信息技术业。从 y 轴取值来看，2013~2018

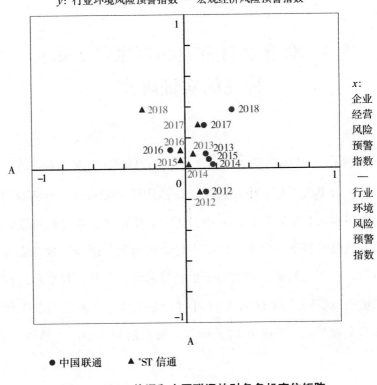

图 5-6　＊ST 信通和中国联通的财务危机定位矩阵

年信息技术行业的增长速度一直高于宏观经济的增长速度，说明与其他行业相比，信息技术业企业在 2013~2018 年发生财务危机的可能性相对较小。从 x 轴看，中国联通每一年的经营状况较为平稳，仅在 2016 年出现一定下滑；而 ＊ST 信通在 2015~2018 的四年间，有三年 y 轴取值为负，特别是 2018 年 x 轴取值为 −0.276，说明与同行业其他企业相比，该企业在 2018 年的经营状况出现严重恶化，这直接导致该企业在 2018 年被特别处理。从图 5-6 中可以看出，整体来看，信息技术业 2013~2018 年的行业环境风险较小，是较为值得投资的行业。＊ST 信通被特别处理主要是由自身经营不善所导致的。

本章小结

本章收集了 2012~2022 年全部 A 股非金融类上市公司的数据，并为每一个 ST 公司选择了一个配对公司，采用 ST 公司以及配对公司在其首次被 ST 之前 1 年（t-1 年）、2 年（t-2 年）和 3 年（t-3 年）的数据作为训练样本，采用其他公司数据作为测试样本，构建了企业财务危机动态预警系统。该系统包含四个子系统，即企业财务危机阶段监测系统、企业财务危机警情监测系统、企业财务危机动态监测子系统和企业财务危机预警定位系统。利用企业财务危机阶段监测系统将全部上市公司分为财务危机潜伏期和财务危机爆发期两大类；利用财务危机警情监测系统编制财务危机预警综合指数，将处于财务危机潜伏期的企业按照其发生财务危机的可能性进行进一步细分；利用企业财务危机动态监测子系统将企业财务危机预警综合指数按照财务危机的驱动因素进行分解，并对未来可能爆发财务危机的企业以及其他企业财务危机预警综合指数的变化趋势加以预测；利用企业财务危机预警定位系统采用可视化矩阵的方法对企业爆发财务危机的原因进行预警定位分析。研究表明，本书构建的企业财务危机动态预警系统集判断、监测、预测和定位四大功能于一体，具有较高的实用价值。

6 基于梯度提升模型的企业财务危机防控路径与化解策略选择

　　构建财务危机动态预警系统的根本目的是帮助企业对财务危机进行有效管控。对企业而言，为了有效管控企业财务危机，需要形成"财务危机驱动因素辨析—财务危机动态预警指标体系构建—财务危机动态预警—财务危机事前防控—财务危机事后化解"的全流程，闭环式财务危机风险管理体系，形成企业内部利益相关者全程参与、企业外部利益相关者全程监督的财务危机综合管控模式。在识别出财务危机主要驱动因素和风险警兆、选取财务危机预警指标、建立财务危机动态预警系统的基础上，本章探讨企业财务危机的应对策略。本章将企业财务危机的应对策略分为两个部分，即财务危机潜伏期的防控路径和财务危机爆发期的化解策略。前者偏重于事前和事中控制，后者偏重于事后化解。本章共分为三个部分，首先从企业财务危机的预警结果出发，以财务危机预警指标为基础探讨企业财务危机潜伏期的防控路径。其次在财务危机爆发期，由于企业的财务状况极度恶化，仅仅采用"头痛医头，脚痛医脚"的防控策略已经无济于事。针对这种局面，本书进一步提出基于重组的企业财务危机的化解策略。最后采用企业经营风险预警指数作为企业财务危机程度的代理变量，探讨了企业财务危机程度与化解策略选择的关系，以期为处于财务危机爆发期的企业早日走出财务困境提供参考。本章的逻辑框架如图6-1所示。

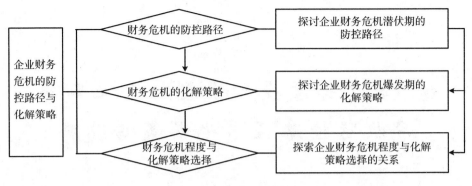

图 6-1　第 6 章逻辑框架

6.1　企业财务危机的事前防控路径

本节探讨的企业财务危机防控路径主要指财务危机的事前和事中的防范和管控路径。本书构建的企业财务危机预警指标体系中共包括54个财务指标和24个非财务指标。利用梯度提升模型构建了企业财务危机预警模型后，根据指标在模型中的 RVI 得分大小，共遴选出了 23 个最终指标以编制财务危机预警综合指数，这 23 个指标在财务危机预警模型中发挥了重要作用，也是企业改善财务状况、防止发生财务危机的重要抓手。在遴选后的指标中，共包括 6 个偿债能力指标、5 个盈利能力指标、1 个营运能力指标、3 个发展能力指标、1 个现金流指标、2 个盈余管理指标和 5 个市场指标。遴选后预警指标的相对重要性程度得分统计表如表 6-1 所示。

表 6-1　遴选后预警指标的相对重要性程度得分分类统计

指标类型	总得分	指标个数	平均得分
偿债能力指标	122.620	6	20.437

续表

指标类型	总得分	指标个数	平均得分
盈利能力指标	123.890	5	24.778
营运能力指标	7.760	1	7.760
发展能力指标	92.660	3	30.887
现金流指标	13.600	1	13.600
盈余管理指标	24.660	2	12.330
市场指标	119.810	5	23.962

在表 6-1 的 7 类指标中，营运能力指标和现金流指标的数量较少，其相对重要性程度得分也较低，而公司股票的市场价格下降虽然是一种重要的风险警兆，但公司股票的市场价格受到多重因素的共同影响，企业往往很难控制。因此，从梯度提升模型的预警结果来看，若企业想要降低财务危机发生的可能性，主要可以从以下四个方面着手：提升偿债能力、盈利能力和发展能力，并严格控制应计盈余管理行为。①

6.1.1　偿债能力风险的防控路径

6.1.1.1　优化自身资本结构

保持合理的资本结构是企业有效防控财务危机的关键所在。企业应当根据宏观环境、行业环境和企业内部环境的变化，不断调整资产与负债的比例结构，从而使企业财务风险保持在合理水平。第一，适度使用财务杠杆。财务杠杆的使用是一把双刃剑。当企业经营状况较好时，企业可以通过适度使用财务杠杆提升经营绩效。然而，一旦企业发生财务危机，财务杠杆对企业亏损也存在一定的放大效应。因此，企业应适度使用财务杠杆。第二，重视负债结构性管理。企业应保持现金流与到期负债数量比例的协调一致，同时

---

①　梯度提升模型遴选出的盈余管理指标主要包括应计盈余管理程度和应计盈余管理绝对值，衡量的都是企业应计盈余管理的水平。

保持一定的现金持有，防止出现资金短缺。第三，保持一定的资产流动性。企业应适当增加现金持有，同时降低应收账款、其他应收款等应收项目，从而达成追求盈利和防控风险的统一。

6.1.1.2 采用合理的信用政策

流动性紧张的企业应该采取合理的信用政策。首先，建立完善的应收账款核算与催收系统；其次，为每个客户建立档案，采用合理手段评价客户的信用水平，以客户信用水平为依据制定相应的信用政策；最后，重视应收账款催收工作，对每笔应收账款进行全程跟踪和分析，从而切实降低坏账率。

6.1.2 盈利能力风险的防控路径

6.1.2.1 着力提升企业的核心竞争力

根据供应链和价值链理论，一个企业的核心竞争力来源于其在全产业链上整合资源、管控成本的能力。在市场高度细分的背景下，任何企业都不可能在供应链的每个环节上都取得竞争优势，而只能在几个环节中形成企业独有的核心竞争力。核心竞争力是指能够为企业带来比较优势的资源，以及企业独特的资源配置和整合方式。核心竞争力的形成既能使企业在供应链和价值链中获得持久的生存空间，也使企业在激烈竞争的环境下，保持良好的盈利能力。因此，为了在财务危机潜伏期将财务危机发生的可能性降到最低，企业应对自身价值链加以整合，将企业资源配置到自身拥有核心竞争力的若干环节，而在其他环节积极寻求与其他企业的合作。同时，企业也可以考虑将价值链中不增值的环节予以外包，这不仅有利于企业重新整合资源，也有利于企业优化核心业务流程，进一步降低作业性成本。

6.1.2.2 着力提升企业的投资效率

在市场竞争越来越激烈的今天，企业只有保持自身产品的竞争力，才能在行业竞争中保持优势。而企业产品的更新换代离不开持续不断的投资，因此，企业为了保持良好的盈利能力，必须不断提高自身的投资效率。为了提升投资效率，企业可以从以下方面着手：第一，重视投资项目的可行性分析工作，聘请业内专家审核可行性报告的完整性和合理性；第二，编制合理的项目预算，并严格按照预算执行；第三，所有的投资应围绕提升企业核心竞争力的核心目标而展开，切不可纵容盲目投资行为；第四，保持追求投资效率与防控投资风险的统一，在项目推进工程中严控风险，加强资金支出环节的审批，从而最大限度地降低投资损失。

6.1.3　发展能力风险的防控路径

对企业而言，增长速度过慢是最大的风险。一旦企业增长速度过慢，则意味着该企业无法为股东创造价值，从而导致公司股价下降，也会使公司成为恶意收购的主要目标。大量管理者都能意识到增长过慢对企业造成的负面影响，但他们容易带领企业走向另一个极端，即过快增长。快速增长的企业能帮助高管迅速建立起自己的企业帝国，也能暂时掩盖企业发展过程中产生的种种问题和内部矛盾，制造出一种欣欣向荣的假象。但根据可持续增长理论，企业在短期内获取和配置资源的能力是有限的，过速增长会带来许多不利后果，包括过度负债、资金周转失灵、资本结构异化、盲目投资等，并最终导致财务危机的发生。

为了防止增长速度过慢或过快引发财务危机，企业需要在保持增长和控制风险之间加以权衡，寻找适合自身特点的发展速度。具体而言，第一，企业需要重视风险防控工作。风险防控虽然会在一定程度上降低企业的发展速度，导致营业收入的增速放缓，但也可以防止企业的现金流过于紧绷，甚至陷入债务违约并引发财务危机。第二，企业应该防止资本结构异化。在企业资产利润率为正的前提下，财务杠杆越高，则企业获取的收益也越大。但过度使用财务杠杆后，股东权益报酬率的增长会伴随着企业风险的上升，而企业风险上升会提高企业的融资成本，也会提高公司整体的风险水平，大大提高发生财务危机的可能性。因此，企业在评估投资项目时，应充分考虑风险因素，并谨慎投资高风险项目，从而避免企业陷入财务危机。

6.1.4 盈余管理风险的防控路径

6.1.4.1 完善盈余管理行为的外部治理机制

（1）加强对盈余管理行为的监管力度。与发达国家相比，我国对上市公司的监管显得较为薄弱，且在监管制度上也存在一定的短板，从而为上市公司大量采用盈余管理手段操纵盈余创造了条件。为进一步限制上市公司的盈余管理行为，监管部门应进一步加大对上市公司的监管力度，继续依法严格规范多层次资本市场，并对上市公司的信息披露质量进行把关，着力提高信息披露的透明性、相关性和可靠性。对容易误导投资者的内容，应该要求上市公司进行补充披露，同时制订更加严厉的处罚机制，严肃处理采用盈余管理手段侵害投资者利益的行为。

（2）加强对审计师行业的监督。审计师是否具有较高的专业素质和独立性，关系着企业的审计质量。而审计质量又直接决定了上市公司的财务报告质量，也直接决定了上市公司的盈余管理程度。因此，监管部门有必要对注册会计师的审计质量和执业行为进行更加严格的监督。为了达到这一目的，可以从加强政府监管和加强行业自律两方面着手。一方面，证监会、证券交易所等部门应该对上市公司进行更加严格的监管，一旦发现公司的审计质量可能存在问题，就要迅速采取行动，对上市公司和会计师事务所进行调查；另一方面，应该进一步强化行业协会的自律监管制度，赋予行业协会一定的调查权和处罚权，从而切实提升审计质量，降低上市公司盈余管理水平。

6.1.4.2 完善盈余管理行为的内部监管机制

（1）强化监事会职能。在我国的上市公司中，监事会往往依附于董事会而存在，而不能真正发挥监督作用。但在公司治理的制度设计中，监事会扮演的角色其实十分重要，其直接对股东大会负责，对公司董事会和高管的行为和决策进行全面监督。因此，要进一步控制盈余管理行为，就必须赋予监事会更大的权力，从而在公司内部形成有效的监督机制。

（2）进一步发挥独立董事的监督职能。独立董事在董事会中应该发挥缓解代理冲突、保护中小股东利益的重要作用。然而，我国独立董事的任免权往往被控股股东和管理层把持。独立董事既难以保持独立性，也难以发挥监督作用。面对这一局面，进一步设计相关制度，有效激励独立董事保持独立性并发挥监督职能，就成为上市公司降低盈余管理风险的关键一环。

6.2 企业财务危机的事后化解策略

企业财务危机的防控路径主要偏重于事前与事中控制，而财务危机的化解策略主要偏重于财务危机已经发生后的事后控制。总体来看，财务危机发生后，企业采取"头痛医头，脚痛医脚"的手段已经无济于事。为了改善自身财务状况，避免退市甚至破产的厄运，此时企业可以采取一系列的重组措施，这些重组措施构成了企业财务危机化解策略的主要内容，如图6-2所示。企业可采取的重组措施包括：①管理重组，如高层管理人员的变动、公司治理结构的变化；②经营重组，主要包括控制成本，提升财务柔性等；③资产重组，如资产置换、资产剥离、兼并收购等；④债务重组，如与债权人进行债务合约的重新谈判等。Bhojraj 等（2017）的研究表明，随着公司业绩的下降，出现了相当多的公司重组行为，并使经营业绩得到了显著的改善。

Ivashina 等（2016）认为，对短期绩效下滑的典型做法是资产重组、解雇员工和变更管理者。与正常经营的上市公司相比，困境公司往往由于受到自身条件的限制而在重组行为上表现出一定的特异性。Koh（2015）等分别研究了美国、日本和英国企业在业绩下降时的重组问题。研究表明，当企业业绩下滑时，美国企业主要面临外部接管的压力，日本企业所采取的重组行为与所有权结构和债权人相关，而英国企业更倾向于采取高管人员变动的策略，而不是采取经营重组或资产出售等措施。本节将分别对上述四种企业财务危机化解策略加以分析。

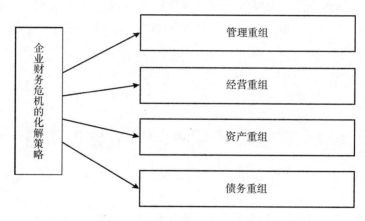

图 6-2　企业财务危机的化解策略

6.2.1　管理重组

管理重组主要是指对企业高管的更换。企业陷入财务危机，高管往往有不可推卸的责任。姜付秀等（2009）认为，建立私人王国是企业家精神的重要组成部分，扩张冲动是企业家最重要的内生性行为特征之一。他们发现，无论是国内还是国外，企业都有很强的扩张冲动。企业强烈扩张冲动突出表现在"做大做强"，企业的海外并购案频频发生，并购金额逐年攀升等。因此，他们认为，管理者过度自信带来的过度扩张是导致企业发生财务危机的重要原因，换言之，作为主要的战略制定者，企业高管应该为企业陷入财务危机的现实而承担后果。

大量研究表明，公司经营业绩越差，管理者被更换的可能性越大，这也符合 Li 等（2018）的论断："良好的公司治理机制应该能够及时对业绩低劣公司的经理人员做出惩罚"。沈友娣等（2011）也发现，高管大量发生变更往往意味着公司已经陷入财务危机。Sudarsanam 和 Lai（2001）也指出，既然企业陷入了财务危机，其公司战略和经营模式应该发生重大变化，而现任高管固有的行为模式很难发生改变，因此，高管变更往往是企业成功摆脱财务危机的前提和条件。Demiroglu 和 James（2015）指出，以银行为代表的债权人会将陷入财务危机的公司选择变更高管视作一个积极信号，即使当公司陷入财务危机的原因与高管无关时也是如此。因此发生财务危机的公司选择更换高管有利于降低公司的外部融资成本，陷入财务危机的公司应该选择管理重组。

然而，Li 等（2018）指出，良好的公司治理机制不但能够解聘不称职的经理，而且还应该选聘合适的继任者。一方面，在公司有效惩戒的示范作用下，继任高管能够较好地约束自利行为，更加努力地经营管理，从而有助于公司业绩的改善；另一方面，如果说前任高管是因为经营不善而导致企业陷入财务危机，那么根据 Chhaochharia 等（2017）提出的"经理能力假说"，新聘请的继任高管的能力应更胜一筹，才能够领导公司走出困境。

总之，尽管现有研究尚未完全取得一致意见，但大多数研究都认为，管理重组有利于改善困境公司的绩效，使其从危机中走出。但在实行管理重组时应该仔细评估现有高管的绩效，也要仔细评估继任高管的能力，盲目进行管理重组有可能使企业在财务危机的深渊中越陷越深，因此，需要慎重采用管理重组，尤其应该避免大规模的高管更换。

6.2.2　经营重组

经营重组主要指控制费用以及设法提升财务柔性。经营重组有两个核心，一是严格控制成本和费用支出，二是适当提高财务柔性。严控成本和费用支出就是要在投入一定的情况下尽可能提高产出，或者在产出一定的情况下尽可能减少投入，从而提高企业的资源使用效率；提高公司的财务柔性就是要维持较低的负债比率，并增加现金持有。经营重组的根本目的在于强化企业的偿债能力和盈利能力。

6.2.2.1 提升成本控制水平

一般而言，经营重组是困境企业应对财务危机最直接的途径。所谓经营重组，是指企业高管从整个作业链的角度，对企业的业务流程加以分析，从而发现并消除不增值作业的一种管理活动。经营重组的根本目的在于优化企业业务流程，提高企业资源配置效率，并最终化解财务危机。毫无疑问，有效的经营重组能够达到节约成本费用支出、降低企业财务风险的目的。然而，应该注意到，我国上市公司的经营重组过程往往存在一个重要的误区，即未能有效区分作业性成本和策略性成本。所谓作业性成本，是指为了完成作业链上各个环节的工作而耗费的成本。只要不影响业务流程的推进，作业性成本越低越好。而策略性成本是指不影响当期作业活动，但对企业的长远发展十分有利的成本，如广告费、员工工资、研发投入等。经营重组的主要目标应该是优化企业的业务流程，从而降低不必要的作业性成本，而不应降低策略性成本。

经营重组本质上是企业业务流程的优化过程，它需要公司的全员参与。在企业经营重组的推进过程中，应该将成本管理目标进行逐层分解，企业内部所有的成本中心、利润中心和投资中心都应该被分配合理的成本控制指标，成本控制的思想应该体现在企业作业链的各个环节，包括原料采购、原料运输与仓储、产品生产与销售和售后服务等。只有对成本费用进行全流程管理，才能减少对成本的无效耗费，从而达到提升企业盈利水平并化解财务危机的目的。

6.2.2.2 提升财务柔性

Bonaimé 等（2014）认为，企业主要通过超额的现金持有和保持较低的负债比率两种途径储备财务柔性。尽管从创造价值的角度看，上述两种行为都会增加企业的代理成本，降低企业价值，但从化解财务危机的角度看，财务柔性可以被视作企业的战略资产，这些战略资产构成了企业抵御外部环境不确定性的"防火墙"。在中国的资本市场中，市场摩擦屡见不鲜。面对这种局面，财务柔性的"预防"属性显得很有价值。曾爱民等（2011）以 2007 年全球金融危机为背景进行事件研究，发现在金融危机前已经储备了财务柔性的公司，在危机发生时具有更强的筹资能力。曾爱民等（2013）也发现，在金融危机时期，企业可能会遇到由于银根紧缩导致的融资约束、因贸易摩擦导致的产品滞销等一系列不利冲击。此时财务柔性可以及时地为企业提供较低交易成本的资金支持，对这些不利冲击作出反应，避免企业价值的下降。危机与机遇总是并存的，如果在有价值的投资机会出现时，企业储备了一定的财务柔性，则可以更便捷地获取足够的资金，抓住投资机会以提高企业价值。财务柔性可以为企业提供一定程度的流动性保证，不仅可以满足资金持有的预防性动机和投机性动机，也可以降低企业在对外举债时的交易成本。基于上述分析，本书认为，在企业面临财务危机时，财务柔性所具有的"预防"属性的价值要大于因为提高财务柔性而产生的代理成本。因此我们认为，具有较高财务柔性的公司能够更有效地应对财务危机带来的冲击，同时，降低经营性固定资产的储备，增加现金持有，也是陷入财务危机爆发期的企业所能采取的重要应对之策。

6.2.3 资产重组

企业发生财务危机后，经常需要重新配置资产，而资产重组是重新配置资产的重要手段。资产重组可以使资本按照市场规律流向产生最大效益的行业和区域，从而使资本在不断流转的过程中获得最大的效益。对于发生财务危机的企业而言，资产重组是重要的化解策略之一。Lee（2013）发现，资产重组有利于财务困境公司改善绩效。张彤玉和丁业震（2010）基于 A 股市场的研究表明，资产重组有利于改善我国 ST 公司的经营绩效。他们的研究也表明，在我国资本市场中，上市公司的资产重组极为普遍。

《中国证券报》发布的《上市公司重组事项总览》将资产重组划分为资产置换、收购兼并、股权转让、资产剥离等类型，这种分类方法已被诸多学者采用，下面依次对这四种类型资产重组的特点加以分析。

6.2.3.1 资产置换

资产置换是指集团公司的母公司利用主营业务资产置换上市公司的其他资产，或用优质资产置换上市公司劣质资产的行为。资产置换的最终目的是提升上市公司的核心竞争力，提高上市公司的资产质量。资产置换是企业化解财务危机的一条可行途径。在我国的资本市场中，发生资产置换的原因通常有二：一是上市公司业绩不断恶化，导致其达不到配股条件，甚至被特别处理或摘牌，在这种局面下，为了使上市公司摆脱经营困境，母公司可能会考虑将盈利性强的优质资产置换到上市公司中；二是处于经营战略的考虑，母公司以与主营业务相关的资产置换上市公司的其他资产，从而达到支持上市公司发展主营业务、提升上市公司盈利能力的目的。

6.2.3.2 收购兼并

收购兼并行为通常被称为并购，指上市公司通过各种形式的产权交易，取得目标公司全部或部分控制权的行为。并购的主要目的在于实现快速的资本扩张，并购按照收购目标可以分为横向并购和纵向并购，前者的目的在于扩大规模，后者的目的在于实现多元化经营。横向并购可以迅速扩大企业在行业中的市场份额，而纵向并购则有利于在产业链上下游形成协同效应。有效的并购能够帮助企业化解财务危机。

6.2.3.3 股权转让

股权转让是指企业大股东之间的股权转移。相较于西方国家，我国资本市场的制度环境较为特殊，具体表现为国有股和法人股无法上市流通。这一特殊的制度背景导致我国上市公司在股权转让的过程中，市场这只"看不见的手"和政府这只"看得见的手"会共同发挥作用。国有企业的持股者如果对企业经营战略或者经营业绩不满意，常常通过转让股权的方式对上市公司进行资产重组，导致此种资产重组的效率较低。但不可否认，有效的股权转让行为可以帮助上市公司化解财务危机。

6.2.3.4 资产剥离

资产剥离行为是一种对公司资产的整合和扬弃，即将企业的闲置资产、盈利能力较差的资产或与主营业务关联不大的资产从总资产中剥离出去，以达到优化上市公司资产质量，提高上市公司的整体绩效，或者改变公司整体发展战略的目的。一般而言，资产剥离可以分为以下几种类型：第一，出售或者减持子公司股权；第二，剥离与主营业务关联不大的经营资产，或者剥离一部分金融资产；第三，以公司资产偿还到期债务；第四，回购股份。总体而言，资产剥离有助于提升公司的资产使用效率，也有利于提升公司的核心竞争力。对于陷入财务危机爆发期的企业而言，资产剥离是其甩掉包袱、改善绩效的重要手段。

通过上述的资产重组手段，应该能够提升陷入财务危机公司的经营效率和整体绩效。然而，尹筑嘉等（2013）的研究表明，我国上市公司的资产重组效率不高，且资产重组过程中存在大股东侵占小股东的情况。因此，我国陷入财务危机的上市公司采用资产重组的效率有待进一步的实证检验。

6.2.4 债务重组

债务重组是债务契约双方在契约到期前进行再谈判的结果，信贷契约的签订和债务再谈判都以借款公司财务状况信息为依据。由于债权人拥有固定收益索取权，因此，债权人最关注的是借款企业的偿债能力。陷入财务危机的公司，其偿债能力较弱，因此，可以借助债务重组方式缓解偿债压力。Li

（2013）的研究表明，对处于财务危机的企业来说，比起进入破产程序，进行债务重组的交易成本更低，更利于债务人企业避免股市波动和声誉受损，同时也利于债权人最大限度地收回投资。用债务重组方式解决债务所带来的交易成本的降低和债务重组本身便是债务人企业从其债权人那里得到的"让步"，使得财务危机公司的债务负担得到暂时缓解，因此，从理论上讲，债务重组是陷入困境公司化解财务危机的重要手段之一。

6.3　企业财务危机程度与化解策略选择

上文分析了企业财务危机的化解策略，包括管理重组、经营重组、资产重组和债务重组。本节选取我国 A 股市场 2012~2022 年的数据，考察企业财务危机程度与其化解策略选择的关系。本节的实证研究主要拟解决三个问题：第一，面对财务危机，企业究竟会选择四种策略中的哪几种加以应对？第二，宏观环境和行业环境会不会对企业的化解策略产生影响？第三，采用这四种策略之后，企业的财务状况是否会发生好转？换言之，上述四种化解策略的效果究竟如何？

6.3.1　理论分析与研究假设

6.3.1.1　财务危机程度与企业化解策略选择

中国资本市场与英美发达国家存在重大差异，这就决定了中国上市公司财务危机化解策略选择的内在逻辑可能有所不同。长期以来，中国资本市场是一个高度管制的市场，无论在早期的配额制还是后期的核准制下，上市资格一直属于稀缺资源。我国企业在上市过程中需要耗费大量的时间和成本。

因此，一旦企业上市成功，大股东就会想尽一切办法保护来之不易的这一资源。① 相比而言，在美国资本市场中，公司上市实行注册制，其资源的价值相对较低。从股权结构来看，美国上市公司的股权大多比较分散，因此多数情况下不是大股东，而是经营者处于声誉方面的考虑，而尽力维护其控制人地位。因此，相较于美国企业，我国的上市公司一旦发生财务危机，大股东为了维护其拥有的资源和控股地位，更倾向于通过各种方式避免陷入特别处理、退市或破产的境地。

除了有可能失去上市资格，一旦企业陷入财务危机，还将面临高额的直接成本和间接成本。第一，一旦陷入财务危机，企业很有可能与其利益相关者发生冲突，从而导致实物资产的损耗；第二，财务危机的爆发还会对公司股价造成严重的负面影响，公司的股价崩盘风险会大大增加；第三，处于财务危机爆发期的企业还会面临较大的诉讼风险，企业不仅需要承担在诉讼过程中发生的律师费、诉讼费以及其他开支，也有可能因为败诉而面临巨额的资金流出。换言之，一旦财务危机爆发，企业的或有负债会大幅增加。除了上述直接成本，陷入财务危机的企业还会面临高额的间接成本支出，包括市场份额减少，资本成本提高，经理人和股东出于自保动机所采取的短视行为对公司价值的伤害等。

关于财务危机成本的衡量，学术界普遍认同 Altman 的做法。Altman 采用了两种方法衡量财务危机成本，一种方法利用样本公司的销售与行业的总销售之间的回归方法进行，另一种方法则是利用财务分析师的预测作为预期值。通过分析，Altman 认为，财务危机成本并非微不足道。在他的样本中，危机公司发生财务危机前三年的平均危机成本占到了公司总价值的6%~17%，其中财务危机的间接成本为6%~9%。虽然 Altman 的研究被广

---

① 2015 年，全国人大通过《关于授权国务院在实施股票发行注册制改革中调整适用〈中华人民共和国证券法〉有关规定的决定》，正式在我国资本市场中推行注册制改革，但注册制的实施一再被推迟，只有在 2019 年推出的科创板中，才对注册制实行试点，但本书并不包含有关样本。

泛引用，但 Cleofas-Sánchez 等（2016）认为，Altman 的方法可能引起因果关系的倒置。由于 Altman 使用的是危机公司作为样本，因此，这种成本（销售和利润的非预期下降）可能不是由财务危机所引起，而是由于这种销售和利润的下降，才引起了财务危机的爆发。因此，他们认为 Altman 的研究存在反向因果问题。为避免反向因果带来的内生性问题对回归结果的影响，Cleofas-Sánchez 等（2016）使用处在行业下滑阶段的危机企业作为样本，分析了危机期不同财务杠杆企业的经营业绩，结果表明在行业整体不景气的时期，高杠杆企业相对于其竞争对手将失去更多的市场份额并承受更大的利润损失。同时，对处于高技术行业的企业而言，财务危机爆发所带来的损失将更加严重。他们的研究同 Altman 的研究相类似，也支持了财务危机成本显著为正的观点。

综上，由于我国上市公司有强烈的保壳动机，同时，财务危机的发生又会让企业承受高额成本，因此，面临财务困境的企业有可能采用各种手段，包括管理重组、经营重组、资产重组和债务重组方式以试图改善财务状况。鉴于此，本书提出如下假设：

H1：企业财务危机的程度越深，其越有可能采取管理重组方式应对财务危机。

H2：企业财务危机的程度越深，其越有可能采取经营重组方式应对财务危机。

H3：企业财务危机的程度越深，其越有可能采取资产重组方式应对财务危机。

H4：企业财务危机的程度越深，其越有可能采取债务重组方式应对财务危机。

6.3.1.2 宏观经济和行业环境的调节作用

宏观经济状况不仅会影响企业的财务危机程度，也可能会影响企业化解财务危机所采取的策略。Becker 等（2016）的研究表明，宏观经济景气程度会影响企业的预算编制过程，进而影响企业内部的资源分配。Floyd 等（2015）以及祝继高和王春飞（2013）分别基于美国和中国资本市场的研究发现，金融危机会影响企业的股利支付政策。曾爱民等（2013）也发现，金融危机的发生会影响企业的财务柔性，进而影响企业的投资和融资行为。谢德仁和张高菊（2007）发现，金融生态环境会影响企业负债的治理效应和企业的债务重组行为。总之，宏观经济状况能深刻地影响微观企业的行为。因此，宏观经济风险的大小应该会对企业应对财务危机的策略选择产生影响。但宏观经济风险水平会促进还是抑制企业的重组行为还有待进一步的实证检验。鉴于此，本书提出以下假设：

H5：宏观经济风险水平对企业财务危机化解策略的选择具有调节作用。

行业环境风险水平同样会对企业财务危机化解策略的选择产生影响。张友棠和黄阳（2011）发现，行业环境风险水平会影响企业财务危机的程度。Chhaochharia 等（2017）发现，相比于财务风险较低的行业，萨班斯法案（SOX 法案）对公司治理的改善作用在财务风险较高的行业中更加显著；Markarian 和 Santalo（2014）发现，在竞争较为激烈的行业中，企业面临财务危机时选择债务重组的可能性降低，而选择资产重组的可能性上升。饶静和万良勇（2017）指出，信息不对称程度可能会影响企业财务危机的化解策略。而在风险较高的行业中，不确定性因素较多，信息不对称程度相对较大，因此，行业环境会影响企业化解财务危机的策略选择。王红建等（2015）将宏观经济风险和行业环境风险联合起来考察，他们发现，随着宏观经济增速下滑和行业竞争程度的增大（行业环境风险上升），企业会加大盈余管理的程度，而盈余管理程度的上升会为企业带来更大的财务风险。Dimopoulos 和 Sacchetto（2017）发现，行业风险水平会影响风险溢价水平，进而影响债务重组成功的概率。Hertzel 和 Officer（2012）发现，财务危机化解策略的选择具有一定的传染效应，即企业面对财务危机时会参考同行业其他企业的做法以选择化解策略。鉴于此，本书提出以下假设：

H6：行业环境风险水平对企业财务危机化解策略的选择具有调节作用。

6.3.1.3 财务危机化解策略的有效性

尽管企业可以选取管理重组、经营重组、资产重组和债务重组的方式来应对财务危机。但上述策略是否有助于财务危机公司业绩回升和财务危机的化解还需要进一步验证。换言之，究竟哪一种化解策略是有效的，可能是企业所有利益相关者共同关心的话题。遗憾的是，关于这一重要问题，现有研究并未取得一致意见。例如，在管理重组方面就存在两种观点，即"经理能力假说"和"替罪羊假说"。前者认为通过变更高管可以提升企业绩效，从而使企业走出财务困境，而后者认为高管仅是企业陷入财务危机的"替罪羊"。谢海洋（2013）的研究也证实，亏损公司具有更强的盈余管理动机。因此对于中国面临财务危机的上市公司来说，其资源的高价值和面临的退市威胁使其具有强烈的进行向上盈余管理的动机，而向上盈余管理的后果之一便是使得公司以后的业绩下滑。王红建等（2014）发现，部分国有企业在陷入财务危机后为了得到更多的政府补贴，往往会进行负向盈余操纵，而负向盈余操纵是会伤害企业价值的。Nagata 和 Nguyen（2017）对日本债务重组后的公司业绩进行了研究，他们发现，日本上市公司在实施债务重组后业绩并未得到明显改善。他们的研究还表明，有时，破产清算对陷入财务危机的公司而言是较为明智的选择。失去核心竞争能力且陷入严重财务困境的公司，即使采用各种重组手段，其长期业绩也不会改善。此外，出于盈余管理动机进行债务重组的公司长期业绩表现也不容乐观。总体来看，企业可以采取的化解策略的有效性有待进一步实证检验，因此，本书提出以下假设：

H7：不同化解策略对企业未来财务风险水平的影响存在差异。

6.3.2 研究设计

6.3.2.1 主要变量度量

（1）财务危机程度。在现有的实证研究中，学者们已经采用过多种方法衡量企业的财务危机程度。其中，比较流行的衡量方法有 Altman（1968）提出的 Z 计分法，Dechow 等（2011）提出的 F 计分法等。国内文献中，除了 Z 计分法，相当多的研究采用企业被特别处理（ST）作为企业陷入财务危机的表征。本书已经构建了企业财务危机动态预警系统，采用该系统，既能对企业是否发生财务危机加以判断，也能得到企业经营风险预警指数（$EFDEWI_{i,\ t}$）。鉴于此，本书采用三种方法衡量企业财务危机程度：第一，被企业财务危机阶段监测子系统（基于梯度提升模型构建）判定为财务危机爆发期的虚拟变量（$Distress_{i,\ t}$）；第二，第 5 章的企业财务危机动态监测子系统中采用分解法得到的企业经营风险预警指数（$EFDEWI_{i,\ t}$）；第三，企业被特别处理（ST）的虚拟变量。

（2）财务危机化解策略。本书将企业财务危机的化解策略分为四种，即管理重组、经营重组、资产重组和债务重组。本书采用 CEO 变更作为管理重组的代理变量。换言之，若企业出现了 CEO 变更，则认为该公司实施了管理重组。若企业发生了经营重组，则该企业会适当削减期间费用并减少固定资产投资，以达到增加财务柔性的目的。鉴于此，本书采用以下两种方式衡量企业的经营重组行为：一是期间费用变化率，二是固定资产净值变化率。当企业的期间费用变化率和固定资产净值变化率小于−5%时，则认定企业发生了经营重组。对于资产重组和债务重组，相关数据从 CSMAR 中的并购重组数据库取得。在并购重组数据库中，重组事项包括资产收购、资产剥离、资产置换、吸收合并、债务重组、要约收购和股权转让等，本书将除了债务重组之外的其他类型都作为资产重组。

（3）宏观经济风险和行业环境风险。分别采用第 5 章构建的企业财务危机动态监测子系统中采用分解法得到的宏观经济风险指数（ *MFDEWI* ）和行业环境风险指数（ *IFDEWI* ）来衡量宏观经济风险和行业环境风险水平，以考察宏观经济风险和行业环境风险对企业财务危机化解策略选择的调节作用。

6.3.2.2 模型设定

为了检验 H1~H4，构建如下模型：

$$Y_{i,\,t} = \beta_0 + \beta_1 X_{i,\,t} + \beta\, Controls_{i,\,t} + \varepsilon_{i,\,t} \qquad (6\text{-}1)$$

其中，被解释变量 $Y_{i,\,t}$ 分别取以下五个变量：①表示管理重组的虚拟变量（ $Ceo_{i,\,t}$ ）；②表示经营重组的虚拟变量（ $Fee_{i,\,t}$ 和 $Fixedassets_{i,\,t}$ ）；③表示资产重组的虚拟变量（ $Assets\_rec_{i,\,t}$ ）；④表示债务重组的虚拟变量（ $Debt\_rec_{i,\,t}$ ）。解释变量 $X_{i,\,t}$ 分别取以下三个变量：①企业被梯度提升模型判定为财务危机爆发期的虚拟变量（ $Distress_{i,\,t}$ ）②企业经营风险预警指数（ $EFDEWI_{i,\,t}$ ）；③表示企业被特别处理的虚拟变量（ $ST_{i,\,t}$ ）。由于被解释变量为虚拟变量，模型（6-1）采用 Logit 方法进行回归。

根据研究 H1~H4，β_1 为待检验系数。若 H1~H4 成立，则当解释变量 $X_{i,\,t}$ 取 $EFDEWI_{i,\,t}$ 时，β_1 应该显著小于 0，表示企业发生财务危机的可能性越大（企业经营风险预警指数越小），则越容易发生管理重组、经营重组、资产重组和债务重组。而当解释变量取 $Distress_{i,\,t}$ 或 $ST_{i,\,t}$ 时，β_1 应该显著大于 0，表示相比于财务状况正常的公司，被特别处理的公司更有可能发生上述四种重组。借鉴章铁生等（2012）、Koh 等（2015）的研究，分别控制公司规模（ *Size* ）、资本结构（ *Lev* ）、现金流量（ *Cfo* ）、企业价值（ *Mb* ）、机构持股（ *Institution* ）五个变量，同时控制了行业和年度固定效应。

为了检验宏观经济风险水平对企业财务危机化解策略的选择是否具有调节作用（H₅），构建如下模型：

$$Y_{i,\,t} = \beta_0 + \beta_1 X_{i,\,t} + \beta_2 High\_MFDEWI_{i,\,t} + \beta_3 X_{i,\,t} * High\_MFDEWI_{i,\,t} + \beta\, Controls_{i,\,t} + \varepsilon_{i,\,t} \qquad (6\text{-}2)$$

其中，$High\_MFDEWI_{i,t}$ 为虚拟变量，该变量取 1 表示宏观经济风险预警指数的取值大于等于中位数（宏观经济风险较小）。根据 H5，β_3 为待检验系数，由于宏观经济风险对企业财务危机化解策略的调节作用方向有待进一步检验，本书不对 β_3 的符号加以预测。该模型中的控制变量与模型（6-1）相同，并同样控制了行业和年度固定效应。值得注意的是，当解释变量取 $ST_{i,t}$ 或者 $Distress_{i,t}$ 时，解释变量、解释变量与 $High\_MFDEWI_{i,t}$ 的交乘项、常数项将形成完全共线性，因此，本书仅展示解释变量取 $EFDEWI$ 时的回归结果。

为了检验行业环境风险水平对企业财务危机化解策略的选择是否具有调节作用（H6），构建如下模型：

$$Y_{i,t} = \beta_0 + \beta_1 X_{i,t} + \beta_2 High\_IFDEWI_{i,t} + \beta_3 X_{i,t} * High\_IFDEWI_{i,t} + \beta Controls_{i,t} + \varepsilon_{i,t} \tag{6-3}$$

其中，$High\_IFDEWI_{i,t}$ 为虚拟变量，该变量取 1 表示行业环境风险预警指数的取值大于等于年度中位数（行业环境风险较小）。由于宏观经济风险对企业财务危机化解策略的调节作用方向有待进一步检验，本书不对 β_3 的符号加以预测。该模型中的控制变量与模型（6-1）相同，并同样控制了行业和年度固定效应。

为了检验管理重组、经营重组、资产重组和债务重组的实施效果（H7），构建如下模型。

$$\Delta EFDEWI_{i,t} = \beta_0 + \beta_1 Ceo_{i,t} + \beta_2 Fee_{i,t} + \beta_3 Fixedassets_{i,t} + \beta_4 Assets_{rec\,i,t} + \beta_5 Debt\_rec_{i,t} + \beta Controls_{i,t} + \varepsilon_{i,t} \tag{6-4}$$

其中，因变量 $\Delta EFDEWI_{i,t}$ 为下一年企业经营风险预警指数与本年企业风险预警指数之差。若实施了四种财务危机化解策略后，企业的财务状况有所改善，则 β_1、β_2、β_3、β_4 的系数应该显著大于 0，且系数越大，则表明该项化解策略的效果越明显。该模型中的控制变量与模型（6-1）相同，并同样控制了行业和年度固定效应，主要变量的定义如表 6-2 所示。

表6-2　变量定义

变量类型	变量名称	变量定义
被解释变量	*Ceo*	虚拟变量，若企业发生了 Ceo 变更则取 1，否则取 0
	Fee	虚拟变量，若与去年相比，企业今年的期间费用下降幅度超过 5% 则取 1，否则取 0
	Fixedassets	虚拟变量，若与去年相比，企业今年的固定资产净值下降幅度超过 5% 则取 1，否则取 0
	Asset_ rec	虚拟变量，若企业今年发生了资产重组则取 1，否则取 0
	Debt_ rec	虚拟变量，若企业今年发生了债务重组则取 1，否则取 0
解释变量	*Distress*	虚拟变量，若企业被梯度提升模型判定为财务危机爆发期则取 1，否则取 0
	EFDEWI	企业经营风险预警指数取值
	ST	虚拟变量，若企业当年被特别处理则取 1，否则取 0
调节变量	*High_ MFDEWI*	虚拟变量，若宏观经济风险预警指数大于等于中位数则取 1，否则取 0
	High_ IFDEWI	虚拟变量，若行业环境风险预警指数大于等于年度中位数则取 1，否则取 0
控制变量	*Size*	企业总资产的自然对数值
	Lev	负债总额/资产总额
	Cfo	当年经营活动现金流量净额/总资产平均余额
	Mb	企业市值/年末总资产
	Institution	机构持股比例

6.3.2.3　样本选取与数据来源

本书选取了 2012~2022 年我国 A 股上市公司为样本。主要数据取自 CS-MAR 数据库，但机构持股比例取自 RESSET 数据库。同时，在全部样本中删除了金融保险业公司样本以及数据缺失样本。

本书在财务危机警情监测系统中计算企业财务危机预警综合指数时，共获得 15330 个样本，但采用分解法计算企业经营风险预警指数时，全部样本都滞后了一期，因此样本量下降为 12305 个。上述 12305 个样本只包括被企业财务危机阶段监测系统判定为处于财务危机潜伏期的公司年度观测值。然而，在本书构建的回归方程中，需要同时出现变量 Distress 以及采用分解法得到的三个预警指数（MFDEWI、IFDEWI 和 EFDEWI）。因此，区别于第 4 章和第 5 章，为了保证实证研究的顺利进行，我们保留了 2012~2022 年被企业财务危机阶段监测系统判定为处于财务危机爆发期的企业样本，共 407 个①，并按照第 5 章中的方法计算得到这 407 个样本的宏观经济风险预警指数（MFDEWI）、行业环境风险预警指数（IFDEWI）和企业经营风险预警指数（EFDEWI）的取值，最终得到有效样本 12712 个。本书对所有连续变量进行了首尾各 1% 的 Winsorize 处理。

6.3.3 实证结果与分析

6.3.3.1 描述性统计

表 6-3 呈现了变量的描述性统计结果。从中可以看出，接近 27% 的样本发生了 CEO 变更。在 16.2% 的样本中，企业的期间费用发生了明显下降，21.6% 的企业的固定资产净值明显下降，58.8% 的企业发生了各种形式的资产重组，其中大多数为股权转让，而仅有 0.4% 的企业发生了债务重组。控制变量中，Lev 和 Cfo 的均值和中位数较为接近，说明这两个变量基本服从正态分布。

---

① 在全部 25387 个测试样本中，被企业财务危机阶段监测子系统判定为处于财务危机爆发期的公司年度观测值共有 928 个。但这里需要利用分解法计算三个指数，因此同样滞后了一期，并剔除了含有缺漏值的样本，最终剩下 407 个公司年度观测值。在稳健性检验中，我们剔除了这 407 个样本和变量 Distress，仅采用 EFDEWI 和 ST 作为企业财务危机的代理变量，并利用剩下的处于财务危机潜伏期的 12305 个样本估计模型，研究结论保持不变。

表 6-3 变量的描述性统计结果

变量	样本数量	均值	中位数	标准差	最小值	最大值
Ceo	12712	0.269	0.000	0.443	0.000	1.000
Fee	12712	0.162	0.000	0.369	0.000	1.000
Fixedassets	12712	0.216	0.000	0.412	0.000	1.000
Asset_ rec	12712	0.588	1.000	0.309	0.000	1.000
Debt_ rec	12712	0.004	0.000	0.059	0.000	1.000
Distress	12712	0.032	0.000	0.173	0.000	1.000
EFDEWI	12712	0.007	0.011	0.213	−0.844	0.535
ST	12712	0.029	0.000	0.169	0.000	1.000
Size	12712	22.454	22.281	1.276	19.953	26.186
Lev	12712	0.515	0.516	0.184	0.125	0.931
Cfo	12712	0.040	0.040	0.073	−0.189	0.237
Mb	12712	0.569	0.549	0.247	0.113	1.111
Institution	12712	5.273	3.820	4.876	0.170	22.950

6.3.3.2 相关性检验

表 6-4 报告了变量间的 Pearson 相关系数。从中可以看出，五个表示财务危机化解策略的变量 *Ceo*、*Fee*、*Fixedassets*、*Asset_ rec* 和 *Debt_ rec* 间的相关系数都大于 0，且这五个变量与 *EFDEWI* 的相关系数都小于 0，与 *Distress* 和 ST 的相关系数都大于 0，相关性检验的结果显示，企业的财务状况越差（*EFDEWI* 越小），则企业越有可能采用管理重组、经营重组、资产重组和债务重组的方式来缓解财务困境，H1～H4 得到了初步证实。上述五个变量与公司规模（*Size*）的相关系数表明，公司规模越大，则 CEO 变更越频繁，且大公司进行资产重组的可能性较高，但大公司较少采用经营重组和债务重组的方式改善绩效。未报告的 VIF 检验显示，全部解释变量和控制变量的 VIF 都小于 5，说明模型不存在严重的共线性问题。

表6-4 变量的相关性检验

变量	Ceo	Fee	Fixedassets	Asset_rec	Debt_rec	Distress	EFDEWI	ST	Size	Lev	Cfo	Mb	Institution
Ceo	1.000												
Fee	0.057	1.000											
Fixedassets	0.058	0.181	1.000										
Asset_rec	0.005	0.033	0.005	1.000									
Debt_rec	0.008	0.037	0.029	-0.115	1.000								
Distress	0.081	0.121	0.079	0.024	0.121	1.000							
EFDEWI	-0.064	-0.059	-0.148	-0.018	-0.036	-0.064	1.000						
ST	0.078	0.101	0.087	0.019	0.104	0.887	-0.058	1.000					
Size	0.044	-0.055	-0.150	0.033	-0.037	-0.078	0.100	-0.074	1.000				
Lev	0.059	-0.012	0.015	0.035	0.040	0.113	-0.281	0.107	0.382	1.000			
Cfo	-0.019	0.002	-0.048	-0.055	-0.012	-0.038	0.258	-0.027	0.027	-0.170	1.000		
Mb	0.037	-0.027	-0.061	-0.063	-0.016	-0.064	-0.098	-0.066	0.626	0.420	-0.065	1.000	
Institution	-0.037	-0.083	-0.084	0.063	-0.019	-0.060	0.180	-0.056	0.027	-0.042	0.047	-0.125	1.000

6.3.3.3 实证分析过程

（1）财务危机程度与企业化解策略选择。表 6-5 为 H1~H4 的检验结果。从中可以看出，当解释变量为 $EFDEWI$ 时，前 4 列中 $EFDEWI$ 的系数都为负，且至少在 10%的水平下显著，第（5）列中 $EFDEWI$ 的系数也为负，但并不显著；当解释变量为 $Distress$ 和 ST 时，5 列中因变量的系数均为正，且在 1%的水平下显著。$EFDEWI$ 为连续型变量，$EFDEWI$ 越小，表明企业自身的经营风险越大，而 $Distress$ 或 ST 取 1 表明企业陷入了严重的财务危机。因此，表 6-5 的结果显示，当企业陷入财务困境时，会同时采用管理重组、经营重组和资产重组的方式加以应对，但企业只有陷入严重的财务危机时，才会发生债务重组。由于债务重组需要企业与债权人重新就债务合约进行谈判才能实现，且债权人必须做出一定的让步，因此，只有在企业发生严重财务危机、偿债能力严重恶化时，才有可能发生债务重组。综合来看，本书的研究结果符合理论预期。H1~H4 得到了证实。

表 6-5 财务危机程度与企业化解策略选择

PanelA：解释变量= $Distress$

变量	（1）	（2）	（3）	（4）	（5）
	Ceo	Fee	$Fixedassets$	$Asset\_rec$	$Debt\_rec$
$Distress$	0.749***	1.098***	0.673***	0.225***	2.541***
	(6.68)	(8.21)	(5.63)	(3.16)	(6.19)
$Size$	0.010	−0.281***	−0.347***	0.139***	−0.909***
	(0.44)	(−8.61)	(−10.89)	(5.22)	(−3.42)
Lev	0.354***	−0.142	0.299**	0.742***	4.756***
	(2.38)	(−0.87)	(2.39)	(4.93)	(5.81)
Cfo	−0.184	−0.067	0.249	−1.941***	0.121
	(−0.59)	(−0.17)	(0.95)	(−5.90)	(0.09)
Mb	0.098	0.645***	0.232	−0.097***	0.841
	(0.58)	(4.69)	(1.32)	(−7.28)	(0.69)

PanelA：解释变量 = *Distress*

变量	（1）	（2）	（3）	（4）	（5）
	Ceo	*Fee*	*Fixedassets*	*Asset_ rec*	*Debt_ rec*
Institution	−0. 011 ***	−0. 031 ***	−0. 037 ***	0. 027 ***	−0. 033
	（−2. 65）	（−6. 32）	（−7. 50）	（4. 92）	（−1. 08）
Constant	−1. 673 ***	3. 751 ***	6. 263 ***	−1374 ***	−2. 331
	（−3. 33）	（5. 54）	（12. 31）	（−3. 03）	（−0. 00）
Industry fixed effects	控制	控制	控制	控制	控制
Year fixed effects	控制	控制	控制	控制	控制
Observations	12712	12712	12712	12712	12712
Pseudo R²	0. 0159	0. 0643	0. 0627	0. 0417	0. 183

Panel B：解释变量 = *EFDEWI*

变量	（1）	（2）	（3）	（4）	（5）
	Ceo	*Fee*	*Fixedassets*	*Asset_ rec*	*Debt_ rec*
EFDEWI	−0. 479 ***	−0. 275 **	−1. 152 ***	−0. 230 *	−0. 057
	（−4. 46）	（−2. 15）	（−10. 03）	（−1. 87）	（−0. 09）
Size	0. 016	−0. 286 ***	−0. 395 ***	0. 135 ***	−0. 923 ***
	（0. 64）	（−8. 77）	（−12. 75）	（4. 89）	（−3. 71）
Lev	0. 373 ***	−0. 159	0. 359 **	0. 738 ***	4. 636 ***
	（2. 68）	（−0. 96）	（2. 39）	（4. 78）	（5. 20）
Cfo	−0. 207	−0. 082	0. 346	−1. 930 ***	0. 117
	（−0. 68）	（−0. 22）	（1. 05）	（−5. 55）	（0. 06）
Mb	0. 105	0. 754 ***	0. 246	−1. 102 ***	0. 866
	（0. 77）	（4. 42）	（1. 57）	（−7. 40）	（0. 75）
Institution	−0. 012 ***	−0. 038 ***	−0. 032 ***	0. 024 ***	−0. 045
	（−2. 70）	（−6. 55）	（−6. 28）	（4. 63）	（−1. 16）
Constant	−1. 563 ***	3. 846 ***	6. 874 ***	−1. 448 ***	−1. 895
	（−3. 43）	（5. 89）	（11. 13）	（−2. 61）	（−0. 00）
Industry fixed effects	控制	控制	控制	控制	控制
Year fixed effects	控制	控制	控制	控制	控制
Observations	12712	12712	12712	12712	12712
Pseudo R²	0. 0138	0. 0576	0. 0648	0. 0418	0. 144

Panel C：解释变量 = *ST*

变量	(1)	(2)	(3)	(4)	(5)
	Ceo	*Fee*	*Fixedassets*	*Asset_ rec*	*Debt_ rec*
ST	0.826***	1.146***	0.711***	0.326***	2.084***
	(7.61)	(9.84)	(6.28)	(2.60)	(5.43)
Size	−0.002	−0.288***	−0.462***	0.145***	−0.843***
	(−0.10)	(−9.05)	(−15.30)	(5.42)	(−3.47)
Lev	0.400***	−0.313**	0.689***	0.705***	3.219***
	(2.99)	(−1.96)	(4.82)	(4.77)	(3.68)
Cfo	−0.475	−0.260	−0.271	−1.778***	−0.472
	(−1.59)	(−0.72)	(−0.85)	(−5.28)	(−0.25)
Mb	0.272**	0.940***	0.539***	−1.172***	1.369
	(2.01)	(5.52)	(3.47)	(−7.93)	(1.19)
Institution	−0.013***	−0.037***	−0.036***	0.024***	−0.034
	(−2.81)	(−6.30)	(−6.93)	(4.75)	(−0.90)
Constant	−1.422***	3.773***	7.968***	−1.591***	−2.531
	(−2.89)	(5.87)	(13.16)	(−2.94)	(−0.00)
Industry fixed effects	控制	控制	控制	控制	控制
Year fixed effects	控制	控制	控制	控制	控制
Observations	12712	12712	12712	12712	12712
Pseudo R²	0.0163	0.0651	0.0600	0.0420	0.186

注：括号中为 Z 值，Z 值经过公司与时间两维度聚类修正，***、**、* 分别表示在1%、5%、10%统计意义上显著。

（2）宏观经济风险的调节作用。表6-6报告了宏观经济风险对企业财务危机化解策略调节作用的检验结果。从中可以看出，在前4列中 *EFDEWI* 的系数小于0，表明企业面对财务危机时，会采用管理重组、经营重组和资产重组的方式加以应对。第（5）列中尽管 *EFDEWI* 的系数不显著，但同样小于0。交乘项 *High_ MFDEWI * EFDEWI* 的系数在第（2）列和第（5）列中是显著小于0的，说明当宏观经济风险较小时，发生企业财务危机的公司可能会倾向于选择经营重组和债务重组，而不太可能选择管理重组和资产重组的方式改善财务状况。综合来看，表 6-6 的结果在一定程度上支持了 H5。

表 6-6　宏观经济风险的调节作用

变量	（1）	（2）	（3）	（4）	（5）
	Ceo	*Fee*	*Fixedassets*	*Asset_ rec*	*Debt_ rec*
EFDEWI	-0. 479 ***	-0. 275 **	-1. 152 ***	-0. 230 *	-0. 057
	（-4. 46）	（-2. 15）	（-10. 03）	（-1. 87）	（-0. 09）
High_ MFDEWI	12. 159	10. 482 ***	-7. 883	9. 007	-4. 652 *
	（0. 89）	（6. 53）	（-0. 52）	（0. 54）	（-1. 73）
*High_ MFDEWI * EFDEWI*	-2. 936	-6. 685 ***	4. 725	-5. 167	-10. 632 *
	（-0. 87）	（-6. 49）	（0. 53）	（-0. 54）	（-1. 74）
Size	0. 016	-0. 286 ***	-0. 395 ***	0. 135 ***	-0. 923 ***
	（0. 64）	（-8. 77）	（-12. 75）	（4. 89）	（-3. 71）
Lev	0. 373 ***	-0. 159	0. 359 **	0. 738 ***	4. 636 ***
	（2. 68）	（-0. 96）	（2. 39）	（4. 78）	（5. 20）
Cfo	-0. 207	-0. 082	0. 346	-1. 930 ***	0. 117
	（-0. 68）	（-0. 22）	（1. 05）	（-5. 55）	（0. 06）
Mb	0. 105	0. 754 ***	0. 246	-1. 102 ***	0. 866
	（0. 77）	（4. 42）	（1. 57）	（-7. 40）	（0. 75）
Institution	-0. 012 ***	-0. 038 ***	-0. 032 ***	0. 024 ***	-0. 045
	（-2. 70）	（-6. 55）	（-6. 28）	（4. 63）	（-1. 16）
Constant	-1. 673 ***	3. 846 ***	6. 874 ***	-1. 448 ***	-1. 895
	（-3. 33）	（5. 89）	（11. 13）	（-2. 61）	（-0. 00）
Industry fixed effects	控制	控制	控制	控制	控制
Year fixed effects	控制	控制	控制	控制	控制
Observations	12712	12712	12712	12712	12712
Pseudo R^2	0. 0138	0. 0576	0. 0648	0. 0418	0. 144

注：括号中为 Z 值，Z 值经过公司与时间两维度聚类修正，***、**、* 分别表示在 1%、5%、10%统计意义上显著。

（3）行业环境风险的调节作用。表 6-7 报告了行业环境风险调节效应

（H6）的检验结果。从表中可以看出，当解释变量为 *EFDEWI* 时，第（1）~
第（3）列中 *EFDEWI* 的系数都小于0，且至少在10%的水平上显著，进一步
说明企业在面临财务危机时，会选择采用管理重组和经营重组的方式改善绩
效。值得注意的是，在 Panel B 中，*High_ IFDEWI * EFDEWI* 的系数在第
（4）列中显著为负，说明行业环境风险越小，财务困境企业越有可能选择资
产重组。

表 6-7　行业环境风险的调节作用

Panel A：解释变量 = *Distress*

变量	(1)	(2)	(3)	(4)	(5)
	Ceo	*Fee*	*Fixedassets*	*Asset_ rec*	*Debt_ rec*
Distress	0.414 **	1.257 ***	0.644 ***	0.419 **	2.261 ***
	(2.68)	(5.23)	(3.32)	(2.71)	(3.56)
High_ IFDEWI	-0.059	0.071	-0.099 *	0.089 *	-0.079
	(-1.14)	(1.28)	(-1.90)	(1.87)	(-0.19)
*High_ IFDEWI * Distress*	0.562 **	-0.049	0.057	0.141	-0.089
	(2.31)	(-0.27)	(0.29)	(0.60)	(-0.21)
Size	-0.461	-0.238	-0.241	-1.781 ***	-0.464
	(-1.42)	(-0.91)	(-0.71)	(-5.45)	(-0.27)
Lev	-0.002	-0.298 ***	-0.458 ***	0.158 ***	-0.838 ***
	(-0.07)	(-10.01)	(-15.23)	(5.62)	(-3.24)
Cfo	0.421 ***	-0.309 *	0.686 ***	0.728 ***	3.429 ***
	(2.97)	(-1.84)	(4.59)	(5.36)	(3.78)
Mb	0.268 *	0.942 ***	0.538 ***	-1.161 ***	1.342
	(1.98)	(5.81)	(3.42)	(-7.91)	(1.23)
Institution	-0.014 ***	-0.028 ***	-0.041 ***	0.028 ***	-0.037
	(-2.91)	(-6.42)	(-7.01)	(4.92)	(-0.98)
Constant	-1.428 ***	3.765 ***	7.289 ***	-1.765 ***	-2.981
	(-2.89)	(6.62)	(11.96)	(-3.21)	(-0.00)
Industry fixed effects	控制	控制	控制	控制	控制
Year fixed effects	控制	控制	控制	控制	控制

续表

Panel A: 解释变量 = *Distress*

变量	(1)	(2)	(3)	(4)	(5)
	Ceo	*Fee*	*Fixedassets*	*Asset_ rec*	*Debt_ rec*
Observations	12712	12712	12712	12712	12712
Pseudo R^2	0.0139	0.0592	0.0661	0.0424	0.147

Panel B: 解释变量 = *EFDEWI*

变量	(1)	(2)	(3)	(4)	(5)
	Ceo	*Fee*	*Fixedassets*	*Asset_ rec*	*Debt_ rec*
EFDEWI	-0.478***	-0.372*	-1.348***	-0.293	0.407
	(-2.92)	(-1.85)	(-7.68)	(-1.62)	(0.42)
High_ IFDEWI	-0.046	0.080	-0.104**	0.103**	-0.108
	(-0.97)	(1.35)	(-1.99)	(1.99)	(-0.30)
High_ IFDEWI * *EFDEWI*	-0.009	0.160	0.299	-0.185***	-0.812
	(-0.04)	(0.67)	(1.41)	(-3.39)	(-0.69)
Size	-0.196	-0.108	0.352	-1.950***	0.174
	(-0.64)	(-0.29)	(1.07)	(-5.60)	(0.09)
Lev	0.017	-0.289***	-0.392***	0.132***	-0.926***
	(0.70)	(-8.83)	(-12.65)	(4.78)	(-3.71)
Cfo	0.367***	-0.149	0.343**	0.751***	4.637***
	(2.64)	(-0.90)	(2.28)	(4.85)	(5.20)
Mb	0.098	0.771***	0.235	-1.086***	0.845
	(0.72)	(4.51)	(1.49)	(-7.29)	(0.73)
Institution	-0.012***	-0.038***	-0.032***	0.023***	-0.044
	(-2.69)	(-6.55)	(-6.23)	(4.59)	(-1.15)
Constant	-1.702***	3.900***	6.799***	-1.378**	-0.415
	(-3.38)	(5.96)	(10.99)	(-2.48)	(-0.00)
Industry fixed effects	控制	控制	控制	控制	控制
Year fixed effects	控制	控制	控制	控制	控制
Observations	12712	12712	12712	12712	12712
Pseudo R^2	0.0139	0.0578	0.0653	0.0421	0.144

续表

Panel C：解释变量 = ST

变量	(1)	(2)	(3)	(4)	(5)
	Ceo	Fee	Fixedassets	Asset_ rec	Debt_ rec
ST	0. 442 **	1. 187 ***	0. 678 ***	0. 424 *	2. 152 ***
	(2. 19)	(5. 52)	(3. 28)	(1. 95)	(3. 63)
High_ IFDEWI	−0. 062	0. 075	−0. 103 *	0. 096 *	−0. 082
	(−1. 28)	(1. 23)	(−1. 96)	(1. 81)	(−0. 21)
High_ IFDEWI * ST	0. 543 **	−0. 061	0. 053	0. 138	−0. 097
	(2. 29)	(−0. 24)	(0. 22)	(0. 53)	(−0. 14)
Size	−0. 465	−0. 274	−0. 256	−1. 795 ***	−0. 453
	(−1. 56)	(−0. 76)	(−0. 81)	(−5. 33)	(−0. 24)
Lev	−0. 001	−0. 290 ***	−0. 460 ***	0. 143 ***	−0. 845 ***
	(−0. 04)	(−9. 09)	(−15. 23)	(5. 34)	(−3. 48)
Cfo	0. 400 ***	−0. 307 *	0. 679 ***	0. 713 ***	3. 209 ***
	(2. 99)	(−1. 92)	(4. 74)	(4. 82)	(3. 67)
Mb	0. 263 *	0. 952 ***	0. 527 ***	−1. 158 ***	1. 360
	(1. 94)	(5. 58)	(3. 39)	(−7. 84)	(1. 18)
Institution	−0. 013 ***	−0. 037 ***	−0. 035 ***	0. 024 ***	−0. 034
	(−2. 80)	(−6. 30)	(−6. 90)	(4. 73)	(−0. 90)
Constant	−1. 437 ***	3. 816 ***	7. 923 ***	−1. 532 ***	−2. 704
	(−2. 92)	(5. 93)	(13. 07)	(−2. 82)	(−0. 00)
Industry fixed effects	控制	控制	控制	控制	控制
Year fixed effects	控制	控制	控制	控制	控制
Observations	12712	12712	12712	12712	12712
Pseudo R^2	0. 0139	0. 0578	0. 0653	0. 0421	0. 144

注：括号中为 Z 值，Z 值经过公司与时间两维度聚类修正，***、**、* 分别表示在 1%、5%、10% 统计意义上显著。

当解释变量为 Distress 或 ST 时，解释变量的系数在 5 列中都显著大于 0，说明相比于其他公司，陷入财务危机爆发期的公司更有可能采取四种重组策略。High_ IFDEWI 与解释变量的交乘项在第（1）列中显著大于 0，说明当行业风险较小时，陷入财务危机的公司更有可能更换 CEO，当行业风险较小时，公司若仍然陷入财务危机，则可能是由其本身经营不善所致。因此，发生 CEO 变更比较符合常理，表 6-7 的结果在一定程度上支持了 H6。

（4）财务危机化解策略的有效性检验。表 6-8 报告了式（6-16）的回归结果，由于因变量是一个差分项，因此样本量减小为 10294 个。表 6-8 显示，Fee、$Fixedassets$、$Asset\_rec$、$Debt\_rec$ 的系数均显著大于 0，而 Ceo 的系数虽然为正，但并不显著。结果表明，采用管理重组未必能改善企业未来绩效，本研究在一定程度上支持了"替罪羊假说"，而并未支持"经理能力假说"。同时，采用经营重组、资产重组和债务重组的方式，可以在一定程度上改善企业绩效，能为企业早日摆脱财务危机产生积极影响。由于上述 5 个变量都是虚拟变量，故直接比较它们的系数就可以得出不同化解策略的作用大小。就表 6-8 来看，债务重组对财务危机风险的降低作用最大，另外是经营重组和资产重组，在我国的资本市场中，管理重组对改善困境公司经营绩效的作用并不明显。

表 6-8 财务危机化解策略的有效性检验

变量	（1）	（2）
	$dEFDEWI$	$dEFDEWI$
Ceo	0.007	0.008
	(1.39)	(1.49)
Fee	0.065***	0.069***
	(10.11)	(10.53)
$Fixedassets$	0.013**	0.012**
	(2.30)	(2.02)
$Asset\_rec$	0.023***	0.024***
	(4.06)	(4.09)
$Debt\_rec$	0.074*	0.075*
	(1.75)	(1.79)

变量	(1) dEFDEWI	(2) dEFDEWI
Size	0.004 (1.49)	0.006** (2.15)
Lev	0.003 (0.19)	−0.002 (−0.11)
Cfo	0.385*** (11.38)	0.412*** (11.72)
Mb	−0.027** (−2.04)	−0.047*** (−3.06)
Institution	0.001** (2.24)	0.001* (1.91)
Constant	2.728*** (6.74)	6.845*** (11.97)
Industry fixed effects	未控制	控制
Year fixed effects	未控制	控制
Observations	10294	10294
R^2	0.030	0.033
Adj_R^2	0.0289	0.0287
F	28.63	8.047

注：括号中为 T 值，T 值经过公司与时间两维度聚类修正，***、**、*分别表示在 1%、5%、10%统计意义上显著。

6.3.4 稳健性检验

为了保证研究结论的稳健性，本章采取了如下的稳健性检验。

第一，删除处于财务危机爆发期的 407 个样本和变量 Distress，仅采用 EFDEWI 和 ST 作为企业财务危机的代理变量，利用剩下的处于财务危机潜伏期的 12305 个样本重新估计本节中的全部模型，研究结论基本保持不变。

第二，考虑到可能的内生性问题，将全部的解释变量和控制变量都滞后一期，并重新估计本节中全部模型，研究结论基本保持不变。

第三，采用第 6 章中遴选出的财务风险预警指标，并采用 Dechow 等（2011）的方法编制 F 计分值，以 F 计分值作为企业财务危机程度的衡量，并重新估计本节中的全部模型，研究结论基本保持不变。

第四，Calomiris 和 Carlson（2016）发现，公司治理水平会影响企业的风险管理行为，进而影响财务危机化解策略。Borisova 等（2015）的研究表明，公司治理水平会影响企业本身的财务风险水平。鉴于此，在控制变量中加入下列公司治理的相关变量：一是二职合一，二是独立董事占比，三是股权集中度，计算方法如第 3 章所示。加入上述控制变量后，重新估计本节中的全部模型，研究结论基本保持不变。

第五，采用赫芬达尔指数衡量行业环境风险程度。赫芬达尔指数越小，行业竞争程度越高，可以认为行业环境风险越高。利用赫芬达尔指数取代行业环境风险预警指数，进行行业环境风险的调节效应检验，研究结论基本不变。

综上所述，稳健性检验表明，本研究的结论是稳健的。

6.3.5 研究结论

本节利用 2012~2022 年 A 股非金融类上市公司的数据，重点探讨了三个问题。第一，面对财务危机，企业究竟会选择四种策略中的哪几种加以应对？第二，宏观经济风险和行业环境风险会不会对企业的化解策略产生影响？第三，采用了这四种策略之后，企业的财务状况是否会发生好转？换言之，上述四种化解策略的效果究竟如何？实证研究的结果表明，第一，面对财务危机，企业的确会采用管理重组、经营重组、资产重组和债务重组的方式来应对财务危机，以期能改善公司绩效，化解财务困境。第二，宏观经济风险和行业环境风险都对企业财务危机化解策略的选择具有调节作用。具体而言，宏观经济风险较低时，财务危机企业倾向于选择经营重组和债务重组方式，而不太可能选择管理重组和资产重组方式应对财务危机；而行业环境风险较低时，若企业仍然陷入财务危机，则主要是由于企业自身经营不善。因此，企业往往会采用管理重组方式缓解财务危机，其直接后果就是导致 CEO 发生变更；此外，行业环境风险越低，则越有可能发生资产重组。第三，上述四种化解策略的效果并不相同。本研究表明，在中国资本市场中，债务重组对企业财务危机的缓解作用大于经营重组，经营重组大于资产重组。上述三种方式都有助于改善企业绩效，并在一定程度上化解财务危机。但管理重组对困境企业绩效改善的效果不明显，说明 CEO 往往是企业陷入财务危机的"替罪羊"，简单更换 CEO 并不能从根本上解决企业面临的实际问题。本研究能够为企业选取财务危机化解策略提供参考，也能为企业的投资者、债权人等利益相关者理性决策提供借鉴。

在本节的实证研究全过程中，当采用 *Distress* 或 *ST* 作为解释变量时，回归结果具有高度一致性，而采用 *EFDEWI* 作为解释变量，或者采用 *High_ MFDEWI* 以及 *High_ IFDEWI* 作为调节变量时，主要变量的符号和显著性也符合预期。由此可以得出结论，本书所构建的企业财务危机动态预警系统具有较好的预警效果，且本书所编制的宏观经济风险预警指数、行业环境风险预警指数和企业经营风险预警指数能在一定程度上分别反映宏观经济环境、行业环境和企业自身因素对财务危机程度的影响大小。总体而言，实证检验的结果证实了企业财务危机动态预警系统的有效性。

本章小结

本章首先基于梯度提升模型报告的预警指标相对重要性得分（RVI）探讨了企业财务危机的事前防控路径和事后化解策略。在此基础上对企业财务危机化解策略的选择问题进行了实证分析，以期对财务危机企业早日走出困境提供参考。研究表明，企业的确会采用管理重组、经营重组、资产重组和债务重组的方式应对财务危机。四种化解策略中，债务重组对企业财务危机的缓解作用大于经营重组，经营重组大于资产重组，而管理重组在中国资本市场中并未发挥明显作用。宏观经济和行业环境对企业财务危机的化解策略选择具有一定的调节作用。实证研究的结果能为企业有效防范和化解财务危机提供参考，也从一个侧面证明了本文构建的企业财务危机动态预警系统的有效性。

7 结论与展望

7.1 研究结论

在经济新常态和供给侧改革的背景下，企业财务危机的形成原因越来越复杂多样，且具有高度的不确定性、不可预测性和动态性特征。进一步剖析企业财务危机的驱动因素，寻找企业财务危机的预警指标，建立财务危机动态预警系统，进而探索企业财务危机的事前防控和事后化解策略，对企业所有的利益相关者都显得极其重要，也是供给侧改革下有效处置僵尸企业的前提条件和必然要求。鉴于传统的财务危机预警建模技术存在一定的局限性，本书将梯度提升模型引入企业财务危机预警领域，建立了企业财务危机动态预警系统，该系统集财务危机的判断、监测、预测和定位四大功能于一体，能够为企业改善自身财务状况提供一定借鉴，也能为政府部门有效识别和处置僵尸企业提供一定的参考。

具体而言，首先，本书深入剖析了企业财务危机的驱动因素和风险警兆，在此基础上建立了企业财务危机动态预警指标体系。其次，引入梯度提升模型，构建了企业财务危机动态预警系统。该系统分为四个子系统，即企业财务危机阶段监测子系统、警情监测子系统、动态监测子系统和预警定位子系统。在企业财务危机阶段监测子系统中，本书利用梯度提升模型训练出一个精准的分类器，将全部上市公司分为财务危机潜伏期和财务危机爆发期两大类，并采用该系统提供的预警指标的 RVI 得分对预警指标加以遴选；在企业财务危机警情监测子系统中，本书采用功效系数法将遴选后的指标转化为企业财务危机预警个体指数，将预警指标的 RVI 得分进行归一化处理，得到各个预警个体指数的权重，随后经过加权，得到企业财务危机预警综合指数。利用该指数，可以对处于财务危机潜伏期企业的财务状况加以进一步区分，并为企业利益相关者的决策提供直接指导；企业财务危机动态监测子系统包含两个功能：第一，对未来会陷入财务危机的企业加以预测，第二，对剩下的企业预测其财务危机预警综合指数的变化趋势，从而帮助企业利益相关者对企业的未来前景和财务风险变动情况加以判断；在企业财务危机预警定位系统中，采用可视化矩阵的方法对企业财务危机按其驱动因素进行了预警定位分析。最后，本书对企业财务危机的事前防控路径和事后化解策略进行了分析，并实证检验了企业财务危机的严重程度与化解策略选择的关系。通过本书的研究，取得了如下成果：

（1）搭建企业财务危机动态预警的理论基石。在总结国内外研究现状的基础上建立起企业财务危机动态预警的理论基石。首先对企业财务危机进行了界定，确定了本书的研究范围；其次运用真实商业周期理论、行业轮动理论以及财务危机发生路径理论建立起企业财务危机动态预警的理论基础；最后对主流的财务危机预警建模技术进行了对比分析，说明了梯度提升模型相较其他方法的优势所在。

（2）分析了企业财务危机的驱动因素和风险警兆，在此基础上将财务危机的驱动因素和风险警兆相结合，构建了包含 6 大类财务指标和 3 大类非财务指标的企业财务危机动态预警指标体系。

（3）构建了基于梯度提升模型的企业财务危机动态预警系统。首先分析了梯度提升模型的主要特征、训练过程和预警结果，以及该方法在企业财务危机预警领域的适用性，其次采用梯度提升模型作为主要的建模技术，构建了企业财务危机动态预警系统。该系统包括四个子系统，即企业财务危机阶段监测子系统、警情监测子系统、动态监测子系统和预警定位子系统。本书构建的企业财务危机动态预警系统集判断、监测、预测和定位等功能于一体，具有较高的实用价值。

（4）企业财务危机动态预警系统构建的实证研究。本书收集了 2012～2022 年全部 A 股非金融类上市公司的数据，并为每一个 ST 公司选择了一个配对公司，采用 ST 公司以及配对公司在其首次被 ST 之前 1 年（t-1 年）、2 年（t-2 年）和 3 年（t-3 年）的数据作为训练样本，采用其他公司数据作为测试样本，分别构建了企业财务危机动态预警系统的四大子系统。利用企业财务危机阶段监测系统将全部上市公司分为财务危机潜伏期和财务危机爆发期两大类；利用财务危机警情监测系统编制财务危机预警综合指数，将处于财务危机潜伏期的企业按照其发生财务危机的可能性进行进一步细分；利用企业财务危机动态监测子系统按照财务危机的驱动因素对企业财务预警综合指数进行分解，并对未来可能爆发财务危机的企业以及其他企业财务危机预警综合指数的变化趋势加以预测；利用企业财务危机预警定位系统采用可视化矩阵的方法对企业爆发财务危机的原因进行预警定位分析。

（5）企业财务危机的事前防控和事后化解策略。企业财务危机动态预警系统能将全部企业分为财务危机潜伏期和财务危机爆发期两大类。与之相对应，本书将企业财务危机的应对策略分为事前的防控路径和事后的化解策略两部分。从财务预警指标和预警结果出发，以 RVI 较大的指标作为防范企业财务危机的主要抓手，提出财务危机的事前防控路径；并进一步分析了企业财务危机的事后化解策略，最后采用面板数据方法探索了企业财务危机程度与化解策略选择的关系。

7.2　主要创新点

本书的主要创新点可以概括为以下三个方面：

（1）将梯度提升模型引入企业财务危机预警领域，建立了多维度、多指标的企业财务危机预警指标体系。

将梯度提升模型引入企业财务危机预警领域。该方法属于机器学习中的集成学习算法，能够克服采用传统预警方法所导致的共线性、缺漏值等问题。同时，该方法能够处理大量预警指标，因此，本书根据财务危机的驱动因素和风险警兆，构建了包含78个指标的财务危机预警指标体系，从而在极大程度上避免了传统财务危机预警方法可能存在的遗漏变量问题，最大限度地保证了预警结果的准确性。本书构建的指标体系中，盈余管理指标、市场指标和审计师行为指标较少被纳入财务危机预警指标体系，而本书在一定程度上拓展了财务危机预警指标的选取范围。

（2）建立了基于梯度提升模型的企业财务危机动态预警系统，为理解企业财务危机从潜伏到爆发的全过程提供了新的工具。

采用梯度提升模型作为主要的建模技术，构建了包含企业财务危机阶段监测系统、警情监测系统、动态监测系统和预警定位系统四个子系统的企业财务危机动态预警系统。该系统集财务危机的判断、监测、预测和定位功能于一体。该系统采用梯度提升模型作为主要的建模技术，在保持较高预警精度的前提下，提升了预警结果的透明性，为企业利益相关者理解企业财务危机从潜伏到爆发的全过程提供了新的工具。

（3）从事前防控和事后化解的角度提出了企业财务危机的全程应对策略。

　　通过企业财务危机动态预警系统能将全部企业分为财务危机潜伏期和财务危机爆发期两大类。与之相对应，本书将企业财务危机的应对策略分为事前的防控路径和事后的化解策略两部分。从财务预警指标出发，以 RVI 较大的指标作为防范企业财务危机的主要抓手，提出财务危机的事前防控路径；鉴于财务危机爆发后，企业的财务状况已经发生实质性变化，本书进一步提出了基于重组的企业财务危机事后化解策略，并对财务危机化解策略的实施效果进行了实证检验。本书的研究能为企业财务危机的事前防控和事后化解提供借鉴，也能为政府部门有效处置僵尸企业提供参考。

7.3　研究展望

　　对企业财务危机进行动态预警是一项复杂而艰巨的任务。尽管本书从多个方面揭示了企业财务危机动态问题的部分实质，得出了有一定价值的研究结论，但限于时间、精力和资料的局限，本书的研究尚有值得商榷或有待改进之处，需要在进一步的研究中加以完善和拓展。

　　结合本书研究成果以及未来的发展趋势，企业财务危机预警问题应从以下几个方面展开深入的研究和探讨：

　　（1）更加深入探索企业财务危机系统的复杂适应性特征，从复杂科学的视角全面解释企业财务危机的形成和演化机理，并围绕财务危机的驱动因素进行更加严密的理论探索。

　　（2）梯度提升模型是一个集成学习方法。本书中采用财务危机预警指标作为基分类器，是对该方法的基本运用。事实上，梯度提升模型可以与传统的机器学习方法，如人工神经网络、支持向量机等相结合，将传统机器学习方法的预警结果作为基分类器，并采用梯度提升模型训练出更加精确的预警模型，可能是未来这一领域的研究方向。然而，由于时间、篇幅和资金方面的限制，本书未能将梯度提升模型与传统机器学习算法相结合，这是不足之处。目前，将梯度提升模型运用于财务危机预警领域的文献还较少，后续研究可以沿着这一方向继续进行深入探讨。

（3）本文构建的梯度提升模型主要基于 Python 3.7 实现。该软件作为一种编程语言，掌握起来存在一定的困难。因此，有必要开发类似 SPSS 的视窗化操作软件，这样，才能降低梯度提升模型的运用门槛，并进一步拓展该方法的使用范围。只有将理论研究上升到实际应用层面，才能更好地为企业有效测度风险、防范危机、化解危机提供借鉴。

参考文献

[1] Abellán J, Mantas C J. Improving Experimental Studies about Ensembles of Classifiers for bankruptcy prediction and Credit Scoring [J]. Expert Systems with Applications, 2014, 41 (8): 3825-3830.

[2] Ai H, Kiku D. Growth to Value: Option Exercise and the Cross Section of Equity Returns [J]. Journal of Financial Economics, 2013, 107 (2): 325-349.

[3] Alaka H A, Oyedele L O, Owolabi H A, Kumar V, Ajayi S O, Akinade O O, et al. Systematic Review of Bankruptcy Prediction Models: Towards a Framework for Tool Selection [J]. Expert Systems with Applications, 2018, 94 (2): 164-184.

[4] Alhadab M, Clacher I. The Impact of Audit Quality on Real and Accrual Earnings Management around IPOs [J]. The British Accounting Review, 2018, 50 (4): 442-461.

[5] Altman E I. Financial Ratios, Discriminant Analysis and the Prediction of Corporate Bankrunptcy [J]. The Journal of Finance, 1968, 23 (4): 589-609.

[6] Altman E I, Iwanicz-Drozdowska M, Laitinen E K, Suvas A. Financial Distress Prediction in an International Context: A Review and Empirical Analysis of Altman's Z-Score Model [J]. Journal of International Financial Management & Accounting, 2017, 28 (2): 131-171.

［7］ Amiram D, Bozanic Z, Cox J D, Dupont Q, Karpoff J M, Sloan R. Financial Reporting Fraud and Other Forms of Misconduct: A Multidisciplinary Review of the Literature ［J］. Review of Accounting Studies, 2018, 23 （2）: 732-783.

［8］ Amir E, Kama I, Livnat J. Conditional versus Unconditional Persistence of RNOA Components: Implications for Valuation ［J］. Review of Accounting Studies, 2010, 16 （2）: 302-327.

［9］ Anderson R W, Bustamante M C, Guibaud S, Zervos M. Agency, Firm Growth, and Managerial Turnover ［J］. The Journal of Finance, 2018, 73 （1）: 419-64.

［10］ Annabi A, Breton M, François P. Game Theoretic Analysis of Negotiations under Bankruptcy ［J］. European Journal of Operational Research, 2012, 221 （3）: 603-613.

［11］ Argenti J. Corporate Collapse: The Causes and Symptoms ［M］. London: McGraw Hill, 1976.

［12］ Armstrong C S, Core J E, Guay W R. Do Independent Directors Cause Improvements in Firm Transparency? ［J］. Journal of Financial Economics, 2014, 113 （3）: 383-403.

［13］ Ashbaugh－Skaife H, Collins D W, LaFond R. The Effects of Corporate Governance on Firms' Credit Ratings ［J］. Journal of Accounting and Economics, 2006, 42 （1-2）: 203-243.

［14］ Bae J K. Predicting Financial Distress of the South Korean Manufacturing Industries ［J］. Expert Systems with Applications, 2012, 39 （10）: 9159-9165.

［15］ Baker S R, Bloom N, Davis S J. Measuring Economic Policy Uncertainty ［J］. The Quarterly Journal of Economics, 2016, 131 （4）: 1593-1636.

[16] Ball R, Gerakos J, Linnainmaa J T, Nikolaev V. Accruals, Cash Flows, and Operating Profitability in the Cross Section of Stock Returns [J]. Journal of Financial Economics, 2016, 121 (1): 28-45.

[17] Ban G-Y, E l Karoui N, Lim A E B. Machine Learning and Portfolio Optimization [J]. Management Science, 2018, 64 (3): 1136-1154.

[18] Bansal R, Kiku D, Shaliastovich I, Yaron A. Volatility, the Macroeconomy, and Asset Prices [J]. The Journal of Finance, 2014, 69 (6): 2471-2511.

[19] Barboza F, Kimura H, Altman E. Machine Learning Models and Bankruptcy Prediction [J]. Expert Systems with Applications, 2017, 83 (4): 405-417.

[20] Barrot J-N. Investor Horizon and the Life Cycle of Innovative Firms: Evidence from Venture Capital [J]. Management Science, 2017, 63 (9): 3021-3043.

[21] Bates D S. U.S. Stock Market Crash Risk, 1926 - 2010 [J]. Journal of Financial Economics, 2012, 105 (2): 229-259.

[22] Beaver W H, Correia M, McNichols M F. Do Differences in Financial Reporting Attributes Impair the Predictive Ability of Financial Ratios for Bankruptcy? [J]. Review of Accounting Studies, 2012, 17 (4): 969-1010.

[23] Becker S D, Mahlendorf M D, Schäffer U, Thaten M. Budgeting in Times of Economic Crisis [J]. Contemporary Accounting Research, 2016, 33 (4): 1489-1517.

[24] Beneish M D, Press E, Vargus M E. Insider Trading and Earnings Management in Distressed Firms [J]. Contemporary Accounting Research, 2012, 29 (1): 191-220.

[25] Bhojraj S, Sengupta P, Zhang S. Takeover Defenses: Entrenchment

and Efficiency ［J］. Journal of Accounting and Economics, 2017, 63 (1): 142-160.

［26］ Bills K L, Jeter D C, Stein S E. Auditor Industry Specialization and Evidence of Cost Efficiencies in Homogenous Industries ［J］. The Accounting Review, 2015, 90 (5): 1721-1754.

［27］ Bonaimé A A, Hankins K W, Harford J. Financial Flexibility, Risk Management, and Payout Choice ［J］. The Review of Financial Studies, 2014, 27 (4): 1074-1101.

［28］ Bonaime A, Gulen H, Ion M. Does Policy Uncertainty Affect Mergers and Acquisitions? ［J］. Journal of Financial Economics, 2018, 129 (3): 531-558.

［29］ Borisova G, Fotak V, Holland K, Megginson W L. Government Ownership and the Cost of Debt: Evidence from Government Investments in Publicly Traded Firms ［J］. Journal of Financial Economics, 2015, 118 (1): 168-191.

［30］ Bose I. Deciding the Financial Health of Dot-Coms Using Rough Sets ［J］. Information Management Science, 2006, 43 (7): 835-846.

［31］ Breiman L. Bagging Predictors ［J］. Machine Leaning. 1996, 24 (2): 123-140.

［32］ Breiman L. Random Forests ［J］. Machine Learning, 2001, 45 (1): 5-32.

［33］ Brezigar-Masten A, Masten I. CART-based Selection of Bankruptcy Predictors for the Logit Model ［J］. Expert Systems with Applications, 2012, 39 (11): 10153-10159.

［34］ Bustamante M C, Donangelo A. Product Market Competition and Industry Returns ［J］. The Review of Financial Studies, 2017, 30 (12): 4216-4266.

［35］ Cairney T D, Stewart E G. Audit Fees and Client Industry Homogeneity

［J］. AUDITING: A Journal of Practice & Theory, 2015, 34 (4): 33-57.

［36］ Call AC, Hewitt M, Shevlin T, Yohn TL. Firm-Specific Estimates of Differential Persistence and their Incremental Usefulness for Forecasting and Valuation ［J］. The Accounting Review, 2016, 91 (3): 811-833.

［37］ Calomiris C W, Carlson M. Corporate Governance and Risk Management at Unprotected Banks: National Banks in the 1890s ［J］. Journal of Financial Economics, 2016, 119 (3): 512-532.

［38］ Cardinaels E, PMGV Veen-Dirks. Financial versus Non-Financial Information: The Impact of Information Organization and Presentation in a Balanced Scorecard ［J］. Accounting, Organizations and Society, 2010, 35 (6): 565-578.

［39］ Caskey J, Laux V. Corporate Governance, Accounting Conservatism, and Manipulation ［J］. Management Science, 2017, 63 (2): 424-437.

［40］ Cecchini M, Aytug H, Koehler G J, Pathak P. Detecting Management Fraud in Public Companies ［J］. Management Science, 2010, 56 (7): 1146-1160.

［41］ Chen M Y. Predicting Corporate Financial Distress Based on Integration of Decision Tree Classification and Logistic Regression ［J］. Expert Systems with Applications, 2011, 38 (9): 11261-11272.

［42］ Chen S, Sun S Y J, Wu D. Client Importance, Institutional Improvements, and Audit Quality in China: An Office and Individual Auditor Level Analysis ［J］. The Accounting Review, 2010, 85 (1): 127-158.

［43］ Chen Y, Eaton G W, Paye B S. Micro (structure) before Macro? The Predictive Power of Aggregate Illiquidity for Stock Returns and Economic Activity ［J］. Journal of Financial Economics, 2018, 130 (1): 48-73.

［44］ Chhaochharia V, Grinstein Y, Grullon G, Michaely R. Product

Market Competition and Internal Governance: Evidence from the Sarbanes - Oxley Act [J]. Management Science, 2017, 63 (5): 1405-1424.

[45] Chi W, Dhaliwal D, Li OZ, Lin T-H. Voluntary Reporting Incentives and Reporting Quality: Evidence from A Reporting Regime Change for Private Firms in Taiwan [J]. Contemporary Accounting Research, 2013, 30 (4): 1462-1489.

[46] Choi H, Son H, Kim C. Predicting Financial Distress of Contractors in the Construction Industry Using Ensemble Learning [J]. Expert Systems with Applications, 2018, 110 (1): 1-10.

[47] Choi J-H, Kim J-B, Zang Y. Do Abnormally High Audit Fees Impair Audit Quality? [J]. AUDITING: A Journal of Practice & Theory, 2010, 29 (2): 115-140.

[48] Christoffersen P, Jacobs K, Ornthanalai C. Dynamic Jump Intensities and Risk Premiums: Evidence from S&P500 Returns and Options [J]. Journal of Financial Economics, 2012, 106 (3): 447-472.

[49] Cleofas-Sánchez L, García V, Marqués A I, Sánchez J S. Financial Distress Prediction Using the Hybrid Associative Memory with Translation [J]. Applied Soft Computing, 2016, 44 (1): 144-152.

[50] Cohen S, Doumpos M, Neofytou E, Zopounidis C. Assessing Financial Distress Where Bankruptcy Is Not an Option: An Alternative Approach for Local Municipalities [J]. European Journal of Operational Research, 2012, 218 (1): 270-279.

[51] Cortes C, Vapnik V. Support - vector Networks [J]. Machine Learning. 1995, 20 (3): 273-297.

[52] Danenas P, Garsva G. Selection of Support Vector Machines Based Classifiers for Credit Risk Domain [J]. Expert Systems with Applications, 2015,

42 (6): 3194-3204.

[53] Dechow P M, Ge W, Larson C R, Sloan R G. Predicting Material Accounting Misstatements [J]. Contemporary Accounting Research, 2011, 28 (1): 17-82.

[54] DeFond M L, Lim C Y, Zang Y. Client Conservatism and Auditor - Client Contracting [J]. The Accounting Review, 2016, 91 (1): 69-98.

[55] DeFond M, Zhang J. A Review of Archival Auditing Research [J]. Journal of Accounting and Economics, 2014, 58 (2-3): 275-326.

[56] DeHaan E. The Financial Crisis and Corporate Credit Ratings [J]. The Accounting Review, 2017, 92 (4): 161-189.

[57] Demiroglu C, James C. Bank Loans and Troubled Debt Restructurings [J]. Journal of Financial Economics, 2015, 118 (1): 192-210.

[58] Desai H, Rajgopal S, Yu J J. Were Information Intermediaries Sensitive to the Financial Statement-Based Leading Indicators of Bank Distress Prior to the Financial Crisis? [J]. Contemporary Accounting Research, 2016, 33 (2): 576-606.

[59] Dimitras A I, Slowinski R, Susmaga R, Zopounidis C. Business Failure Prediction Using Rough Sets [J]. European Journal of Operational Research. 1999, 114 (2): 263-280.

[60] Dimopoulos T, Sacchetto S. Merger Activity in Industry Equilibrium [J]. Journal of Financial Economics, 2017, 126 (1): 200-226.

[61] Donelson D C, Jennings R, McInnis J. Financial Statement Quality and Debt Contracting: Evidence from a Survey of Commercial Lenders [J]. Contemporary Accounting Research, 2017, 34 (4): 2051-2093.

[62] Du Jardin P. Dynamics of Firm Financial Evolution and Bankruptcy Prediction [J]. Expert Systems with Applications, 2017, 75 (1): 25-43.

［63］ Du J, Hou Q, Tang X, Yao Y. Does Independent Directors' Monitoring Affect Reputation? Evidence from the Stock and Labor Markets ［J］. China Journal of Accounting Research, 2018, 11 (2): 91-127.

［64］ Elkamhi R, Ericsson J, Parsons C A. The Cost and Timing of Financial Distress ［J］. Journal of Financial Economics, 2012, 105 (1): 62-81.

［65］ Esplin A, Hewitt M, Plumlee M, Yohn TL. Disaggregating Operating and Financial Activities: Implications for Forecasts of Profitability ［J］. Review of Accounting Studies, 2013, 19 (1): 328-362.

［66］ Evans J H, Luo S, Nagarajan N J. CEO Turnover, Financial Distress, and Contractual Innovations ［J］. The Accounting Review, 2014, 89 (3): 959-990.

［67］ Fawcett T. An Introduction to ROC Analysis ［J］. Pattern Recognition Letters, 2006, 27 (8): 861-874.

［68］ Floyd E, Li N, Skinner D J. Payout Policy through the Financial Crisis: The Growth of Repurchases and the Resilience of Dividends ［J］. Journal of Financial Economics, 2015, 118 (2): 299-316.

［69］ Gao P, Parsons C A, Shen J. Global Relation between Financial Distress and Equity Returns ［J］. The Review of Financial Studies, 2018, 31 (1): 239-277.

［70］ Gao Y, Kim J-B, Tsang D, Wu H. Go before the Whistle Blows: an Empirical Analysis of Director Turnover and Financial Fraud ［J］. Review of Accounting Studies, 2016, 22 (1): 320-60.

［71］ Geng R, Bose I, Chen X. Prediction of financial distress: An Empirical Study of Listed Chinese Companies Using Data Mining ［J］. European Journal of Operational Research, 2015, 241 (1): 236-247.

[72] Gennaioli N, Rossi S. Contractual Resolutions of Financial Distress [J]. Review of Financial Studies, 2013, 26 (3): 602-634.

[73] Gordini N. A Genetic Algorithm Approach for SMEs Bankruptcy Prediction: Empirical Evidence from Italy [J]. Expert Systems with Applications, 2014, 41 (14): 6433-6445.

[74] Guenther D A, Wilson R J, Wu K. Tax Uncertainty and Incremental Tax Avoidance [J]. The Accounting Review, 2019, 94 (2): 229-247.

[75] Gul F A, Khedmati M, Lim E K, Navissi F. Managerial Ability, Financial Distress, and Audit Fees [J]. Accounting Horizons, 2018, 32 (1): 29-51.

[76] Gu L. Product Market Competition, R&D Investment, and Stock Returns [J]. Journal of Financial Economics, 2016, 119 (2): 441-455.

[77] Halling M, Yu J, Zechner J. Leverage Dynamics Over the Business Cycle [J]. Journal of Financial Economics, 2016, 122 (1): 21-41.

[78] Hanlon M, Maydew E L, Saavedra D. The Taxman Cometh: Does Tax Uncertainty Affect Corporate Cash Holdings? [J]. Review of Accounting Studies, 2017, 22 (3): 1198-1228.

[79] Hardisty D J, Pfeffer J. Intertemporal Uncertainty Avoidance: When the Future Is Uncertain, People Prefer the Present, and When the Present Is Uncertain, People Prefer the Future [J]. Management Science, 2017, 63 (2): 519-527.

[80] Hawawini G, Subramanian V, Verdin P. Is Performance Driven by Industry- or Firm-Specific Factors? A New Look at the Evidence [J]. Strategic Management Journal, 2003, 24 (1): 1-16.

[81] He J, Huang J. Product Market Competition in a World of Cross-Ownership: Evidence from Institutional Blockholdings [J]. The Review of Financial

Studies, 2017, 30 (8): 2674-2718.

[82] Hernandez Tinoco M, Wilson N. Financial Distress and Bankruptcy Prediction among Listed Companies Using Accounting, Market and Macroeconomic Variables [J]. International Review of Financial Analysis, 2013 (30): 394-419.

[83] Hertzel M G, Officer M S. Industry Contagion in Loan Spreads [J]. Journal of Financial Economics, 2012, 103 (3): 493-506.

[84] Hoberg G, Phillips G, Prabhala N. Product Market Threats, Payouts, and Financial Flexibility [J]. The Journal of Finance, 2014, 69 (1): 293-324.

[85] Hosaka T. Bankruptcy Prediction Using Imaged Financial Ratios and Convolutional Neural Networks [J]. Expert Systems with Applications, 2019, 117 (1): 287-299.

[86] Hua Z, Wang Y, Xu X, et al. Predicting Corporate Financial Distress Based on Integration Of Support Vector Machine and Logistic Regression [J]. Expert Systems with Applications, 2007, 33 (2): 434-440.

[87] Hui K W, Nelson K K, Yeung P E. On the Persistence and Pricing of Industry-wide and Firm-specific Earnings, Cash Flows, and Accruals [J]. Journal of Accounting and Economics, 2016, 61 (1): 185-202.

[88] Hung C, Chen J-H. A Selective Ensemble Based on Expected Probabilities for Bankruptcy Prediction [J]. Expert Systems with Applications, 2009, 36 (3): 5297-5303.

[89] Ivashina V, Iverson B, Smith D C. The Ownership and Trading of Debt Claims in Chapter 11 Restructurings [J]. Journal of Financial Economics, 2016, 119 (2): 316-335.

[90] Jackson A B, Plumlee M A, Rountree B R. Decomposing the Market,

Industry, and firm Components of Profitability: Implications for Forecasts of Profitability [J]. Review of Accounting Studies, 2018, 23 (3): 1071-1095.

[91] Jackson A B, Rountree B R, Sivaramakrishnan K. Earnings Co-Movements and Earnings Manipulation [J]. Review of Accounting Studies, 2017, 22 (3): 1340-1365.

[92] Jiang G, Lee C M C, Yue H. Tunneling Through Intercorporate Loans: The China Experience [J]. Journal of Financial Economics, 2010, 98 (1): 1-20.

[93] Joe D Y, Oh F D. Spillover Effects Within Business Groups: The Case of Korean Chaebols [J]. Management Science, 2018, 64 (3): 1396-1412.

[94] Jones S. Corporate Bankruptcy Prediction: A High Dimensional Analysis [J]. Review of Accounting Studies, 2017, 22 (3): 1366-1422.

[95] Jones S, Hensher D A. Predicting Firm Financial Distress: A Mixed Logit Model [J]. The Accounting Review, 2004, 79 (4): 1011-1138.

[96] Jones S, Johnstone D, Wilson R. Predicting Corporate Bankruptcy: An Evaluation of Alternative Statistical Frameworks [J]. Journal of Business Finance & Accounting, 2017, 44 (1-2): 3-34.

[97] Jung M J, Wong M H F, Zhang X F. Analyst Interest as an Early Indicator of Firm Fundamental Changes and Stock Returns [J]. The Accounting Review, 2015, 90 (3): 1049-1078.

[98] Kalay A, Nallareddy S, Sadka G. Uncertainty and Sectoral Shifts: The Interaction Between Firm-Level and Aggregate-Level Shocks, and Macroeconomic Activity [J]. Management Science, 2018, 64 (1): 198-214.

[99] Karpoff J M, Lee D S, Martin G S. The Cost to Firms of Cooking the Books [J]. The Journal of Financial and Quantitative Analysis, 2008, 43 (3): 581-611.

[100] Kim H-J, Jo N-O, Shin K-S. Optimization of Cluster-based Evolutionary Undersampling for the Artificial Neural Networks in Corporate Bankruptcy Prediction [J]. Expert Systems with Applications, 2016, 59 (1): 226-234.

[101] Kim J H, Kim M. Two-stage Multinomial Logit Model [J]. Expert Systems with Applications, 2011, 38 (6): 6439-6446.

[102] Kim J, Lee K H, Lie E. Dividend Stickiness, Debt Covenants, and Earnings Management [J]. Contemporary Accounting Research, 2017, 34 (4): 2022-2050.

[103] Kim K, Pandit S, Wasley C E. Macroeconomic Uncertainty and Management Earnings Forecasts [J]. Accounting Horizons, 2016, 30 (1): 157-172.

[104] Kim M - J, Kang D - K. Classifiers Selection in Ensembles Using genetic algorithms for bankruptcy prediction [J]. Expert Systems with Applications, 2012, 39 (10): 9308-9314.

[105] Kim M-J, Kang D-K. Ensemble with Neural Networks for Bankruptcy Prediction [J]. Expert Systems with Applications, 2010, 37 (4): 3373-3379.

[106] Kim M-J, Kang D-K, Kim H B. Geometric Mean Based Boosting Algorithm with Over-Sampling to Resolve Data Imbalance Problem for Bankruptcy Prediction [J]. Expert Systems with Applications, 2015, 42 (3): 1074-82.

[107] Kim S Y, Upneja A. Predicting Restaurant Financial Distress Using Decision Tree and AdaBoosted Decision Tree Models [J]. Expert Systems with Applications, 2014, 36 (1): 354-362.

[108] Koh S, Durand R B, Dai L, Chang M. Financial Distress: Lifecycle and Corporate Restructuring [J]. Journal of Corporate Finance, 2015, 33 (1): 19-33.

[109] Kothari S P, Mizik N, Roychowdhury S. Managing for the Moment:

The Role of Earnings Management via Real Activities versus Accruals in SEO Valuation [J]. The Accounting Review, 2016, 91 (2): 559-586.

[110] Koudstaal M, Sloof R, van Praag M. Risk, Uncertainty, and Entrepreneurship: Evidence from a Lab-in-the-Field Experiment [J]. Management Science, 2016, 62 (10): 2897-2915.

[111] Koyuncugil A S, Ozgulbas N. Financial Early Warning System Model and Data Mining Application for Risk Detection [J]. Expert Systems with Applications, 2012, 39 (6): 6238-6253.

[112] Krishnan GV, Sun L, Wang Q, Yang R. Client Risk Management: A Pecking Order Analysis of Auditor Response to Upward Earnings Management Risk [J]. AUDITING: A Journal of Practice & Theory, 2013, 32 (2): 147-169.

[113] Kumar K R, Krishnan G V. The Value-Relevance of Cash Flows and Accruals: The Role of Investment Opportunities [J]. The Accounting Review, 2008, 83 (4): 997-1040.

[114] Kung H. Macroeconomic Linkages between Monetary Policy and the Term Structure of Interest Rates [J]. Journal of Financial Economics, 2015, 115 (1): 42-57.

[115] Lee J E, Glasscock R, Park M S. Does the Ability of Operating Cash Flows to Measure Firm Performance Improve during Periods of Financial Distress? [J]. Accounting Horizons, 2017, 31 (1): 23-35.

[116] Lee S, Choi W S. A Multi-industry Bankruptcy Prediction Model Using Back-propagation Neural Network and Multivariate Discriminant Analysis [J]. Expert Systems with Applications, 2013, 40 (8): 2941-2946.

[117] Lee Y G. An Examination of Restructuring Charges Surrounding the Implementation of SFAS 146 [J]. Review of Accounting Studies, 2013, 19 (2):

539-572.

[118] Lennox C, Wu X, Zhang T. The Effect of Audit Adjustments on Earnings Quality: Evidence from China [J]. Journal of Accounting and Economics, 2016, 61 (2-3): 545-562.

[119] Liang D, Lu C-C, Tsai C-F, Shih G-A. Financial Ratios and Corporate Governance Indicators in Bankruptcy Prediction: A Comprehensive Study [J]. European Journal of Operational Research, 2016, 252 (2): 561-572.

[120] Liang D, Tsai C-F, Wu H-T. The Effect of Feature Selection on Financial Distress Prediction [J]. Knowledge – Based Systems, 2015, 73: 289-297.

[121] Liang P J, Rajan M V, Ray K. Optimal Team Size and Monitoring in Organizations [J]. The Accounting Review, 2008, 83 (3): 789-822.

[122] Li D, Li E X N. Corporate Governance and Costs of Equity: Theory and Evidence [J]. Management Science, 2018, 64 (1): 83-101.

[123] Li H, Sun J. Majority Voting Combination of Multiple Case – Based Reasoning for Financial Distress Prediction [J]. Expert Systems with Applications, 2009, 36 (3): 4363-4373.

[124] Lin F, Liang D, Yeh C-C, Huang J-C. Novel Feature Selection Methods to Financial Distress Prediction [J]. Expert Systems with Applications, 2014, 41 (5): 2472-2483.

[125] Li N, Richardson S, Tuna İ. Macro to Micro: Country Exposures, Firm Fundamentals and Stock Returns [J]. Journal of Accounting and Economics, 2014, 58 (1): 1-20.

[126] Liu L X, Shu H, Wei K C J. The Impacts of Political Uncertainty on Asset Prices: Evidence from the Bo Scandal in China [J]. Journal of Financial Economics, 2017, 125 (2): 286-310.

［127］Liu X K, Liu X, Reid C D. Stakeholder Orientations and Cost Management ［J］. Contemporary Accounting Research, 2019, 36 （1）: 486-512.

［128］Li X. Productivity, Restructuring, and the Gains from Takeovers ［J］. Journal of Financial Economics, 2013, 109 （1）: 250-271.

［129］Li X, Subrahmanyam A, Yang X. Can financial Innovation Succeed by Catering to Behavioral Preferences? Evidence from a Callable Options Market ［J］. Journal of Financial Economics, 2018, 128 （1）: 38-65.

［130］Li Z, Crook J, Andreeva G. Dynamic Prediction of Financial Distress Using Malmquist DEA ［J］. Expert Systems with Applications, 2017, 80 （1）: 94-106.

［131］Loderer C, Stulz R, Waelchli U. Firm Rigidities and the Decline in Growth Opportunities ［J］. Management Science, 2017, 63 （9）: 3000-3020.

［132］Lo K. Earnings Management and Earnings Quality ［J］. Journal of Accounting and Economics, 2008, 45 （2-3）: 350-357.

［133］López Iturriaga F J, Sanz I P. Bankruptcy Visualization and Prediction Using Neural Networks: A Study of U.S. Commercial Banks ［J］. Expert Systems with Applications, 2015, 42 （6）: 2857-2869.

［134］Markarian G, Santalo' J. Product Market Competition, Information and Earnings Management ［J］. Journal of Business Finance & Accounting, 2014, 41 （5-6）: 572-599.

［135］Min J H, Jeong C. A Binary Classification Method for Bankruptcy Prediction ［J］ Expert Systems with Applications, 2009, 36 （3）: 5256-5263.

［136］Mitman K. Macroeconomic Effects of Bankruptcy and Foreclosure Policies ［J］. American Economic Review, 2016, 106 （8）: 2219-2255.

［137］Mohanram P, Saiy S, Vyas D. Fundamental Analysis of Banks: the Use of Financial Statement Information to Screen Winners from Losers ［J］. Review of Accounting Studies, 2018, 23 (1): 200-233.

[138] Moreno-Bromberg S, Vo Q-A. Resolution of Financial Distress under Agency Frictions [J]. Journal of Banking & Finance, 2017, 82 (2): 40-58.

[139] Musto D, Nini G, Schwarz K. Notes on Bonds: Illiquidity Feedback During the Financial Crisis [J]. The Review of Financial Studies, 2018, 31 (8): 2983-3018.

[140] Nagar V, Schoenfeld J, Wellman L. The Effect of Economic Policy Uncertainty on Investor Information Asymmetry and Management Disclosures [J]. Journal of Accounting and Economics, 2019, 67 (1): 36-57.

[141] Nagata K, Nguyen P. Ownership Structure and Disclosure Quality: Evidence from Management Forecasts Revisions in Japan [J]. Journal of Accounting and Public Policy, 2017, 36 (6): 451-467.

[142] Nallareddy S, Ogneva M. Predicting Restatements in Macroeconomic Indicators Using Accounting Information [J]. The Accounting Review, 2017, 92 (2): 151-182.

[143] Natekin A, Knoll A. Gradient Boosting Machines, a Tutorial [J]. Frontiers in Neurorobot, 2013, 20 (7): 1-21.

[144] Nickerson J, Griffin J M. Debt Correlations in the Wake of the Financial Crisis: What are Appropriate Default Correlations for Structured Products? [J]. Journal of Financial Economics, 2017, 125 (3): 454-74.

[145] Odom M D, Sharda R. A Neural Network Model for Bankruptcy Prediction [C]. Ijcnn International Joint Conference on Neural Networks, 1990.

[146] Ohlson J A. Financial Ratios and the Probabilistic Prediction of Bankruptcy [J]. Journal of Accounting Research. 1980, 18 (1): 109-131.

[147] Pawlak Z. Rough Sets [J]. International Journal of Computer. 1982, 11 (5): 341-356.

[148] Perols J. Financial Statement Fraud Detection: An Analysis of Statistical and Machine Learning Algorithms [J]. AUDITING: A Journal of Practice & Theory, 2011, 30 (2): 19-50.

[149] Porter M E. Competitive Strategy [M]. New York: The Free Press, 2012.

[150] Roychowdhury S. Earnings Management through Real Activities Manipulation [J]. Journal of Accounting and Economics, 2006, 42 (3): 335-370.

[151] Rydqvist K, Spizman J, Strebulaev I. Government Policy and Ownership of Equity Securities [J]. Journal of Financial Economics, 2014, 111 (1): 70-85.

[152] Sartori F, Mazzucchelli A, Gregorio A D. Bankruptcy Forecasting Using Case-Based Reasoning: The CRePERIE Approach [J]. Expert Systems with Applications, 2016, 64 (2): 400-411.

[153] Schapire R E, Freund Y. Boosting: Foundations and Algorithms [M]. Cambridge: MIT Press, 2012.

[154] Schröder D, Yim A. Industry Effects in Firm and Segment Profitability Forecasting [J]. Contemporary Accounting Research, 2018, 35 (4): 2106-2130.

[155] Segal G, Shaliastovich I, Yaron A. Good and Bad Uncertainty: Macroeconomic and Financial Market Implications [J]. Journal of Financial Economics, 2015, 117 (2): 369-397.

[156] Strobl G. Earnings Manipulation and the Cost of Capital [J]. Journal of Accounting Research, 2013, 51 (2): 449-473.

[157] Sudarsanam S, Lai J. Corporate Financial Distress and Turnaround Strategies: An Empirical Analysis [J]. British Journal of Management, 2001 (12): 183-99.

[158] Sun J, Li H, Huang Q-H, He K-Y. Predicting Financial Distress and Corporate Failure: A Review from the State-of-the-art Definitions, Modeling, Sampling, and Featuring Approaches [J]. Knowledge-Based Systems, 2014, 57 (1): 41-56.

[159] Tsai C-F. Combining Cluster Analysis with Classifier Ensembles to Predict Financial Distress [J]. Information Fusion, 2014, 16 (1): 46-58.

[160] Unerman J, Chapman C. Academic Contributions to Enhancing Accounting for Sustainable Development [J]. Accounting, Organizations and Society, 2014, 39 (6): 385-394.

[161] Vorst P, Yohn T L. Life Cycle Models and Forecasting Growth and Profitability [J]. The Accounting Review, 2018, 93 (6): 357-381.

[162] Wang G, Ma J, Yang S. An Improved Boosting Based On Feature Selection for Corporate Bankruptcy Prediction [J]. Expert Systems with Applications, 2014, 41 (5): 2353-61.

[163] Wang K, Xiao X. Controlling Shareholders' Tunneling and Executive Compensation: Evidence from China [J]. Journal of Accounting and Public Policy, 2011, 30 (1): 89-100.

[164] Wanke P, Barros C P, Faria J R. Financial Distress Drivers in Brazilian Banks: A Dynamic Slacks Approach [J]. European Journal of Operational Research, 2015, 240 (1): 258-268.

[165] Weber M. Cash flow Duration and the Term Structure of Equity Returns [J]. Journal of Financial Economics, 2018, 128 (3): 486-503.

[166] Wilbanks R M, Hermanson D R, Sharma V D. Audit Committee Oversight of Fraud Risk: The Role of Social Ties, Professional Ties, and Governance Characteristics [J]. Accounting Horizons, 2017, 31 (3): 21-38.

[167] Yang Z, You W, Ji G. Using Partial Least Squares and Support

Vector Machines for Bankruptcy Prediction ［J］. Expert Systems with Applications，2011，38（7）：8336-8342.

［168］Zang AY. Evidence on the Trade-Off between Real Activities Manipulation and Accrual-Based Earnings Management ［J］. The Accounting Review，2012，87（2）：675-703.

［169］Zavgren. Assessing the Vulnerability to Failure of American Industrial Firms：A Logistic Analysis ［J］. Journal of Business Finance & Accounting，1985，12（1）：19-45.

［170］Zelenkov Y, Fedorova E, Chekrizov D. Two-step Classification Method Based on Genetic Algorithm for Bankruptcy Forecasting ［J］. Expert Systems with Applications，2017，88（3）：393-401.

［171］Zie̜ba M, Tomczak S K, Tomczak J M. Ensemble Boosted Trees with Synthetic Features Generation in Application to Bankruptcy Prediction ［J］. Expert Systems with Applications，2016，58（1）：93-101.

［172］蔡利，毕铭悦，蔡春. 真实盈余管理与审计师认知 ［J］. 会计研究，2015（11）：83-89+97.

［173］陈志斌，刘静. 金融危机背景下企业现金流运行中的政策影响研究 ［J］. 会计研究，2010（4）：42-49+95-96.

［174］崔学刚，王立彦，许红. 企业增长与财务危机关系研究——基于电信与计算机行业上市公司的实证证据 ［J］. 会计研究，2007（12）：55-62.

［175］戴德明，邓璠. 亏损企业经营业绩改善措施及有效性研究——以上市公司为例 ［J］. 管理世界，2007（7）：129-35.

［176］范经华，张雅曼，刘启亮. 内部控制、审计师行业专长、应计与真实盈余管理 ［J］. 会计研究，2013（4）：81-88.

［177］何旭强，周业安. 上市公司破产和重整的选择机制、经济效率及法律基础 ［J］. 管理世界，2006（7）：125-31.

[178] 黄方亮，冯栋，王倩，等. 股权结构与公司绩效——基于 A 与 H 股市场投资者保护环境的比较研究 [J]. 投资研究，2018，37（7）：131-157.

[179] 黄海杰，吕长江，丁慧. 独立董事声誉与盈余质量——会计专业独董的视角 [J]. 管理世界，2016（3）：128-143.

[180] 姜付秀，张敏，陆正飞，陈才东. 管理者过度自信、企业扩张与财务困境 [J]. 经济研究，2009（1）：131-143.

[181] 姜国华，饶品贵. 宏观经济政策与微观企业行为——拓展会计与财务研究新领域 [J]. 会计研究，2011（3）：9-18.

[182] 李红琨，陈永飞，赵根. 基于现金流的财务预警研究：线性概率模型与 Logistic 模型之应用比较 [J]. 经济问题探索，2011（6）：102-105+111.

[183] 李青原，黄威. 会计稳健性与银行贷款公告的市场反应 [J]. 财贸研究，2018，29（5）：99-110.

[184] 李青原. 资产专用性与公司纵向并购财富效应：来自我国上市公司的经验证据 [J]. 南开管理评论，2011，14（6）：116-127.

[185] 李文贵，余明桂，钟慧洁. 央企董事会试点、国有上市公司代理成本与企业绩效 [J]. 管理世界，2017（8）：123-135+153.

[186] 李晓玲，牛杰. 财务重述的市场反应研究——来自中国上市公司的经验证据 [J]. 财贸经济，2011（12）：69-74.

[187] 李扬，张晓晶. "新常态"：经济发展的逻辑与前景 [J]. 经济研究，2015（5）：4-19.

[188] 刘青松，肖星. 败也业绩，成也业绩？——国企高管变更的实证研究 [J]. 管理世界，2015（3）：151-63.

[189] 马永强，孟子平. 金融危机冲击、企业风险缓冲与政府政策选择 [J]. 会计研究，2009（7）：50-56+96.

［190］孟焰，袁淳，吴溪. 非经常性损益、监管制度化与 ST 公司摘帽的市场反应［J］. 管理世界，2008（8）：33-39.

［191］闵丹，韩立岩. 市场结构、行业周期与资本结构——基于战略公司财务理论的分析［J］. 管理世界，2008（2）：82-89.

［192］潘红波，余明桂. 支持之手、掠夺之手与异地并购［J］. 经济研究，2011，46（9）：108-120.

［193］饶静，万良勇. 企业财务危机解救机制选择的影响因素研究——基于中国上市公司的经验证据［J］. 华东经济管理，2017（3）：179-184.

［194］饶品贵，岳衡，姜国华. 经济政策不确定性与企业投资行为研究［J］. 世界经济，2017（2）：27-51.

［195］任泽平，陈昌盛. 经济周期波动与行业景气变动：因果联系、传导机制与政策含义［J］. 经济学动态，2012（1）：19-27.

［196］沈友娣，许成，焦丽华. 高管成群离职、大股东控制力与公司业绩实证研究——基于中国 2008-2009 年制造业新增 ST 公司的证据［J］. 华东经济管理，2011，25（6）：67-70.

［197］孙晓琳. 基于状态空间的财务危机动态预警模型在中国的实证研究［J］. 中国软科学，2013（4）：140-147.

［198］汤谷良，张守文. 平衡财务资源配置绩效与风险的管控模型——基于兵工集团边界管控的探索性案例研究［J］. 会计研究，2017（10）：44-50.

［199］万伦军. 基于梯度提升模型的负相关学习算法的研究与应用［D］. 中国科学技术大学，2014.

［200］王红建，李青原，陈雅娜. 盈余管理、经济周期与产品市场竞争［J］. 会计研究，2015（9）：44-51.

［201］王红建，李青原，邢斐. 金融危机、政府补贴与盈余操纵——来自中国上市公司的经验证据［J］. 管理世界，2014（7）：157-167.

［202］王健辉，田昕明，杨为敩．基于广谱利率和流动性的投资时钟理论初探［J］．宏观经济研究，2018（9）：30-42+63.

［203］王敏芳，徐莉萍．金融抑制对民营企业债务融资的经济周期性影响［J］．经济问题，2017（4）：108-112.

［204］魏志华，李常青，王毅辉．中国上市公司年报重述公告效应研究［J］．会计研究，2009（8）：31-39+95.

［205］邬贺铨．大数据时代的机遇与挑战［J］．求是，2013（4）：47-49.

［206］吴芃，仲伟俊，吴应宇．基于修正 Jones 盈余管理模型的财务危机预警研究［J］．商业经济与管理，2010（8）：67-74.

［207］吴星泽．财务危机预警研究：存在问题与框架重构［J］．会计研究，2011（2）：59-65.

［208］吴星泽．财务预警的非财务观［J］．当代财经，2010（4）：122-128.

［209］谢德仁，张高菊．金融生态环境、负债的治理效应与债务重组：经验证据［J］．会计研究，2007（12）：43-50.

［210］谢海洋．债务重组准则变化与上市公司盈余管理［J］．中南财经政法大学学报，2013（1）：110-114+151.

［211］熊毅，张友棠．基于 F 计分值的上市公司财务风险预警研究［J］．管理现代化，2019（1）：111-115.

［212］尹筑嘉，杨晓光，黄建欢．大股东主导的资产重组、公司效率与利益侵占——基于中国重组类整体上市案例的研究［J］．管理科学学报，2013，16（8）：54-67.

［213］曾爱民，傅元略，魏志华．金融危机冲击、财务柔性储备和企业融资行为——来自中国上市公司的经验证据［J］．金融研究，2011（10）：155-169.

［214］曾爱民，张纯，魏志华. 金融危机冲击、财务柔性储备与企业投资行为［J］. 管理世界，2013（4）：107-120.

［215］张俊威. 基于随机森林和梯度提升模型的上位效应检测算法研究［D］. 哈尔滨工业大学，2016.

［216］张鸣，程涛. 上市公司财务预警实证研究的动态视角［J］. 财经研究，2005（1）：62-71.

［217］张奇，胡蓝艺，王珏. 基于 Logit 与 SVM 的银行业信用风险预警模型研究［J］. 系统工程理论与实践，2015，35（07）：1784-1790.

［218］张彤玉，丁业震. 我国 ST 公司资产重组绩效的实证研究［J］. 理论学刊，2010（3）：53-57.

［219］张新民，张婷婷，陈德球. 产业政策、融资约束与企业投资效率［J］. 会计研究，2017（4）：12-18.

［220］张友棠，黄阳. 基于行业环境风险识别的企业财务预警控制系统研究［J］. 会计研究，2011（3）：41-48.

［221］张友棠，熊毅. 内部控制、产权性质与盈余管理方式选择——基于 2007-2015 年 A 股非金融类上市公司的实证研究［J］. 审计研究，2017（3）：105-112.

［222］张友棠，熊毅，曾芝红. 异常审计收费与分类转移盈余管理——经济租金还是审计成本？［J］. 审计研究，2019（2）：82-90.

［223］章铁生，徐德信，余浩. 证券发行管制下的地方"护租"与上市公司财务困境风险化解［J］. 会计研究，2012（8）：41-48.

［224］钟凯，程小可，张伟华. 货币政策适度水平与企业"短贷长投"之谜［J］. 管理世界，2016（3）：87-98.

［225］祝继高，陆正飞. 产权性质、股权再融资与资源配置效率［J］. 金融研究，2011（1）：131-148.

［226］祝继高，齐肖，汤谷良. 产权性质、政府干预与企业财务困境应

对——基于中国远洋、尚德电力和李宁公司的多案例研究［J］. 会计研究，2015（5）：28-34.

　　［227］祝继高，王春飞. 金融危机对公司现金股利政策的影响研究——基于股权结构的视角［J］. 会计研究，2013（2）：38-44.